Les cahiers d'**exercices**

Italien
Faux-débutants

Federico Benedetti

À propos de ce cahier

En quelque 200 exercices, les 20 chapitres de ce cahier vous permettront d'effectuer un balayage systématique et progressif des fondamentaux de la grammaire italienne : de la prononciation des signes jusqu'à la phrase complexe, en passant par les éléments constitutifs du groupe nominal et de la phrase simple.

La syntaxe et l'accord des temps et des modes verbaux constituent quelques-unes des principales difficultés de l'italien. Nous avons donc consacré un certain nombre d'exercices à ces aspects, sans oublier, bien sûr, la maîtrise du vocabulaire de base et des actes de langage indispensables dans la vie courante, comme demander l'heure, se repérer dans un planning, ou écrire un e-mail.

Enfin, ce cahier vous permet d'effectuer votre autoévaluation : après chaque exercice, dessinez l'expression de vos icônes (☺ pour une majorité de bonnes réponses, 😐 pour environ la moitié et ☹ pour moins de la moitié). À la fin de chaque chapitre, reportez le nombre d'icônes relatives à tous ces exercices et, en fin d'ouvrage, faites les comptes en reportant les icônes des fins de chapitres dans le tableau général prévu à cet effet !

Sommaire

1. Alphabet et phonétique 3-7

2. Articles, noms et adjectifs 8-13

3. Les noms altérés et les degrés de l'adjectif qualificatif 14-19

4. Les chiffres et le temps 20-25

5. Adjectifs et pronoms possessifs et démonstratifs ... 26-31

6. Indicatif des verbes *essere* et *avere* et conjugaisons régulières 32-37

7. Passé composé, imparfait et plus-que-parfait 38-43

8. Futur, futur imminent et conditionnel 44-49

9. Formes passive, impersonnelle, réfléchie et pronominale 50-54

10. Verbes irréguliers 55-61

11. Pronoms personnels simples et groupés 62-67

12. Pronoms relatifs et interrogatifs 68-73

13. L'impératif et la forme de politesse 74-79

14. Les formes verbales indéfinies 80-85

15. Le subjonctif 86-91

16. La phrase hypothétique et autres emplois du subjonctif 92-97

17. Les adverbes 98-103

18. Prépositions et conjonctions, locutions *c'è, ci sono* 104-109

19. Les discours direct et indirect 110-115

20. Jeux de vocabulaire et exercices de récapitulation 116-121

Solutions 122-127

Résultats de votre autoévaluation 128

1 Alphabet et phonétique

Alphabet et phonétique

- L'alphabet italien comporte 21 lettres, prononcées de la façon suivante :

A a		D di		G dji	L èllè	O	R èrrè		U ou
B bi		E é		H àcca	M èmmè	P pi	S èssè		V vi
C tchi		F èffè		I	N ènnè	Q kou	T ti		Z tzéta

- Les mots qui contiennent d'autres lettres sont donc forcément étrangers ou d'origine étrangère, et se prononcent comme dans la langue d'origine : *download*, *software*, etc.

- Les « pièges » orthographiques ou qui renvoient à des particularités phonétiques sont peu nombreux en italien. Les principaux concernent principalement deux lettres : C (voir ci-contre) et G (voir p. 4).

- **LETTRE « C » :**

Orthographe	Prononciation (orthographe de référence : français)
C + A, O, U	ka, ko, kou
C + I, E	tchi, tché
C + I + A, O, U	tcha, tcho, tchou
C + I + E	tché
C + H + I, E	ki, ké
SC + A, O, U	ska, sko, skou
SC + I, E	chi, ché (comme dans le verbe français « chipoter »)
SC + I + E	ché
SC + H + I, E	ski, ské

❶ Prononcez à voix les haute mots suivants.

pace *(paix)*
poco *(peu)*
scheletro *(squelette)*
pesce *(poisson)*
pesca *(pêche)*
camicia *(chemise)*

uccello *(oiseau)*
occhio *(œil)*
scuola *(école)*
chiodo *(clou)*
schiuma *(mousse)*
scienza *(science)*

scheda *(fiche)*
centro *(centre)*
pulce *(puce)*

ALPHABET ET PHONÉTIQUE

Alphabet et phonétique (suite)

- **LETTRE « G » :**

G + A, O, U	ga, go, gou
G + I, E	dji, djé
G + I + A, O, U	dja, djo, djou
G + I + E	djé
G + H + I, E	gui, gué
G + L + I	ill (comme dans le mot français « mouillé »)

2 Prononcez à haute voix les mots suivants.

geranio *(géranium)*
ghepardo *(guépard)*
giardino *(jardin)*
pagare *(payer)*
gufo *(hibou)*
giusto *(juste)*
paggio *(valet)*
pago *(je paye)*
paglia *(paille)*
spaghetti *(spaghetti)*

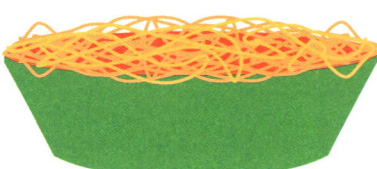

3 Pour chaque mot, tracez une croix dans la case correspondant au son (marqué selon la phonétique française).

SON	k	tch	ch	g	dj
parchi					
porci					
giardino					
prosciutto					
Ischia					
Procida					
piccino					
piccolo					
lasciare					
lanciare					
lunghissimo					

Autres particularités

- **LETTRE « Q » :**

Le « **u** » [ou] suit toujours le « **q** » et se prononce toujours :

quadro *(tableau)* [kouadro], **pasqua** *(Pâques)* [paskoua], **quoziente** *(quotient)* [kouotziente].

- **LETTRE « F » :**

On trouve un « **f** » dans de nombreux mots dont l'étymologie correspond à des mots français qui contiennent le groupe « **ph** » :

elefante *(éléphant)* – **farmacia** *(pharmacie)* – **fotografia** *(photographie)* – **filosofia** *(philosophie)*.

ALPHABET ET PHONÉTIQUE

 Complétez ce *cruciverba* (mots croisés) à l'aide des mots que nous avons vus dans ce chapitre.

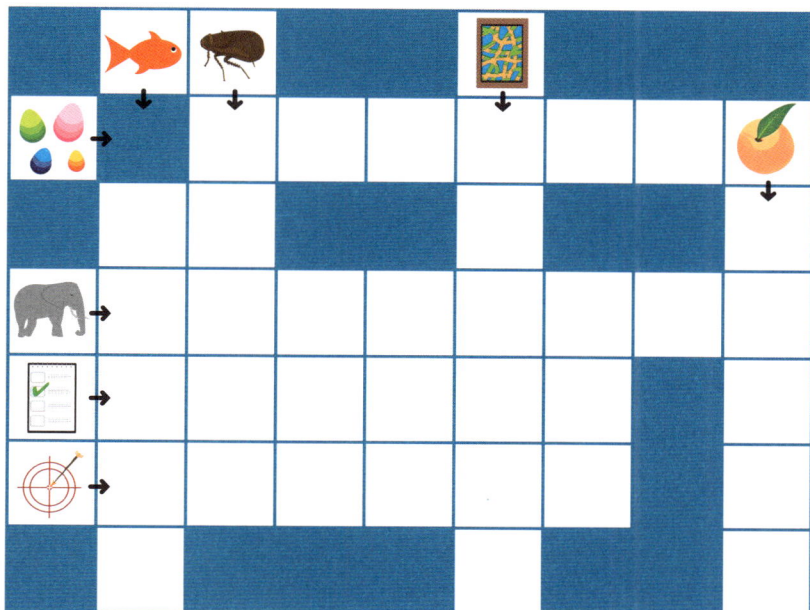

L'accent tonique

Les mots italiens prennent des noms bizarres selon la syllabe qui porte l'accent tonique, ce qui est très variable :

- **PAROLE PIANE** *(plates)*, accent sur l'avant-dernière syllabe :
  Tor<u>i</u>no *(Turin)* – Mil<u>a</u>no *(Milan)* – am<u>i</u>co *(ami)* – mangi<u>a</u>re *(manger)* – tartar<u>u</u>ga *(tortue)*.

- **PAROLE SDRUCCIOLE** *(glissantes)*, accent sur l'antépénultième syllabe (troisième avant la fin) :
  N<u>a</u>poli *(Naples)* – <u>U</u>dine *(Udine)* – s<u>a</u>ndalo *(sandale)* – chi<u>a</u>mali *(appelle-les)* – <u>u</u>ltimo *(dernier)*.

- **PAROLE BISDRUCCIOLE** *(doublement glissantes !)*, accent quatre syllabes avant la fin :
  <u>a</u>bitano *(ils habitent)* – f<u>a</u>bbricano *(ils fabriquent)* – p<u>o</u>rtacelo *(apporte-le-nous)* – d<u>i</u>teglielo *(dites-le-lui)*.

- **PAROLE TRONCHE** *(tronquées, car la syllabe finale existait dans la langue ancienne, mais elle est « tombée » depuis)*, accent sur la dernière syllabe ; dans ce cas, il est également marqué à l'orthographe :
  citt<u>à</u> *(ville)* – virt<u>ù</u> *(vertu)* – verit<u>à</u> *(vérité)* – civilt<u>à</u> *(civilisation)*.

ALPHABET ET PHONÉTIQUE

5 Pour chaque mot, cochez la case correspondant à la syllabe accentuée.

Firenze	canzone	Federico	cantavano	felicità
○○○	○○○	○○○○	○○○○	○○○○

Napoli	macchina	Antonella	fantastico	raccontatemelo
○○○	○○○	○○○○	○○○○	○○○○○○

6 Écrivez horizontalement le mot correspondant à chaque dessin. Verticalement, dans la colonne jaune, vous découvrirez le nom d'une ville du Molise, une région du sud de l'Italie.

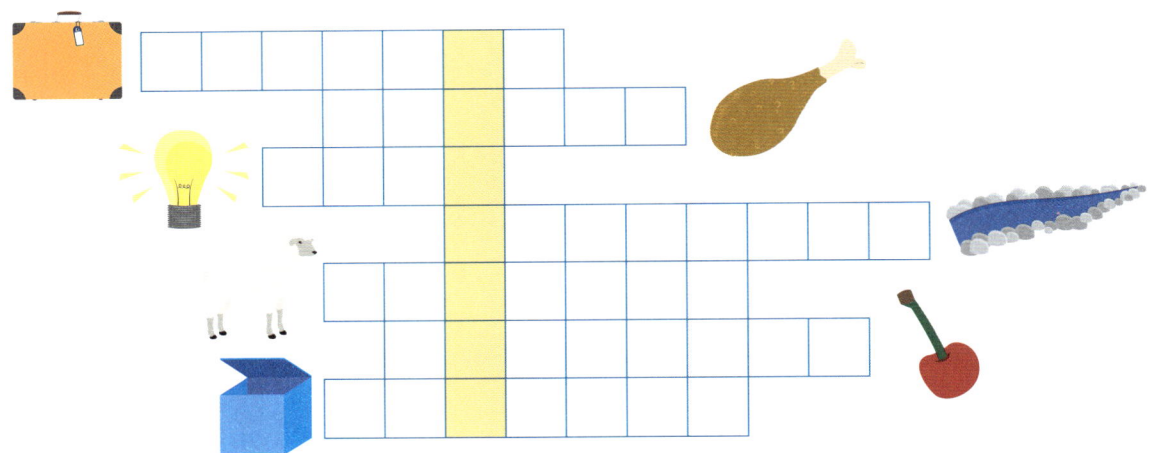

Les doubles consonnes

En italien, quand deux consonnes identiques se suivent à l'intérieur d'un même mot, on prolonge leur prononciation, comme si on l'exagérait. Cette nuance est importante, puisque certains mots se différencient uniquement par cette consonne simple ou double.

Par exemple : **no<u>n</u>a** *(neuvième)* / **no<u>nn</u>a** *(grand-mère)*. Il ne faut donc pas confondre la *Neuvième de Beethoven* **(la nona di Beethoven)** avec sa *grand-mère* **(la nonna di Beethoven)** !

ALPHABET ET PHONÉTIQUE

7 À l'aide d'un dictionnaire, redoublez la consonne centrale du mot italien de gauche et indiquez la signification en français du mot ainsi obtenu.

Modèle : nona *(neuvième)* → nonna *(grand-mère)*

a. caro *(cher)* → ....

b. pala *(pelle)* → ....

c. sete *(soif)* → ....

d. tori *(taureaux)* → ....

e. tono *(ton)* → ....

f. uno *(un)* → ....

g. risa *(rires)* → ....

8 À l'aide d'un dictionnaire, ajoutez un « h » après le « c » ou le « g » dans le mot italien de gauche et indiquez la signification en français du mot ainsi obtenu (la prononciation changera de [tch] à [k] et de [dj] à [g]).

Modèle : giro *(tour)* → ghiro *(loir)*

a. getto *(jet)* → ....

b. doge *(doge)* → ....

c. ricci *(hérissons)* → ....

d. rocce *(rochers)* → ....

e. pesce *(poisson)* → ....

f. scema *(sotte)* → ....

Bravo, vous êtes venu à bout du chapitre 1 ! Il est maintenant temps de comptabiliser les icônes et de reporter le résultat en page 128 pour l'évaluation finale.

2 Articles, noms et adjectifs

Articles, noms et adjectifs

Voici un petit tableau récapitulatif des articles employés en italien :

	ARTICLES DÉFINIS (articoli determinativi)					ARTICLES INDÉFINIS (articoli indeterminativi)			
	Masculin			Féminin		Masculin		Féminin	
sing.	**il** Devant une consonne (sauf s) + gn-, ps-, z-	**lo** Devant s + gn-, ps-, z-	**l'** Devant une voyelle	**la** Devant une consonne	**l'** Devant une voyelle	**un** Devant une voyelle ou une consonne (sauf s) + gn-, ps-, z-	**uno** Devant s + gn-, ps-, z-	**una** Devant une consonne	**un'** Devant une voyelle
plur.	**i**	**gli**		**le**		**dei**	**degli**	**delle**	

1 Reliez chaque article au mot correspondant.

1. lo   a. treno
2. un   b. studente
3. un'   c. orchestra
4. gli   d. città
5. delle e. amici
6. il   f. ingegnere

2 Pour chaque mot, cochez l'article qui vous semble correct parmi les trois proposés.

☐ il
☐ lo   amico
☐ l'

☐ un
☐ lo   psicologo
☐ il

☐ un'
☐ un   bambina
☐ la

☐ i
☐ gli   quadri
☐ delle

☐ degli
☐ dei   italiani
☐ del

☐ le
☐ gli   autobus
☐ un'

ARTICLES, NOMS ET ADJECTIFS

Morphologie du nom

- La plupart des noms communs et adjectifs qualificatifs italiens se comportent comme **ragazzo** (voir tableau ci-contre).

	Masculin	Féminin
Singulier	ragazzo	ragazza
Pluriel	ragazzi	ragazze

- Cependant, certains noms communs se terminent en **–e** à la fois au masculin et au féminin. Leur pluriel est en **–i** pour les deux genres :
  il dottore – i dottori   **l'estate – le estati**

- Ceci est également valable pour les adjectifs qualificatifs qui se terminent en **–e** :
  un uomo forte – degli uomini forti   **una donna forte – delle donne forti**

- Si un nom se termine en **–co** ou en **–go** au masculin et en **–ca** ou en **–ga** au féminin, on ajoute un **–h** au pluriel pour conserver le son **[k]** et **[g]** :
  il parco – i parchi   **l'amica – le amiche**   **la paga – le paghe**

- Toutefois, si le mot est *sdrucciolo* (voir p. 5), on n'ajoutera pas de **–h** et le pluriel sera en **–gi [dji]** :
  lo psicologo – gli psicologi

3 Complétez le tableau ci-dessous tantôt avec le masculin, tantôt avec le féminin des mots (attention, certains sont au singulier et d'autres au pluriel).

Masculin	Féminin
il nonno	....
....	la bambina
....	le amiche
i maestri	....
....	la zia
....	la cantante
....	la scolara
un tedesco	....
dei francesi	....

ARTICLES, NOMS ET ADJECTIFS

Mots invariables

Certains mots sont invariables entre le singulier et le pluriel. Il s'agit :
– des mots accentués sur la dernière voyelle : **la città, le città** ;
– des mots étrangers se terminant par une consonne : **l'autobus, gli autobus** ;
– des mots abrégés : **la foto, le foto** ;
– des mots se terminant en –i : **la crisi, le crisi** ;
– des mots monosyllabiques : **la gru, le gru** ;
– des mots masculins se terminant en –a : **il sosia, i sosia** ;
– des mots féminins se terminant en –ie : **la specie, le specie**.

4 Pour chacun de ces mots accompagnés d'un adjectif qualificatif, indiquez le bon article défini.

a. .... città grande
b. .... cinema spazioso
c. .... sport esigenti
d. .... sci acrobatico
e. .... camion veloce
f. .... crisi finanziarie
g. .... specie rare
h. .... re potente

5 Complétez le tableau ci-dessous tantôt avec le singulier, tantôt avec le pluriel des mots (attention, certains sont au féminin et d'autres au masculin).

Singulier	Pluriel
il dottore inglese	....
....	le foto interessanti
....	i tè profumati
il viaggio istruttivo	....
un autobus strapieno	....
....	delle analisi pertinenti

ARTICLES, NOMS ET ADJECTIFS

Cas particuliers

- Certains mots forment leur féminin en **–essa**. Il s'agit de professions (**il dottore – la dottoressa**), de noms d'animaux (**il leone – la leonessa**) et de titres de noblesse (**il conte – la contessa**).
- Les mots qui se terminent en **–tore** au masculin se terminent en **–trice** au féminin : **il pittore – la pittrice**.

6 Complétez le tableau ci-dessous avec le féminin ou le masculin des mots.

Masculin	Féminin
il principe felice	
	l'attrice brillante
	la scolara disubbidiente
l'elefante paziente	
	la presidentessa carismatica
i venditori convincenti	

Encore des exceptions !

- Certains mots masculins deviennent féminins au pluriel, et se terminent alors en **–a** : **l'uovo fresco – le uova fresche, il paio – le paia**, etc.
- Enfin, rappelons que certains mots masculins ont deux pluriels : l'un masculin se terminant en **–i** et l'autre féminin se terminant en **–a**. En général, le deuxième est au sens propre (parfois des parties du corps humain) et l'autre au sens figuré.

  Exemples : **il braccio** devient **le braccia** *(les bras de l'homme)* ou **i bracci** *(les bras d'une croix, d'un fleuve, etc.)*, **il corno** devient **le corna** *(les cornes)* ou **i corni** *(les cors de chasse)*, etc.

ARTICLES, NOMS ET ADJECTIFS

7 Cochez la case V si la phrase est correcte et la case F si elle est incorrecte.

	V	F
a. La mamma prese il figlio tra i bracci.	☐	☐
b. Abbiamo camminato a lungo negli stretti budelli della città vecchia.	☐	☐
c. Abbiamo incontrato due membra dell'associazione.	☐	☐
d. Aveva due lunghissime ciglia finte.	☐	☐
e. Dopo avere tanto lavorato, avevamo male a tutte le membra.	☐	☐
f. In quel punto il fiume si divide in due bracci.	☐	☐

8 Éventuellement à l'aide d'un dictionnaire, complétez avec l'une ou l'autre des formes du mot indiquées au-dessus des phrases, en faisant précéder le nom par l'article défini si nécessaire.

mura – muri

a. Ho dipinto di bianco .... del mio nuovo appartamento.

b. Le città medievali erano spesso circondate da potenti ....

corni – corna

c. Nelle opere di Wagner ci sono frasi musicali molto belle suonate dai ....

d. .... del toro sono pericolose per il toreador !

ossi – ossa

e. Il nonno soffre di artrite e gli fanno male ....

f. Ha mangiato tutto il pollo, nel piatto restavano solo .... !

bracci – braccia

g. Hanno finito di restaurare .... della croce di legno.

h. Appena sono arrivato, l'amico mi ha preso tra ....

fili – fila

i. Hanno scoperto .... del complotto.

j. L'elettricista è venuto a collegare ....

ARTICLES, NOMS ET ADJECTIFS

9 Complétez le tableau ci-dessous avec le singulier ou le pluriel des mots.

Singulier	Pluriel
l'uovo fresco	....
....	le paia identiche
....	le mani grandi
il muro del castello	....
l'occhio azzurro	....
....	i fuochi accesi
lo sport divertente	....
l'arma mortale	....
....	i cani fedeli
il ragazzo socievole	....
lo studente studioso	....
lo zio ricco	....
....	gli psicologi intuitivi

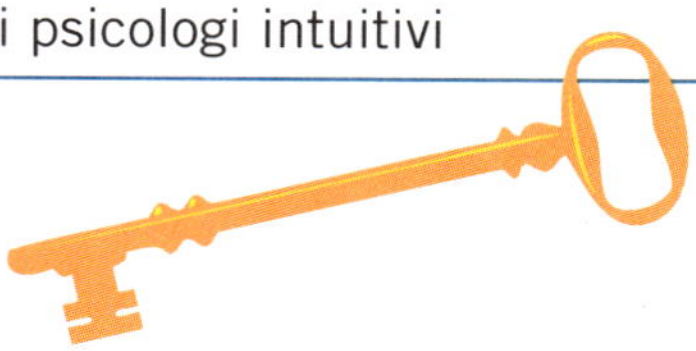

10 Reformulez les phrases suivantes au pluriel.
Exemple : Il bar è chiuso. → *I bar sono chiusi.*

a. L'album serve per disegnare. → ....

b. Il corno del toro è molto appuntito. → ....

c. L'occhio del gatto vede nell'oscurità. → ....

d. La mano stringe l'oggetto. → ....

e. Il filo elettrico è stato collegato. → ....

Bravo, vous êtes venu à bout du chapitre 2 ! Il est maintenant temps de comptabiliser les icônes et de reporter le résultat en page 128 pour l'évaluation finale.

3
Les noms altérés et les degrés de l'adjectif qualificatif

Les noms altérés et les degrés de l'adjectif qualificatif

Il est possible d'« altérer » le sens d'un nom commun en lui ajoutant un suffixe : diminutif (suffixes **–ino**, **–etto**, **–uccio**), augmentatif (**–one**), péjoratif (**–accio**, **–astro**) ou diminutif gracieux (**–otto**, **–ello**, **–olo**).

On dira donc **un gattino** pour *un petit chat* (mais aussi pour un chat tout mignon !), **un gattone** pour *un gros matou*, **un gattaccio** pour *un vilain chat*, etc.

Attention : le diminutif gracieux n'est pas toujours possible, car cette morphologie est liée à l'usage ; en outre, la différence entre le diminutif et le diminutif gracieux est parfois minime…

❶ Complétez avec le suffixe correct.

a. Che palazzo enorme, è davvero un palazz.......... .

b. Ma comprati una macchina nuova, invece di andare in giro con quella brutta macchin.......... .

c. Ma non hai freddo, con quel cappott.......... in pieno inverno ?

d. Dovresti metterti una bella sciarp.......... di lana per non prendere un mal di gola.

e. Si crede un grande poeta, invece è solo un poet.......... .

f. Ho visto il figlio di Carla, è un bambin.......... così carino !

g. Mio caro figli.........., io parlo sempre per il tuo bene !

h. Come si comportano male, sono davvero dei ragazz.......... !

i. Che goloso ! Ieri ha mangiato un piatt.......... di pasta ed ha avuto mal di stomaco.

j. Hai visto che scarpe piccole ? Ha davvero dei pied.......... minuscoli.

LES NOMS ALTÉRÉS ET LES DEGRÉS DE L'ADJECTIF QUALIFICATIF

Faux amis…

Il existe des mots apparemment altérés qui ont en réalité une signification propre. Ainsi, **un ombrellone** n'est pas un grand parapluie, mais *un parasol* et **un vasino** n'est pas un petit vase, mais *un pot de chambre* ! De même, **la lampada** est *une lampe*, alors que **la lampadina** est *une ampoule*…

2 Inscrivez les mots listés ci-dessous dans le tableau, dans la classe correspondant à la bonne altération. Identifiez également les « faux altérés » dans la dernière colonne. Si nécessaire, aidez-vous d'un dictionnaire.

BAMBINO   famigliola   nasone   ragazzaccio
barchetta   bottone   librino   rossetto   MATTINA
ditino   GIRETTO   torrone   cenetta
girino   ventaccio   omaccione   sigaretta

Augmentatifs	Diminutifs	Péjoratifs	Diminutifs gracieux	« Faux altérés »

LES NOMS ALTÉRÉS ET LES DEGRÉS DE L'ADJECTIF QUALIFICATIF

3 À l'aide d'un dictionnaire, construisez les faux altérés des mots donnés entre parenthèses de façon à donner un sens à la phrase.

Exemple : Ieri abbiamo mangiato un .... (tacco) arrosto. ➜ Ieri abbiamo mangiato un *tacchino* arrosto.

a. Il soldato prese la pistola ma non premette sul .... (grillo).

b. Mio nonno cammina sempre con il .... (basto).

c. Nella banca di fronte a casa mia c'è stata una .... (rapa).

d. Mi disse di essere nobile, aveva il titolo di .... (baro).

e. Ha suonato il .... (posto) e ha detto che ha una lettera per te.

Les degrés de l'adjectif : le comparatif

- Les adjectifs qualificatifs subissent eux aussi des variations selon le degré d'intensité que l'on donne à la qualité indiquée ; nous aurons ainsi les formes du comparatif et du superlatif.

Comparatif de supériorité	Comparatif d'infériorité	Comparatif d'égalité
Carlo è **più** ricco **di** Luigi.	Luigi è **meno** ricco **di** Carlo.	Luigi è **(tanto)** ricco **quanto** Carlo. Luigi è ricco **come** Carlo.

- Le deuxième terme de la comparaison est toujours introduit par **di**, sauf dans les cinq cas suivants où l'on utilise **che** :
  - le deuxième terme de la comparaison est un verbe : **Dormire è <u>meno</u> faticoso <u>che</u> lavorare** ;
  - c'est un adverbe : **Quella medicina fa <u>più</u> male <u>che</u> bene** ;
  - c'est un adjectif différent : **È <u>più</u> ricco <u>che</u> bello** ;
  - il est précédé d'une préposition : **A Milano fa <u>più</u> freddo <u>che</u> a Roma** ;
  - la comparaison implique des quantités : **Ho mangiato <u>più</u> pasta <u>che</u> carne**.

4 Complétez les phrases suivantes avec le comparatif demandé.

Modèle : Si vanta tanto della propria situazione, ma è .... (fortunato-intelligente)
➜ Si vanta tanto della propria situazione, ma è *più fortunato che intelligente*.

a. Avevo paura di stancarmi molto, ma in realtà è stato un lavoro .... (lungo-faticoso).

b. Roma è .... (lontana-Firenze-Milano) ....

LES NOMS ALTÉRÉS ET LES DEGRÉS DE L'ADJECTIF QUALIFICATIF

c. Immaginavo che Luca avrebbe avuto ottimi voti, è sempre stato .... **(studioso-me)**.

d. Luisa dice sempre di essere .... **(bella-sua sorella)**, ma è troppo modesta, io preferisco lei.

e. A volte trovo la domenica così interminabile che penso che lavorare sia .... **(noioso-riposarsi)**.

f. Suo padre è stato sempre più generoso .... **(con lui-con suo fratello)**.

g. Li apprezzo tutti e due, trovo Carlo .... **(simpatico-Claudio)**.

5 **Reliez chaque phrase au comparatif correspondant.**

1. Roma è .... Pisa   a. meno potente di
2. La limonata è .... caffè   b. più pesante di
3. Un elefante è .... un cagnolino   c. più popolosa di
4. Avevo fretta, ho lavorato ....   d. più antico della
5. Il colosseo è .... torre Eiffel.   e. pesante quanto
6. Un chilo di ferro è .... un chilo di pane. f. più presto che bene
7. A Mosca fa .... a Palermo   g. meno amara del
8. Un re è .... un imperatore   h. più freddo che

Les degrés de l'adjectif : le superlatif

- Le superlatif absolu peut être formé à l'aide de préfixes (**stra**bello, **super**bello, **iper**bello, **arci**bello).

- Dans certains cas, il est créé en redoublant l'adjectif (é **bello bello**) ou bien en associant celui-ci à un autre adjectif ou à une locution qui le renforcent (è bello **da matti**).

Superlatif absolu	Superlatif relatif
Maria è **bellissima**. Maria è **molto** bella. Maria è **assai** bella.	Maria è **la più** bella **della** sua classe. Mario è **il meno** studioso **della** sua classe.

LES NOMS ALTÉRÉS ET LES DEGRÉS DE L'ADJECTIF QUALIFICATIF

6 Formez le superlatif absolu ou relatif de chaque adjectif selon le sens de la phrase.

a. Ho visto tutti i film del festival, ed il suo è .... (bello).

b. Hai visto l'ultimo film di Tornatore ? È .... (bello).

c. Ho assaggiato un formaggio .... (saporito).

d. Tra le cucine italiane, quella siciliana è .... (saporito).

e. Ha scritto tanti libri, ma l'ultimo è senz'altro .... (interessante).

f. Non c'è dubbio : il suo libro è .... (interessante).

Formes particulières de comparatifs et de superlatifs

	Comparatif	Superlatif
buono	migliore	ottimo
cattivo	peggiore	pessimo
grande	maggiore	massimo
piccolo	minore	minimo
alto	superiore	sommo
basso	inferiore	infimo

7 En vous référant au tableau ci-contre, remplacez le comparatif ou le superlatif en italique par sa forme particulière.

a. È stata un'idea *molto cattiva*.

→ ....

b. Abitiamo al piano *più alto*.

→ ....

c. I vostri prodotti sono di una qualità *più bassa* rispetto ai nostri.

→ ....

d. Avresti meritato un voto *più buono*.

→ ....

e. Pretende di ottenere un *buonissimo* risultato con un *piccolissimo* sforzo.

→ ....

f. Il *più grande* poeta italiano è l'*altissimo* Dante.

→ ....

LES NOMS ALTÉRÉS ET LES DEGRÉS DE L'ADJECTIF QUALIFICATIF

8 Complétez les phrases ci-dessous.

a. Marco è più .... Gianni.

b. Gianni è meno .... Marco.

c. Gianni è .... *(superlatif absolu)*.

d. Marco è .... *(superlatif absolu)*.

e. Tra i due, Gianni è .... *(superlatif relatif)*.

f. Tra i due, Marco è .... *(superlatif relatif)*.

9 Complétez les phrases ci-dessous.

a. Marco è più .... Gianni.

b. Gianni è meno .... Marco.

c. Gianni è .... *(superlatif absolu)*.

d. Marco è .... *(superlatif absolu)*.

e. Tra i due, Gianni è .... *(superlatif relatif)*.

f. Tra i due, Marco è .... *(superlatif relatif)*.

Bravo, vous êtes venu à bout du chapitre 3 ! Il est maintenant temps de comptabiliser les icônes et de reporter le résultat en page 128 pour l'évaluation finale.

4
Les chiffres et le temps

Les chiffres et le temps

Vous savez probablement compter en italien et n'avez donc besoin d'aucune révision sur le sujet. Mais, pour vous en assurer, nous allons faire un peu de maths !

1 Reliez chacune des opérations en chiffres sur la gauche au bon résultat en lettres sur la droite.

5 + 6 •   • ottantuno
9 x 9 •   • sedici
20 – 4 •   • centosettantadue
24 : 2 •   • sessantatré
7 x 9 •   • undici
161 + 11 •   • dodici
172 – 10 •   • centosessantadue

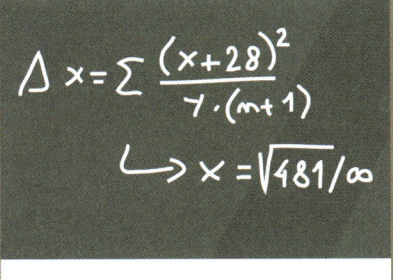

2 Répondez aux questions en écrivant les chiffres en toutes lettres.

a. La metà di quattordici è ....

b. Il triplo di undici è ....

c. La quarta parte di ottantaquattro è ....

d. Un terzo di novantatré è ....

e. Un decimo di centotrenta è ....

f. Il quadruplo di nove è ....

g. Il doppio di nove è ....

LES CHIFFRES ET LE TEMPS

❸ Maintenant, comme de vrais petits écoliers italiens, résolvez le problème suivant.

> Pierino va al mercato a comprare delle uova per la sua mamma, sua nonna e sua zia ; ne compra quindici per la mamma, dodici per la nonna e diciassette per la zia. Poi guarda la lista della spesa e vede che si è sbagliato ! Allora ne prende quattro della mamma e due della nonna e le mette con quelle della zia. Sulla strada del ritorno ne rompe quattro, una della nonna, una della mamma e due della zia.

a. Quante uova porterà alla mamma ? → ....

b. Quante alla nonna ? → ....

c. Quante alla zia ? → ....

d. Quante in totale ? → ....

❹ L'un de ces chiffres a quelque chose de différent des autres... Cherchez l'intrus !

quattordici   trentaquattro   milletrecentosei

VENTOTTO   cento   QUARANTA

sessantanove   dodici   seicentosedici

settantadue   NOVANTOTTO   settecentootto

Les nombres ordinaux

Les nombres ordinaux se forment en ajoutant le suffixe **–esimo** aux nombres cardinaux, sauf pour les dix premiers : **primo, secondo, terzo, quarto, quinto, sesto, settimo, ottavo, nono, decimo.**

LES CHIFFRES ET LE TEMPS

5 Écrivez les nombres ordinaux ci-dessous en lettres.

a. 34° → ....

b. 67° → ....

c. 12° → ....

d. 602° → ....

e. 1000° → ....

f. 15° → ....

g. 8° → ....

6 Trouvez les lettres demandées dans les mots correspondant aux images, puis écrivez-les dans les cases vides. Vous y découvrirez le mot mystère.

a.	la quinta lettera di 	(arbre)	....
b.	l'ottava lettera di 	(ballon)	....
c.	la settima lettera di 	(montagne)	....
d.	l'undicesima lettera di 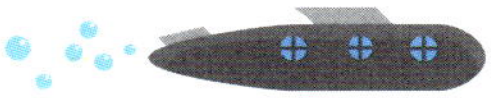	(sous-marin)	....
e.	la prima lettera di 	(pelle)	....
f.	la seconda lettera di 	(peigne)	....
g.	la sesta lettera di 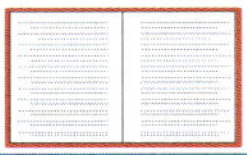	(livre)	....
h.	la terza lettera di 	(montre)	....
i.	la nona lettera di 	(parasol)	....
j.	la decima lettera di 	(chapeau)	....
k.	la dodicesima lettera di 	(robe)	....

LES CHIFFRES ET LE TEMPS

L'heure

- Pour demander l'heure :
  - **Che ore sono ?**
  - **Che ora è ?**

  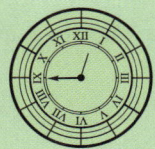

- La réponse est :
  - **Sono le dodici e un quarto (12.15)**
    - **dodici e mezza (12.30)** ou **mezzogiorno e mezza**
    - **dodici e tre quarti (12.45)** ou **l'una meno un quarto (12.45)**, *etc.*

7 Écrivez l'heure correspondante à côté de l'horloge.

a.
Sono le ....
oppure ....

b.
Sono le ....
oppure ....

c.
Sono le ....
oppure ....

d.
Sono le ....
oppure ....

e.
Sono le ....
oppure ....

LES CHIFFRES ET LE TEMPS

8 Voici une page de l'agenda de M. Rossi. Regardez bien tous ses rendez-vous, puis complétez les horaires en toutes lettres dans le petit texte ci-dessous.

LUNEDÌ 12 DICEMBRE	MARTEDÌ 13 DICEMBRE	MERCOLEDÌ 14 DICEMBRE	GIOVEDÌ 15 DICEMBRE
8.30 → dentista	9.00 → riunione a Monaco	8.00 → colazione con il Prof. Neri	7.30 → treno per Torino
9.45 → riunione in ufficio	12.30 → partenza per Milano		9.00 → intervento al convegno della FIAT
12.30 → pranzo con Fabio	16.00 → appuntamento con l'avvocato Finzi	12.00 → Comprare il regalo per Filippo	12.00 → treno di ritorno
14.00 → videoconferenza	18.30 → piscina		18.30 → palestra
18.00 → partenza aereo per Monaco	20.00 → cena con Claudio e Giuseppe	20.30 → Festa di compleanno di Filippo	

Lunedì alle .... il Signor Rossi deve andare dal dentista ; poi ha una riunione alle dieci meno .... ed a mezzogiorno e .... deve .... con Fabio. Alle .... assisterà ad una videoconferenza, poi alle .... prenderà l'aereo per Monaco. Il giorno dopo è prevista una riunione alle .... ed a .... e .... riparte per Milano. Dopo un appuntamento alle .... va in piscina alle .... e a cena con amici alle .... Mercoledì fa .... con un collega alle .... Ad ora di pranzo, a .... va a comprare il regalo per suo fratello Filippo che festeggia il compleanno la sera alle .... Il giorno dopo parte per Torino alle .... per fare un intervento al convegno della FIAT alle .... Ritornerà a Milano con il treno delle .... e finirà la giornata in palestra alle ....

LES CHIFFRES ET LE TEMPS

9 Programme d'un village de vacances. Voici les activités hebdomadaires du village de vacances « Mare e sole ». En regardant ci-dessous, répondez aux questions.

	LUNEDÌ	MARTEDÌ	MERCOLEDÌ	GIOVEDÌ	VENERDÌ
8.00	colazione	colazione	colazione	colazione	colazione
9.00	apertura del baby-club	apertura del baby-club	apertura del baby-club	apertura del baby-club	apertura del baby-club
9.30	aerobica in piscina	iniziazione alla pesca subacquea	aerobica in piscina	gara di corsa sulla spiaggia	aerobica in piscina
12.00	aperitivo (accoglienza dei nuovi arrivi)				
12.30	pranzo	pranzo	pranzo	pranzo	pranzo
14.00	escursione sulla scogliera	gita in barca	visita di Amalfi	visita del museo della pesca	visita della salina
16.30	merenda per tutti	merenda per tutti	merenda per tutti	merenda per tutti	merenda per tutti
18.00	chiusura del baby-club (non dimenticate i figli !)	chiusura del baby-club (non dimenticate i figli !)	chiusura del baby-club (non dimenticate i figli !)	chiusura del baby-club (non dimenticate i figli !)	chiusura del baby-club (non dimenticate i figli !)
18.30	aperitivo a tema : cocktail cubani	aperitivo a tema : cocktail americani	aperitivo a tema : cocktail spagnoli	aperitivo a tema : cocktail messicani	aperitivo a tema : cocktail sud-americani
20.00	cena	cena	cena	cena	cena
21.30	ballo di gruppo	festa Cotton Club	festa in maschera	serata cabaret	ballo di gruppo

a. A che ora si fa colazione al villaggio « Mare e sole » ?

→ ....

b. A che ora si pranza ?

→ ....

c. A che ora si cena ?

→ ....

d. A che ora apre e a che ora chiude il baby-club ?

→ ....

e. In che giorni della settimana e a che ora si fa aerobica ?

→ ....

f. Qual è il giorno dei cocktail spagnoli ?

→ ....

g. Nel pomeriggio si può mangiare tutti insieme : a che ora ?

→ ....

h. Che si fa il venerdì alle quattordici ?

→ ....

Bravo, vous êtes venu à bout du chapitre 4 ! Il est maintenant temps de comptabiliser les icônes et de reporter le résultat en page 128 pour l'évaluation finale.

Adjectifs et pronoms possessifs et démonstratifs

Possessif

	Singulier		Pluriel	
	Masculin	Féminin	Masculin	Féminin
	mio	mia	miei	mie
	tuo	tua	tuoi	tue
	suo	sua	suoi	sue
	nostro	nostra	nostri	nostre
	vostro	vostra	vostri	vostre
	loro	loro	loro	loro

- L'article est toujours obligatoire devant le possessif (**il mio cane, i miei amici**), SAUF avec les noms des relations de parenté (uniquement au singulier) : **mio fratello, i miei fratelli**.

- Cette exception n'est pas valable avec **loro**, qui est toujours précédé d'un adjectif (**il loro padre**), et si le mot est altéré (**il suo fratellino, il nostro zione**). Il faut également l'article devant les mots **mamma** et **papà**, qui ne sont pas considérés comme des relations familiales, mais comme des diminutifs gracieux.

- Les formes présentées dans le tableau ci-dessus sont valables pour adjectifs et pronoms : **io verrò con la mia macchina e tu con la tua**.

1 Complétez le dialogue avec le possessif correct (avec ou sans article).

- Credo che Luisa verrà con .... sorella, la conosci ?
- No, ma conosco .... fratellino, è molto simpatico.
- Io conosco tutta la famiglia, i tre figli e .... genitori.
- Sono anche andato a vedere .... nuova casa.
- Sì, è molto bella, ma io preferisco quella di Antonio : .... è molto più bella !
- Sì, è vero, ma devi ammettere che .... è più grande ....

Possessif (suite)

- On peut trouver également l'article indéfini devant le possessif : **un suo amico** signifie « *un de ses amis* ». Dans ce cas, le pluriel est formé avec l'article partitif : **dei suoi amici**.

ADJECTIFS ET PRONOMS POSSESSIFS ET DÉMONSTRATIFS

2 Complétez avec le possessif correct.

a. I tuoi genitori ti vogliono aiutare : devi seguire .... consigli.

b. Luigi era molto arrabbiato, ha preso .... giacca e se n'è andato.

c. I miei figli hanno dimenticato .... zaini a scuola !

d. Amo tutta la mia famiglia, ma i parenti che preferisco sono .... zii.

e. Vengo volentieri a trovarti e a visitare .... città.

f. Ho visto Luisa con .... amico che non conoscevo.

3 Remplissez les cases vides du tableau ci-dessous en formant tantôt le pluriel, tantôt le singulier des expressions.

Singulier	Pluriel
un mio amico	....
....	i tuoi fratellini
la loro casa	....
....	le vostre macchine
nostra madre	....
....	le sue biciclette

Possessif (suite)

- Le pronom possessif est utilisé sans article pour traduire les expressions « *c'est à moi* », **è mio**, « *c'est à toi* », **è tuo**, « *ils sont à lui* », **sono suoi**, etc.

4 Répondez aux questions suivantes en utilisant le pronom possessif correct.

Exemple : Sono tuoi questi giornali ? **(no – suoi)** ➜ *No, non sono miei, sono suoi.*

a. È vostra questa macchina ? **(no – sua)**
➜ ....

b. Di chi è questa giacca ? È tua ?
(no – di Carlo)
➜ ....

c. Di chi sono queste chiavi ?
Sono vostre ? **(no – tue)**
➜ ....

d. È di Luca questo libro ? **(no – mio)**
➜ ....

e. Signore, è sua questa pizza ? **(sì)**
➜ ....

f. Signori, sono vostre queste pizze ? **(sì)**
➜ ....

ADJECTIFS ET PRONOMS POSSESSIFS ET DÉMONSTRATIFS

Adjectifs démonstratifs

Ces adjectifs se comportent comme les articles définis : c'est donc la lettre par laquelle commence le nom qu'ils précèdent qui détermine le choix du démonstratif : **quello** est utilisé comme l'article **lo**, **quell'** correspond à **l'** (masculin et féminin), **quel** à **il**, et la même chose pour le pluriel ; il n'y a jamais d'apostrophe au pluriel (**quell'amica** – **quelle amiche**).

	Singulier		Pluriel	
	Masculin	Féminin	Masculin	Féminin
(près de celui qui parle)	questo	questa	questi	queste
(loin de celui qui parle)	quello, quell', quel	quella, quell'	quei, quegli	quelle

5 Complétez avec l'adjectif démonstratif correct.

a. Vedi .... strada là in fondo ? È via Garibaldi.

b. Senti .... mano, com'è fredda !

c. Domani ti presento .... ragazzo di cui ti ho parlato.

d. Quest'estate vado in vacanza con .... amici che ho conosciuto in montagna.

e. Ieri, quando ho sentito .... strano rumore ho avuto paura.

f. Andiamo con... macchina, è la mia.

Pronoms démonstratifs

	Singulier		Pluriel	
	Masculin	Féminin	Masculin	Féminin
utilisés pour des personnes, des animaux et des objets	questo	questa	questi	queste
	quello	quella	quelli	quelle
utilisés seulement pour des personnes	costui	costei	costoro	costoro
	colui	colei	coloro	coloro
traduit « ceci » et « cela »	ciò	–	–	–

- Les formes **quello, quella**, etc. et **colui, colei**, etc. sont suivies du pronom relatif **che** (→ « *celui qui* », « *celle qui* », etc.) ; la même chose pour **ciò** (ciò che → *ce qui*).

- Les formes indirectes de **ciò** peuvent être remplacées par les pronoms **ne** et **ci** :
  – **Che pensi di ciò ? → Che ne pensi ?**
  – **Hai pensato a ciò ? → Ci hai pensato ?**

ADJECTIFS ET PRONOMS POSSESSIFS ET DÉMONSTRATIFS

6 Complétez avec le pronom démonstratif correct, accompagné ou non de *che*.

a. Fa sempre tutto .... vuole e non è mai contento.

b. La mia casa è .... con le finestre verdi.

c. Vi abbiamo raccontato tutto .... sapevamo.

d. .... ha detto questo si sbaglia.

e. Questi pomodori sono maturi, invece .... non lo sono ancora.

f. Con tutto .... abbiamo mangiato in vacanza, abbiamo preso tre chili !

7 Réécrivez les phrases suivantes, en remplaçant *ciò* par *ne* ou *ci*.
Exemple : non ho pensato a ciò → non *ci* ho pensato

a. Non s'è accorto di ciò → ....

b. Non credo a ciò → ....

c. Mi occuperò io di ciò → ....

d. Non mi importa niente di ciò → ....

e. Penseremo a ciò domani. → ....

f. Non mangio ciò. → ....

8 Cherchez l'intrus : un de ces pronoms démonstratifs a quelque chose de différent des autres : lequel ?

costui   ciò   coloro   costoro
colei   quello   questi

ADJECTIFS ET PRONOMS POSSESSIFS ET DÉMONSTRATIFS

9 Complétez les phrases suivantes avec l'un des possessifs ou des démonstratifs contenus dans la liste ci-dessous (attention : chaque pronom est à utiliser une seule fois).

il suo   COLORO CHE   ciò che   le mie   il mio   questo   CI   questa vostra

a. .... è .... problema più importante : non ho mai imparato l'inglese.

b. .... mi voleva dire è che io sono .... più caro amico.

c. Ve lo dico chiaro e tondo : .... improvvisa voglia di lavorare, io non .... credo.

d. Io sto dalla parte di .... hanno .... stesse idee.

10 Associez chaque mot avec le possessif ou le démonstratif correct.

il tuo • • padre
suo • • madre
nostra • • fratellino
la mia • • imbroglio
quell' • • mamma
quegli • • istituti

11 Complétez le texte ci-dessous avec les possessifs adéquats.

Vi presento la mia famiglia : .... padre si chiama Vittorio, ed è insegnante : fa .... lavoro da vent'anni e gli piace molto. .... mamma si chiama Luisa ed è impiegata.

Dice che .... lavoro non le piace ma lo deve fare per mantenere .... famiglia. .... fratelli si chiamano Luigi e Domenico. Luigi è .... fratellino minore, ha otto anni, invece Domenico è .... fratello maggiore, e ne ha venticinque.

ADJECTIFS ET PRONOMS POSSESSIFS ET DÉMONSTRATIFS

12 Complétez.

Questi sono .... fratello Giacomo e .... sorellina Susanna!

Vi presento .... papà e .... mamma!

Ed ecco .... nonni, paterni e materni. .... famiglia è al completo!

13 Et maintenant, en guise de récréation, un petit exercice de vocabulaire : complétez avec le mot italien, selon le sens de la phrase.

a. Il .... del Louvre si trova a Parigi, la .... della Francia.

b. Avremo quindici .... di vacanza in occasione delle .... di Natale.

c. Mio figlio era malato, allora sono andato dalla nostra ...., che gli ha prescritto di restare in .... per diversi giorni.

d. Ho incontrato Claudio con il .... nuovo ...., che è un bellissimo labrador.

Bravo, vous êtes venu à bout du chapitre 5 ! Il est maintenant temps de comptabiliser les icônes et de reporter le résultat en page 128 pour l'évaluation finale.

Indicatif présent des verbes *essere* et *avere* et conjugaisons régulières

Indicatif présent des verbes *essere* et *avere*

	AVERE	ESSERE
io	ho	sono
tu	hai	sei
lui, lei, ciò	ha	è
noi	abbiamo	siamo
voi	avete	siete
loro	hanno	sono

1 Complétez avec les formes correctes des verbes *essere* ou *avere*.

a. I signori Rossi .... una bellissima casa.

b. .... venticinque anni e .... italiana.

c. Se .... problemi per andare alla stazione, telefonateci e vi accompagneremo.

d. .... tardi, ... le diciotto e trenta !

e. .... a piedi ? Vi accompagnamo noi in macchina !

f. .... sonno, vado a letto.

g. Quest'anno .... pochi giorni di vacanza e restiamo in città.

h. Signora Ruggeri, se non .... tempo per venire da me, vengo io da lei.

Conjugaisons régulières

	Verbes en –ARE (*cantare*)	Verbes en –ERE (*ripetere*)	Verbes en –IRE 1er groupe (*finire*)	Verbes en –IRE 2e groupe (*partire*)
io	canto	ripeto	finisco	parto
tu	canti	ripeti	finisci	parti
lui, lei, ciò	canta	ripete	finisce	parte
noi	cantiamo	ripetiamo	finiamo	partiamo
voi	cantate	ripetete	finite	partite
loro	cantano	ripetono	finiscono	partono

INDICATIF PRÉSENT DES VERBES *ESSERE* ET *AVERE* ET CONJUGAISONS RÉGULIÈRES

2 Complétez avec la forme correcte du verbe indiqué.

a. noi .... (costruire)
b. loro .... (avere)
c. lei .... (dipingere)
d. voi .... (camminare)
e. io .... (ubbidire)
f. ciò .... (stupire)
g. noi .... (sentire)
h. voi .... (capire)

3 Complétez avec la forme correcte du verbe indiqué.

a. I bambini .... (ascoltare) la maestra in classe.
b. Se posso, quando vengo ti .... (portare) una torta.
c. Gli ho domandato che fa, e mi ha risposto che .... (studiare) all'università.
d. Io e Luisa .... (avere) voglia di venire da voi.
e. Ti ammiro, ... (essere) molto bravo !
f. Tua sorella .... (cantare) molto bene, è bravissima !
g. Non è molto tempo che Luigi .... (guidare) la macchina.
h. Se non parli più forte, il nonno non ti .... (capire).
i. È sordo, non .... (sentire) niente.
j. Domani io e mia moglie .... (prendere) il treno delle otto e trenta.

4 Complétez les phrases suivantes en utilisant les mots de la liste ci-dessous (chaque mot peut être utilisé une seule fois).

· nisco   suona   ha   pensate   siete

a. Vorrei sapere da voi che cosa .... del mio progetto.
b. Mio figlio ama molto la musica, ... la chitarra.
c. Se alle cinque .... a casa, veniamo a trovarvi.
d. Quando .... di lavorare, vado sempre al cinema.
e. È un tipo coraggioso, non .... paura di nessuno.

INDICATIF PRÉSENT DES VERBES *ESSERE* ET *AVERE* ET CONJUGAISONS RÉGULIÈRES

5 Associez à chaque sujet sa forme verbale.

io e mia sorella • • ubbidiscono
il cane dei vicini • • canta
i soldati • • giochiamo
il coro dell'opera • • abbaia
voi pittori • • lavori troppo
caro amico, • • dipingete

6 Cherchez l'intrus.

parli   **ripete**

PARTIAMO

saluto

finisci

mangia

Phonétique et orthographe

- Attention : les verbes du 1er groupe en **–care** et en **–gare** maintiennent le son dur **[k]** et **[g]** en ajoutant un **h** devant les désinences commençant par **i**, alors que les verbes du 2e groupe en **–cere** et en **–gere** changent **[tch]** en **[k]** et **[dj]** en **[g]** quand la désinence l'impose :

  io cerco – tu cerchi, io pago – tu paghi, io piango – tu piangi, io dico – tu dici

7 Écrivez la forme correcte du présent de l'indicatif ; attention à l'orthographe !

a. Cercare *(noi)* ....
b. Piangere *(voi)* ....
c. Pregare *(tu)* ....
d. Pescare *(noi)* ....
e. Dipingere *(loro)* ....
f. Vincere *(io)* ....
g. Pagare *(noi)* ....
h. Toccare *(tu)* ....

8 Complétez.
Exemple : io mangio, *voi mangiate.*

a. tu prendi, noi ....
b. noi costruiamo, tu ....
c. io pulisco, voi ....
d. loro attendono, tu ....
e. noi ascoltiamo, lei ....
f. voi ubbidite, tu ....
g. io capisco, noi ....
h. lui paga, noi ....

INDICATIF PRÉSENT DES VERBES *ESSERE* ET *AVERE* ET CONJUGAISONS RÉGULIÈRES

9 En guise de récréation, et à l'aide d'un dictionnaire, choisissez dans la liste ci-dessous la lettre qui changera le sens du verbe de la colonne de gauche en le transformant... en tout autre chose !

R – O – R – V – M – R – N – L

a. PULIRE → PU...IRE
b. VOTARE → VO...ARE
c. PAGARE → PA...ARE
d. TIRARE → ...IRARE
e. CANTARE → C...NTARE
f. CAPIRE → ...APIRE
g. PESTARE → ...ESTARE
h. TENDERE → ...ENDERE

10 Complétez avec le verbe opportun, choisi dans la liste ci-dessous, selon le sens de la phrase.

capire – avere – cantare – preferire – aspettare – pulire

a. Io e i miei amici .... canzoni italiane.
b. Se mi parli lentamente, ... più facilmente.
c. Se .... freddo, copriti bene e metti un berretto di lana.
d. Signor Carlini, ... la carne o il pesce ? – Non so, mi piacciono tutti e due.
e. Quando la casa è sporca, io la .... da cima a fondo.
f. Sono due ore che siamo qui alla stazione e .... il treno, ma non arriva mai !

11 Écrivez dans chacun des pétales des trois fleurs une des particules qui « gisent » dans le pré et vous obtiendrez des verbes du 1er, du 2e ou du 3e groupe, selon la fleur !

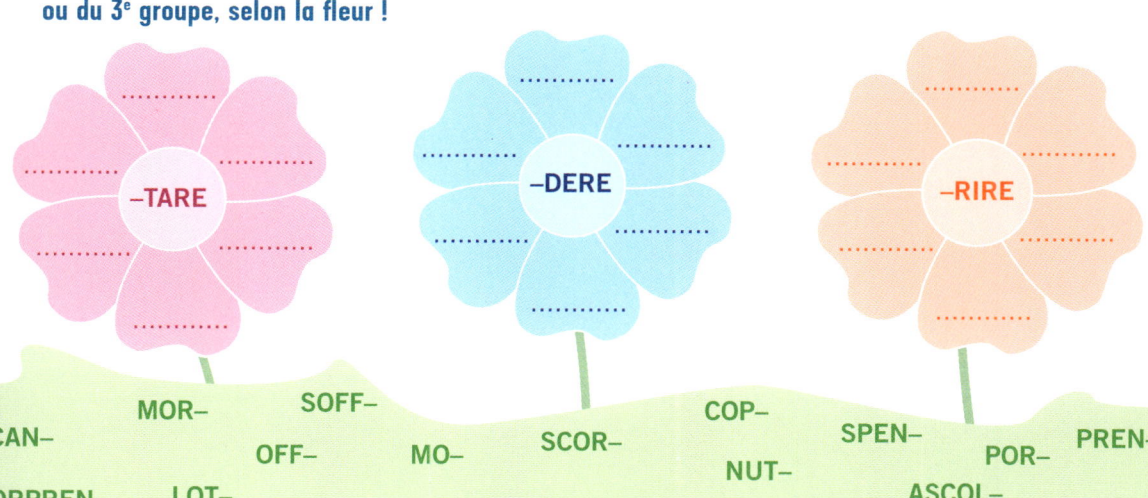

INDICATIF PRÉSENT DES VERBES *ESSERE* ET *AVERE* ET CONJUGAISONS RÉGULIÈRES

12 Ceci est un exercice de vocabulaire ; la colonne de gauche est composée de plusieurs mots indiquant un groupe ; associez chacun d'eux à sa définition, expliquant de quoi ou de qui est formé le groupe.

- squadra
- coro
- folla
- costellazione
- migliaio
- orchestra
- catena
- pattuglia

- insieme di persone
- serie di anelli
- insieme di giocatori
- insieme di mille unità
- raggruppamento di stelle
- gruppo di militari o agenti di polizia
- insieme di suonatori di strumenti musicali
- insieme di cantanti

13 Une petite révision des noms altérés que nous avons vus à la leçon 3 (il ne faut pas oublier les leçons précédentes !) : complétez les espaces libres dans les dessins suivants avec les mots altérés adéquats.

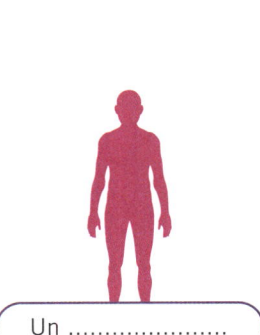

Un ....

Un uomo

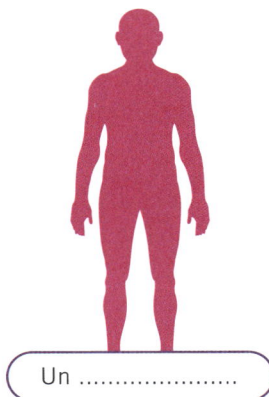

Un ....

Un ....

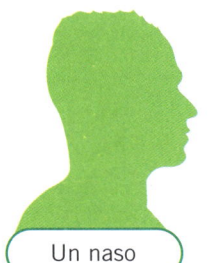

Un naso

Un ....

INDICATIF PRÉSENT DES VERBES *ESSERE* ET *AVERE* ET CONJUGAISONS RÉGULIÈRES

14 Cruciverba di revisione.

Horizontalement :

1. Ce n'est pas une petite lampe, c'est une ampoule !
5. Très, très bonne
8. La neuvième
9. Le pluriel de *gru*
11. Les 2ᵉ et 3ᵉ lettres de *cerchio*
12. Trois lettres pour écrire *[ké]*
14. *Tu sei, io .....*
15. La ville de Matera (abrégée)
17. Titre honorifique anglais
18. Le féminin pluriel de *attore*

Verticalement :

1. La femelle du lion
2. Plusieurs paires
3. Le pluriel de *drago*
4. Les oiseaux et les avions en ont
6. Le... partenaire du toréador !
7. La ville de Trento (abrégé)
10. Le pluriel de *re*
13. Un préfixe... superlatif !
15. La ville de Milan (abrégée)
16. *A noi*
17. Si ce n'est pas *no*, c'est .....

Bravo, vous êtes venu à bout du chapitre 6 ! Il est maintenant temps de comptabiliser les icônes et de reporter le résultat en page 128 pour l'évaluation finale.

7 Passé composé, imparfait et plus-que-parfait

Le passé composé

- Comme en français, le passé composé est formé du présent de l'indicatif de l'auxiliaire **avere** ou **essere** suivi du participe passé du verbe à conjuguer, en **–ato** (verbes en **–are**), **–uto** (verbes en **–ere**), **–ito** (verbes en **–ire**).
- Avec le verbe **essere**, le participe passé s'accorde toujours avec le sujet, avec le verbe **avere** il ne s'accorde jamais.

1 Complétez avec la forme correcte du passé composé du verbe indiqué entre parenthèses.

a. Se .... **(finire)**, mi potete consegnare il compito.

b. Signore, Lei .... **(avere)** fortuna : ha vinto il primo premio.

c. Siamo stanchi perché .... **(lavorare)** tutto il giorno.

d. Le mie sorelle non sono in casa : .... **(andare)** insieme in centro.

e. Il treno .... **(partire)** in perfetto orario.

f. Mi complimento con voi : .... **(essere)** veramente bravi !

g. Non .... **(capire)** niente di quello che gli ho detto.

h. .... **(parlare)** con lui per un'ora e ho concluso che ha ragione lui.

i. Tuo fratello .... **(studiare)** tanto e alla fine è stato promosso.

j. Il film che abbiamo visto ieri ci .... **(piacere)** molto.

2 Complétez avec le présent ou avec le passé composé du verbe entre parenthèses, selon le sens de la phrase.

a. Ogni volta che .... **(io – mangiare)** cibo fritto, ...
   (io – avere) problemi di stomaco.

b. L'ultima volta che .... **(io – mangiare)** cibo fritto, ...
   (io – avere) problemi di stomaco.

PASSÉ COMPOSÉ, IMPARFAIT ET PLUS-QUE-PARFAIT

c. Quando mio cugino .... **(arrivare)** ieri a casa mia, eravamo tutti contenti.

d. Quando mio cugino .... **(arrivare)** a casa mia, siamo sempre contenti.

e. .... **(Lui – temere)** di non riuscire ad ottenere un buon voto nell'interrogazione di domani.

f. Vedendo la difficoltà dell'interrogazione, in un primo tempo .... **(lui – temere)** di non riuscire ad avere un buon voto, poi grazie allo studio ce l'ha fatta.

g. La domenica .... **(noi – andare)** sempre al mare.

h. L'ultima volta che .... **(noi – andare)** al mare, faceva un tempo bellissimo.

i. La stampante che abbiamo comprato .... **(funzionare)** molto bene.

j. La stampante che abbiamo comprato .... **(funzionare)** molto bene per una settimana, poi si è rotta.

Choix de l'auxiliaire

On utilise ESSERE avec	On utilise AVERE avec
Les verbes intransitifs (mouvement, état, devenir…)	Les verbes transitifs
Les formes réfléchies, pronominales, impersonnelles	Les verbes intransitifs de mouvement quand le mouvement est indiqué en tant que tel, sans direction ni provenance
	Quelques intransitifs comme *dormire*, *ridere*, *sorridere*, etc.

3 **Placez les poissons dans le panier du *è* ou dans celui du *ha* selon l'auxiliaire nécessaire pour compléter la phrase écrite dessus.**

1. ..... arrivato tardi

2. ..... terminato il compito

3. ..... cominciato a studiare

4. Si ..... pentito dei suoi errori

5. ..... conosciuto nuovi amici

6. ..... piovuto tutta la notte

7. Si ..... lavato i denti

è

ha

PASSÉ COMPOSÉ, IMPARFAIT ET PLUS-QUE-PARFAIT

Verbes semi-auxiliaires

Les verbes semi-auxiliaires **dovere**, **sapere**, **potere**, **volere**, suivis d'un verbe à l'infinitif, se conjuguent, dans les temps composés, avec l'auxiliaire du verbe qui les suit (le participe passé s'accorde avec le sujet si l'auxiliaire est **essere**)

sono dovuta andare a Firenze – ho dovuto fare un discorso.

4 Complétez avec le passé composé.

a. Luca e suo fratello si sono persi e non .... **(sapere)** tornare a casa.

b. Io e Carla .... **(dovere)** lavorare fino a mezzanotte.

c. Mia cugina .... **(volere)** venire con me a casa vostra.

d. I signori Rossi .... **(potersi)** permettere di comprare questa bellissima casa.

e. Scusateci, non .... **(potere)** arrivare prima.

f. Era tanto commosso che non .... **(potere)** parlare.

g. Mia madre mi ha chiamato e .... **(dovere)** andare da lei.

h. Nostro padre ci ha scritto e .... **(dovere)** partire immediatamente.

i. Tanti italiani .... **(dovere)** emigrare in America.

j. I miei genitori .... **(potere)** comprare questa casa.

Les désinences de l'imparfait de l'indicatif

(exemple : part-ire ➜ io part-iv-o, etc.)

Le verbe **avere** se comporte régulièrement comme un verbe en **–ere (avevo, avevi…)** ; l'imparfait de **essere** est :

ero   eri   era   eravamo   eravate   erano

	Verbes en –ARE	Verbes en –ERE	Verbes en –IRE	Désinences (pour tous)
io	-AV-	-EV-	-IV-	-O
tu	-AV-	-EV-	-IV-	-I
lui, lei	-AV-	-EV-	-IV-	-A
noi	-AV-	-EV-	-IV-	-AMO
voi	-AV-	-EV-	-IV-	-ATE
loro	-AV-	-EV-	-IV-	-ANO

PASSÉ COMPOSÉ, IMPARFAIT ET PLUS-QUE-PARFAIT

5 Donnez la forme de l'imparfait du verbe entre parenthèses.

a. tu → .... (credere)
b. loro → .... (prendere)
c. noi → .... (partire)
d. io → .... (vestire)
e. voi → .... (ascoltare)
f. lei → .... (capire)
g. lui → .... (guidare)
h. noi → .... (leggere)
i. loro → .... (studiare)
j. tu → .... (ballare)
k. voi → .... (vendere)
l. io → .... (andare)
m. lui → .... (dormire)
n. voi → .... (capire)

6 Complétez les phrases suivantes.

a. Io e i miei amici, quando .... (essere) giovani, spesso ....
   (suonare) la chitarra e .... (cantare) tutti insieme.

b. Hanno cambiato macchina : quella che .... (avere) prima ....
   (essere) rossa.

c. Tutte le sere, le bambine .... (chiedere) alla mamma di raccontare loro una storia, e lei, naturalmente, gliela .... (leggere) sul libro delle fiabe.

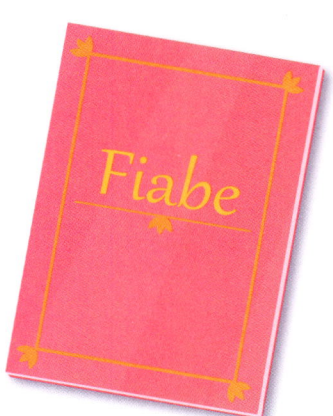

d. All'arrivo della polizia, io e il mio collega ....
   (lavorare) tranquillamente nel nostro ufficio
   e .... (credere) che tutto fosse normale.

Le plus-que-parfait

Le plus-que-parfait est formé de **l'imparfait de l'auxiliaire + le participe passé du verbe**.

PASSÉ COMPOSÉ, IMPARFAIT ET PLUS-QUE-PARFAIT

7 **Choisissez le bon auxiliaire du plus-que-parfait de l'indicatif dans les phrases suivantes.**

a. Luisa .... **(uscire)** per fare la spesa, quando si è accorta che pioveva.

b. Io ti .... **(avvertire)** del pericolo prima della tua partenza, e tu ci sei andato ugualmente !

c. Quel giorno io e Filippo .... **(partire)** alle otto per Milano, ma il treno era in ritardo.

d. Ricordo che mio figlio non .... mai .... **(avere)** paura del buio, fino a quella volta in cui restò chiuso in cantina.

e. Prima dell'estate scorsa io e mia moglie non .... **(essere)** mai in Calabria.

8 **Complétez avec le passé composé, avec l'imparfait ou avec le plus-que-parfait, selon le sens.**

a. All'inizio, quando io e mio marito .... **(cominciare)** a studiare l'italiano, io non .... **(capire)** quasi niente, e lui .... **(essere)** molto più bravo di me, poi fortunatamente anch'io .... **(migliorare)**.

b. Quando lui me lo .... **(spiegare)**, io lo .... **(capire)** già da molto tempo.

c. Luca .... **(arrivare)** da me proprio mentre .... **(parlare)** con suo fratello.

d. Quando ieri .... **(uscire)**, ... la situazione ci .... **(sembrare)** tranquilla, poi tutto .... **(accadere)** durante la notte.

e. Da piccolo io non .... **(mangiare)** nessuna verdura ; .... **(cominciare)** a mangiarla dopo i dieci anni.

f. Durante gli anni sessanta i ragazzi .... **(portare)** i capelli lunghi.

g. Ieri in città io e Carlo .... **(incontrare)** Luigi che .... **(andare)** all'ufficio postale, perché il direttore gli .... **(telefonare)** per un lavoro.

h. Un'ora fa io .... **(sentire)** il telefono che .... **(suonare)** ; .... **(essere)** il mio amico Fabio che mi .... **(ricordare)** che io e lui .... **(parlare)** di andare al cinema insieme.

PASSÉ COMPOSÉ, IMPARFAIT ET PLUS-QUE-PARFAIT

9 Encore une petite récréation : associez chaque verbe à son contraire.

- accendere • • togliere
- aprire • • rifiutare
- accettare • • abbassare
- alzare • • spegnere
- accelerare • • chiudere
- mettere • • rallentare

10 Attention à l'orthographe ! Complétez avec *hanno* ou *anno*, *ha* ou *a*, *hai* ou *ai*, *ho* ou *o*.

a. Bravo Luca, ………. risposto correttamente ………. professori !

b. Ti devo parlare : ………….. due ………….. tre cose da domandarti.

c. Il nonno ………….. ottant'anni e va ancora ………. lavorare in giardino !

11 Tournez au passé la petite histoire de Chaperon rouge, en utilisant le passé composé, l'imparfait et le plus-que-parfait.

Cappuccetto Rosso **è** → ………. una brava bambina che **vuole** → ………. molto bene alla sua nonna. Domenica la mamma le **dice** → ………….. che la nonna **è** → ………….. malata e le **domanda** → ………….. di andare a trovarla per portarle una torta. Mentre **cammina** → ………………. nel bosco, **incontra** → …………….. il lupo, che le **domanda** → ……………. dove **va** → ……………. . Cappuccetto Rosso gli **risponde** → ……………. che **va** → ……………. a casa della nonna al limite del bosco. Il lupo allora **va** → ……………. dalla nonna, **entra** → ……………. nella sua casa e la **mangia** → ……………. . Poi **si traveste** → ……………. da nonna e **si mette** → ……………. nel suo letto. Quando **arriva** → ………….. dalla nonna, Cappuccetto Rosso **prende** → ………. il lupo per la nonna, **si avvicina** → ……………. e il lupo **mangia** → ……………. anche lei. **Passa** → ……………. di là un cacciatore, **spara** → ……………. al lupo e gli **apre** → ……………. la pancia, da cui **escono** → ……………. Cappuccetto Rosso e la nonna che, insieme al cacciatore, **mangiano** → ……………. la torta preparata dalla mamma.

Bravo, vous êtes venu à bout du chapitre 7 ! Il est maintenant temps de comptabiliser les icônes et de reporter le résultat en page 128 pour l'évaluation finale.

8
Futur, futur imminent et conditionnel

Les formes du futur

	Verbes en –ARE	Verbes en –ERE	Verbes en –IRE	Désinences
io	-ER-	-ER-	-IR-	-Ò
tu	-ER-	-ER-	-IR-	-AI
lui, lei	-ER-	-ER-	-IR-	-À
noi	-ER-	-ER-	-IR-	-EMO
voi	-ER-	-ER-	-IR-	-ETE
loro	-ER-	-ER-	-IR-	-ANNO

- Le futur se forme à partir des radicaux et des désinences suivantes :

(exemples :
part–ire ➔ **io part–ir–ò,**
parl–are ➔ **lui parl–er–à**, etc.)

- Le futur du verbe **avere** est formé à partir du radical **avr-** et celui du verbe **essere** sur le radical **sar-** :

	ESSERE	AVERE
io	sarò	avrò
tu	sarai	avrai
lui, lei	sarà	avrà
noi	saremo	avremo
voi	sarete	avrete
loro	saranno	avranno

1 Complétez avec la forme correcte du verbe entre parenthèses en utilisant le futur.

a. Ora prendo la macchina e tra pochi minuti .... (essere) da te.

b. La settimana prossima .... (aprire) il nuovo supermercato.

c. .... (ricordare) per sempre il giorno in cui mi sono diplomato.

d. Quando .... (essere) il momento, mi .... (dire) quello che vuoi fare.

e. La prossima volta che .... (prendere) un bel voto, ti darò una ricompensa.

f. Domani .... (partire) per andare a trovare mia madre.

g. Voglio che tu mi avverta quando .... (avere) sue notizie.

h. Siamo contenti perché quando .... (essere) in Inghilterra, ... (ascoltare) la musica che ci piace.

i. Telefonateci quando .... (essere) in vacanza, così ci .... (dire) se la località è bella.

j. Mi sono iscritta a una corale, così .... (cantare) ogni giovedì.

FUTUR, FUTUR IMMINENT ET CONDITIONNEL

Le futur antérieur

Comme en français, le futur antérieur est formé du futur de l'auxiliaire **avere** ou **essere** suivi du participe passé du verbe à conjuguer.

2 Complétez avec le futur ou avec le futur antérieur, selon le sens de la phrase.

a. Dopo che i miei parenti .... **(partire)**, finalmente noi due .... **(essere)** un po' tranquilli !

b. Se la mia squadra .... **(continuare)** a giocare così male, ... **(finire)** sicuramente in serie B.

c. Vi assicuro che appena .... **(finire)** questo lavoro, vi .... **(raggiungere)** al campo sportivo.

d. Non so quando i miei genitori .... **(partire)** per le vacanze.

e. Telefonatemi quando .... **(cominciare)** a lavorare, così mi .... **(dire)** se il lavoro vi piace.

f. Ti ho già detto che quando .... **(finire)** di fare la spesa, ... **(tornare)** a casa e ti .... **(preparare)** la cena.

g. Abbiamo deciso che .... **(partire)** dopo che il meccanico .... **(controllare)** il motore della macchina.

h. Quando tutti .... **(tornare)** a casa, ... **(esserci)** finalmente un po' di silenzio.

i. Per il momento fai quallo che ti dicono i tuoi genitori ; dopo che .... **(compiere)** diciotto anni, ... **(essere)** maggiorenne e farai quello che vuoi.

j. Mio caro figliolo, io ti .... **(lasciare)** uscire dopo che .... **(studiare)** le tue lezioni !

Cas particuliers

Les verbes en **–care** et en **–gare** prennent un **h** devant la désinence commençant par **–e** pour garder le son dur **[k]** et **[g]** du radical (**dimenticare – dimenticherò**). Les verbes en **–ciare** et en **–giare** perdent le **–i**, devenu inutile, devant les désinences en **–e** et en **–i** (**mangiare – mangerò ; lasciare – lascerò**).

FUTUR, FUTUR IMMINENT ET CONDITIONNEL

3 Conjuguez au futur.

a. tu – dimenticare → ....
b. lui – pagare → ....
c. noi – toccare → ....
d. voi – creare → ....
e. loro – dire → ....

f. io – stancare → ....
g. loro – prendere → ....
h. lei – lasciare → ....
i. noi – praticare → ....
j. tu – vendicare → ....
k. loro – parcheggiare → ....

Dans le doute... le futur !

- Le futur exprime aussi un doute, une approximation : **Che ore saranno ? Non lo so, saranno le due** *(Quelle heure peut-il bien être ? Je ne sais pas, il doit être deux heures).*

- La même approximation au passé se fait avec le futur antérieur : **Che ore saranno state ? Non lo so, saranno state le due** *(Quelle heure pouvait-il bien être ? Je ne sais pas, il était peut-être deux heures).*

4 Répondez aux questions en suivant le modèle.

Exemple : Quanto costa quella macchina ? **(ventimila euro)** → *Non lo so, costerà ventimila euro.*

a. Dove può essere Carlo a quest'ora ? **(a casa)**

→ ....

b. Che numero porta di scarpe tuo figlio ? **(il trentotto)**

→ ....

c. Quanti anni ha quel giocatore ? **(venticinque)**

→ ....

d. Sai dove ha comprato quel bel vestito Giulia ? **(al supermercato)**

→ ....

e. Hanno suonato alla porta ; chi può essere ? **(il postino)**

→ ....

f. Che ore sono ? **(le due)**

→ ....

FUTUR, FUTUR IMMINENT ET CONDITIONNEL

g. Che caldo ! Chissà che temperatura fa ? **(quaranta gradi)**
→ ....

h. A quanti chilometri siamo da Firenze ? **(una trentina di chilometri)**
→ ....

i. A che ora chiude quel negozio ? **(alle sette e mezza)**
→ ....

j. Che cosa ha mangiato tuo fratello in Italia ? **(pasta e pizza)**
→ ....

Présent progressif et futur imminent

- Notez les formes de présent progressif et de futur imminent formées avec le verbe **stare** :

  stare + gérondif : **sto mangiando**, *je suis en train de manger.*

  stare per + infinitif : **sto per mangiare**, *je suis sur le point de manger, je vais manger.*

- Notez également l'emploi de l'adverbe **appena** dans l'expression :

  ho appena mangiato, *je viens de manger.*

- À ne pas confondre avec :

  ho mangiato appena : *j'ai à peine mangé.*

5 **Complétez en suivant l'exemple.**

Exemple : Il treno arriva alle undici. Dunque alle dieci e cinquanta *sta per arrivare*. Alle undici e cinque *è appena arrivato*.

a. I signori Galvani pranzano alle diciannove e trenta. Dunque alle diciannove e venticinque .... Alle diciannove e trenta ....

b. Carlo va a dormire alle ventitré. Dunque alle ventidue e quaranta ....
Alle ventitré e dieci ....

c. Gianni lavora dalle otto alle quattordici. Dunque alle dieci ....

d. Il professor Franchetti finisce alle nove. Dunque alle otto e quarantacinque .... Alle nove e dieci ....

e. Di solito studio dalle otto alle tredici. Dunque alle nove e mezza ....

FUTUR, FUTUR IMMINENT ET CONDITIONNEL

Le conditionnel

- Le conditionnel est formé avec le radical du futur + les désinences suivantes :

io	-ei
tu	-esti
lui, lei	-ebbe
noi	-emmo
voi	-este
loro	-ebbero

Exemple : **parl–er–ei, parl–er–esti, cred–er–ei, cred–er–esti, part–ir–ei, part–ir–esti**, etc.

- Comme en français, le conditionnel passé est construit avec le conditionnel présent du verbe auxiliaire + le participe passé du verbe à conjuguer.

Exemple : **avrei finito, sarei arrivato.**

6 Traduisez en italien.

a. vous parleriez → ....

b. ils finiraient → ....

c. nous aurions obéi → ....

d. tu fermerais → ....

e. il aurait plu → ....

f. j'ouvrirais → ....

g. il serait arrivé → ....

h. nous aurions compris → ....

i. tu aurais été → ....

j. vous auriez eu → ....

Politesse au conditionnel…

- Le conditionnel est utilisé dans certaines formules de politesse :

Mi potrebbe dire che ore sono, per favore ?
Pourriez-vous me dire quelle heure il est s'il vous plaît ?

Saprebbe dirmi come si fa per andare in piazza Garibaldi ?
Sauriez-vous me dire comment on va place Garibaldi ?

Vorrei un caffè, per favore. *Je voudrais un café, s'il vous plaît.*

FUTUR, FUTUR IMMINENT ET CONDITIONNEL

7 Complétez avec la forme correcte du conditionnel présent ou passé.

a. Che cosa desidera, signora ? – .... **(volere)** un tè caldo.

b. Penso che la soluzione migliore .... **(essere)** di non partire oggi.

c. Secondo lui tu ieri .... **(dovere)** agire diversamente.

d. Se mi state ad ascoltare, io .... **(avere)** un'idea per aiutarvi.

e. Quando ero giovane .... **(volere)** viaggiare sempre.

Le futur du passé

Le conditionnel passé est utilisé également pour exprimer le « futur du passé », c'est-à-dire un fait qui s'est déroulé postérieurement, par rapport à une proposition principale au passé.

Exemple : **Ieri mi ha confermato che sarebbe arrivato oggi alle cinque**, *hier il m'a confirmé qu'il arriverait aujourd'hui à cinq heures.*

8 Complétez avec la forme correcte du conditionnel présent ou passé.

a. Mi avevi promesso che .... **(terminare)** quel lavoro in due giorni.

b. Caro amico, mi .... **(potere)** fare un grande favore ?

c. .... **(giocare)** volentieri con voi, ma purtroppo ho male ad una gamba.

d. L'anno scorso, con uno studio più regolare, Carlo .... **(potere)** essere promosso.

e. E questo brutto quadro .... **(essere)** un capolavoro ? Io non sono d'accordo !

f. .... **(giocare)** volentieri con voi, ma purtroppo avevo male ad una gamba.

Bravo, vous êtes venu à bout du chapitre 8 ! Il est maintenant temps de comptabiliser les icônes et de reporter le résultat en page 128 pour l'évaluation finale.

Formes passive, impersonnelle, réfléchie et pronominale

Construction de la forme passive

- La forme passive est construite à l'aide de l'auxiliaire **essere**, aux temps simples et composés :

sono visto, *je suis vu* – **sono stato visto**, *j'ai été vu*.

- Parfois on utilise également le verbe **venire**, mais seulement aux temps simples :

vengo visto, *je suis vu*.

- Le complément d'agent est toujours précédé de la préposition **da** :

sono stato visto da tuo cugino, *j'ai été vu par ton cousin*.

1 Complétez avec la forme passive.

a. Alle ultime elezioni quel deputato .... (**votare**) da molti elettori.

b. Questa casa .... (**terminare**) l'anno prossimo.

c. Se commetti tutti questi errori, domani .... (**eliminare**) dall'arbitro !

d. Ogni anno questa trasmissione .... (**seguire**) da migliaia di telespettatori.

e. La moda italiana .... (**apprezzare**) in tutto il mondo.

f. La partita di domani .... (**vedere**) da moltissimi tifosi.

g. Dopo il furto di ieri, questa mattina il ladro .... (**arrestare**) dalla polizia.

h. Ieri ti ho avvertito che .... (**essere**) deluso dal film di oggi.

i. Ogni animale .... (**mangiare**) da un animale più grosso di lui !

j. All'epoca in cui è uscito, questo modello di computer .... (**comprare**) da molte persone.

FORMES PASSIVE, IMPERSONNELLE, RÉFLÉCHIE ET PRONOMINALE

2 **Transformez la forme active en forme passive.**

Exemple : Mio cugino ti ha visto ➜ *Sei stato visto da mio cugino.*

a. Gli italiani mangiano la pasta ogni giorno.
➜ ....

b. Molte navi attraversano il golfo di Napoli.
➜ ....

c. I suoi amici lo stimano molto.
➜ ....

d. Un rumore improvviso mi ha svegliato.
➜ ....

e. I ladri hanno rubato tutti i gioielli.
➜ ....

f. L'alunno ha fatto i compiti per domani.
➜ ....

g. Il cane ha rincorso il gatto.
➜ ....

3 **Transformez les phrases passives suivantes en actives.**

Exemple : Sono stato invitato alla festa da mia cugina ➜ *Mia cugina mi ha invitato alla festa.*

a. Mario e Gino sono stati accusati da tutti.
➜ ....

b. Il dottore è stato chiamato dalla famiglia del malato.
➜ ....

c. Lo studente è penalizzato dalla sua distrazione.
➜ ....

d. La macchina è guidata dall'autista con attenzione.
➜ ....

e. Il ladro è stato condannato dal giudice a una pena severa.
➜ ....

f. I deputati sono stati eletti dagli elettori.
➜ ....

g. Il consiglio comunale verrà eletto dai cittadini.
➜ ....

FORMES PASSIVE, IMPERSONNELLE, RÉFLÉCHIE ET PRONOMINALE

4 Traduisez en italien.

a. Cet homme est vu par tout le monde comme une bonne personne.
➜ ....

b. Sa chanson sera chantée par des millions de personnes.
➜ ....

c. La leçon a été expliquée par le professeur à tous les étudiants.
➜ ....

d. Ma voiture a été réparée par mon oncle.
➜ ....

e. Cette plage est fréquentée par de nombreux touristes.
➜ ....

f. Il m'avait assuré que je serais appelé par son cousin.
➜ ....

g. Je suis dérangé par cette musique !
➜ ....

h. Tu seras certainement embauchée par son entreprise.
➜ ....

i. J'étais tout le temps appelé par mon directeur le samedi et le dimanche.
➜ ....

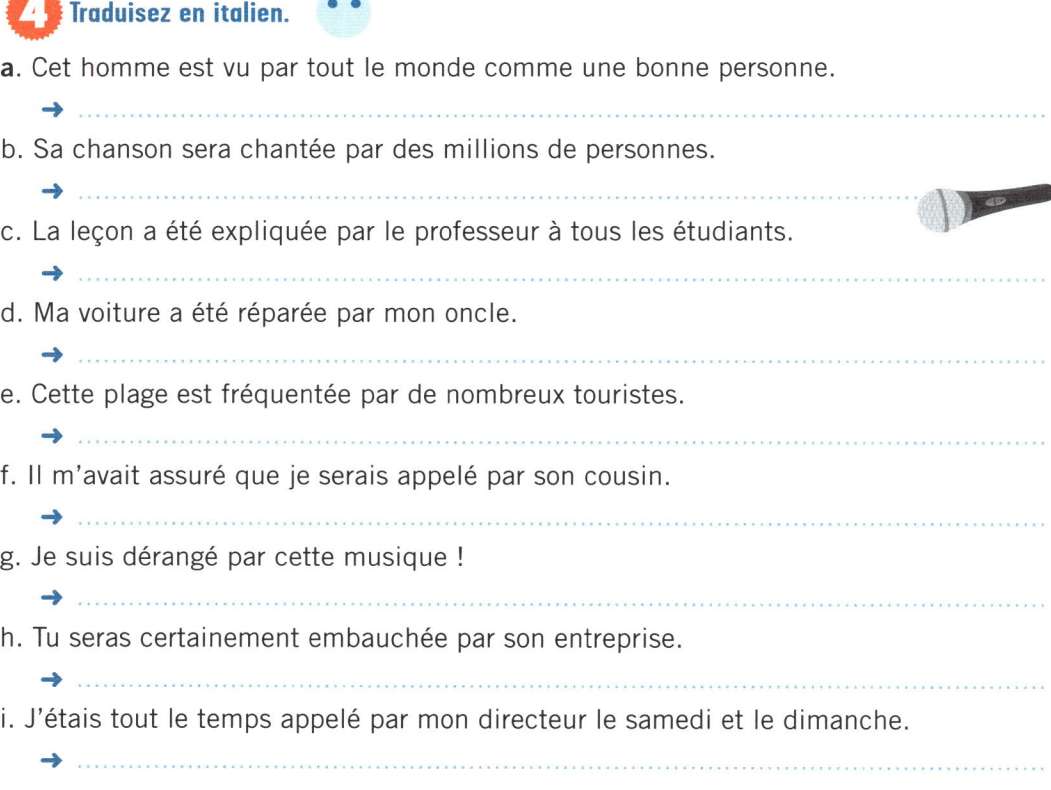

Forme impersonnelle

- La forme impersonnelle (« on » en français) se construit avec **si** en italien :

qui si parla italiano, *ici on parle italien*.

- Il s'agit en réalité d'une forme passive, puisque le verbe s'accorde toujours avec le sujet réel, qui vient après ; le verbe auxiliaire est toujours **essere** et le participe passé s'accorde également :

si parlano molte lingue, *on parle beaucoup de langues* ;

si sono parlate molte lingue, *on a parlé beaucoup de langues*.

- Les prédicats et les adjectifs qui se réfèrent au sujet impersonnel doivent être accordés au pluriel :

quando si diventa vecchi, si è sempre stanchi, *quand on devient vieux, on est toujours fatigué*.

FORMES PASSIVE, IMPERSONNELLE, RÉFLÉCHIE ET PRONOMINALE

5 **Transformez les phrases suivantes en phrases impersonnelles, selon l'exemple.**

Exemple : *Quando qualcuno ha mangiato troppo, sta male* → *Quando si è mangiato troppo, si sta male.*

a. In Italia le persone mangiano spesso gli spaghetti.
→ ....

b. Negli ultimi anni le persone hanno fatto molti progressi nell'igiene di vita.
→ ....

c. Nella mia città la gente ha sentito dire cose strane su di te.
→ ....

d. Se uno studia la musica in età giovane, impara meglio.
→ ....

e. Quando una persona viaggia, deve avere i documenti.
→ ....

f. Quando uno non ci vede bene, deve mettere gli occhiali.
→ ....

g. Quando la gente capirà i problemi dell'ecologia, vivrà meglio e più sana.
→ ....

h. La gente fa tante cose con il computer.
→ ....

i. Uno non è mai contento di quello che ha.
→ ....

j. In questa impresa le persone lavorano tanto e guadagnano poco.
→ ....

Formes réfléchie et pronominale

- Le verbe est précédé des pronoms suivants : | mi | ti | si | ci | vi | si |
- L'auxiliaire est toujours **essere** et le participe passé s'accorde avec le sujet :

Luisa si è vestita, i ragazzi si sono lavati.

- Cette règle est valable même pour les « faux réfléchis », où la forme pronominale est associée à un complément d'objet direct :

ci siamo lavati la faccia, *nous nous sommes lavé le visage.*

FORMES PASSIVE, IMPERSONNELLE, RÉFLÉCHIE ET PRONOMINALE

6 Complétez chaque phrase avec une des formes réfléchies de la liste ci-dessous.

vi siete preoccupati Mi sono pentito ti alleni MI ALZERÒ si è vestita

a. Benedetta .... elegantemente per uscire.

b. Devo andare a dormire, perché domani .... presto.

c. Se .... regolarmente, vincerai la gara.

d. .... dei miei errori.

e. Non c'era nulla da temere, ... per niente !

7 Complétez avec le pronom correct.

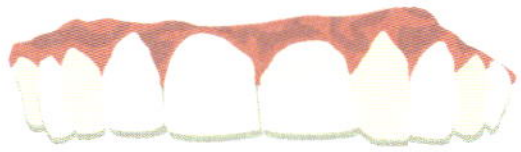

a. Mio figlio ha solo tre anni e .... veste già da solo.

b. Sono caduta dalla bicicletta e .... sono fatta male.

c. Per quella festa .... vestiremo in modo divertente.

d. .... pettinerò come la mia cantante preferita.

e. Questa mattina non .... sono fatto la barba.

f. .... sei lavato i denti dopo mangiato ?

g. .... siete ricordati di portare la merenda ?

h. No, ... siamo dimenticati, come al solito !

i. I signori Bianchi .... sono comprati una macchina nuova.

j. Stamattina Luigi non è venuto all'appuntamento, non .... sarà svegliato !

Bravo, vous êtes venu à bout du chapitre 9 ! Il est maintenant temps de comptabiliser les icônes et de reporter le résultat en page 128 pour l'évaluation finale.

10 Verbes irréguliers

Les formes verbales

- Nous allons commencer par une petite révision des principaux verbes irréguliers, en sachant que l'irrégularité concerne surtout le présent de l'indicatif, le radical du futur et le participe passé ; l'imparfait, sauf exceptions, est régulier (radical de l'infinitif – **-av-**, **-ev-**, ou **-iv-**, + désinences).

- Pour une présentation plus approfondie des formes verbales, nous vous conseillons de consulter une bonne grammaire ou les appendices des méthodes Assimil d'italien.

- Nous ne proposons ici que les temps présentant des irrégularités, les autres étant réguliers.

En –ARE

ANDARE	prés. **vado**, **vai**, **va**, **andiamo**, **andate**, **vanno** – radical du futur : **andr-**
DARE	prés. **do**, **dai**, **dà**, **diamo**, **date**, **danno** – radical du futur : **dar-**
FARE	prés. **faccio**, **fai**, **fa**, **facciamo**, **fate**, **fanno** – imparfait formé sur le radical **facev-**, radical du futur : **far-**, part. passé **fatto**
STARE	prés. **sto**, **stai**, **sta**, **stiamo**, **state**, **stanno** – radical du futur : **star-**

❶ Traduisez en italien.

a. ils vont → ....

b. vous feriez → ....

c. ils feront → ....

d. je faisais → ....

e. ils faisaient → ....

f. nous donnerions → ....

g. elle irait → ....

h. elles iraient → ....

i. ils feraient → ....

j. nous faisons → ....

VERBES IRRÉGULIERS

Les formes verbales (suite)

En -ERE

ACCENDERE	part. passé **acceso**
ACCORGERSI	part. passé **accorto**
BERE	prés. radical **bev-** (imparfait aussi) – radical du futur : **berr-**
CADERE	prés. régulier – radical du futur : **cadr-**
CHIEDERE	part. passé **chiesto**
CHIUDERE	part. passé **chiuso**
CONDURRE	prés. radical **conduc-** (imparfait aussi) – radical du futur **condurr-** – part. passé **condotto**
CONCEDERE	part. passé **concesso**
CORRERE	part. passé **corso**
CUOCERE	prés. **cuocio, cuoci, cuoce, cuociamo, cuocete, cuociono** – part. passé **cotto**
DECIDERE	part. passé **deciso**
DIFENDERE	part. passé **difeso**
DIRIGERE	part. passé **diretto**
DISCUTERE	part. passé **discusso**
DISTINGUERE	part. passé **distinto**
DISTRUGGERE	part. passé **distrutto**
DIVIDERE	part. passé **diviso**
DOVERE	prés. **devo, devi, deve, dobbiamo, dovete, devono** – radical du futur : **dovr-**
GIUNGERE	part. passé **giunto**
LEGGERE	part. passé **letto**
METTERE	part. passé **messo**
MUOVERE	part. passé **mosso**
NASCERE	part. passé **nato**
PERDERE	part. passé **perso**
PIACERE	prés. **piaccio, piaci, piace, piacciamo, piacete, piacciono**
PORRE	prés. **pongo, poni, pone, poniamo, ponete, pongono** – radical du futur : **porr-**, part. passé **posto**
POTERE	prés. **posso, puoi, può, possiamo, potete, possono** – radical du futur : **potr-**
PRENDERE	part. passé **preso**
RENDERE	part. passé **reso**
RIDERE	part. passé **riso**
RIMANERE	prés. **rimango, rimai, rimane, rimaniamo, rimanete, rimangono** – radical du futur : **rimarr-**, part. passé **rimasto**
RISPONDERE	part. passé **risposto**
ROMPERE	part. passé **rotto**
SAPERE	prés. **so, sai, sa, sappiamo, sapete, sanno** – radical du futur : **sapr-**

VERBES IRRÉGULIERS

SCEGLIERE	prés. **scelgo, scegli, sceglie, scegliamo, scegliete, scelgono** – part. passé **scelto**
SCENDERE	part. passé **sceso**
SCRIVERE	part. passé **scritto**
SEDERE	prés. **siedo, siedi, siede, sediamo, sedete, siedono** – radical du futur : **seder-** ou **sieder-**
SPEGNERE	prés. **spengo, spegni, spegne, spegniamo, spegnete, spengono** – part. passé **spento**
SPENDERE	part. passé **speso**
SPINGERE	part. passé **spinto**
TACERE	prés. **taccio, taci, tace, tacciamo, tacete, tacciono** – part. passé **taciuto**
TENERE	prés. **tengo, tieni, tiene, teniamo, tenete, tengono** – radical du futur : **terr-**
TOGLIERE	prés. **tolgo, togli, toglie, togliamo, togliete, tolgono** – part. passé **tolto**
VALERE	prés. **valgo, vali, vale, valiamo, valete, valgono** – radical du futur : **varr-**, part. passé **valso**
VEDERE	radical du futur : **vedr-** – part. passé **visto**
VINCERE	part. passé **vinto**
VIVERE	radical du futur : **vivr-** – part. passé **vissuto**
VOLERE	prés. **voglio, vuoi, vuole, vogliamo, volete, vogliono** – radical du futur : **vorr-**

❷ Traduisez en italien.

a. nous sommes descendus ➜ ....

b. vous verrez ➜ ....

c. ils voudraient ➜ ....

d. j'enlève ➜ ....

e. ils valent ➜ ....

f. elles auraient poussé ➜ ....

g. tu auras ris ➜ ....

h. vous devrez ➜ ....

i. vous devriez ➜ ....

j. vous verriez ➜ ....

Les formes verbales (fin) — En -IRE

APRIRE	part. passé **aperto**
DIRE	prés. **dico, dici, dice, diciamo, dite, dicono** – imparfait sur le radical **dic-**, part. passé **detto**
OFFRIRE	part. passé **offerto**
SALIRE	prés. **salgo, sali, sale, saliamo, salite, salgono**
USCIRE	prés. **esco, esci, esce, usciamo, uscite, escono**
VENIRE	prés. **vengo, vieni, viene, veniamo, venite, vengono** – radical du futur : **verr-**, part. passé **venuto**

VERBES IRRÉGULIERS

3. Traduisez en italien.

a. ils montent → ....
b. vous viendriez → ....
c. elles sortent → ....
d. elles sortiraient → ....
e. tu aurais dit → ....
f. nous avions offert → ....
g. elle a ouvert → ....
h. ils disent → ....
i. ils disaient → ....
j. elle monte → ....

4. Et maintenant, un petit mélange des verbes irréguliers issus des trois groupes. Traduisez en italien.

a. il monte → ....
b. tu verras → ....
c. il viendra → ....
d. vous avez perdu → ....
e. ils auraient couru → ....
f. je dois → ....
g. tu seras prise → ....
h. ils viennent → ....
i. elle est née → ....

5. Complétez avec la forme correcte du verbe indiqué entre parenthèses.

a. Se mi sarà possibile, il mese prossimo .... (venire) a trovarvi a Milano.

b. Quando .... (scendere) dalla montagna, eravamo stanchissimi e ci siamo riposati.

c. Dopo che tu .... (aprire) la porta, io potrò finalmente entrare a casa tua.

d. Lo posso dire che .... (appartenere) ad una categoria professionale particolare.

e. Quando sono in vacanza, io .... (volere) divertirmi !

VERBES IRRÉGULIERS

6 Choisissez la forme correcte entre les deux indiquées.

a. Finita la scuola, siamo | corruti / corsi | a casa.

b. Io e mio fratello ci siamo sempre | divisi / dividati | la merenda.

c. La festa era finita ed eravamo | rimanuti / rimasti | solo in tre.

d. Ho | leggiuto / letto | un bellissimo libro.

e. Quando compro dei vestiti, | sceglio / scelgo | sempre ottime marche.

7 Complétez avec le verbe *andare*.

a. **OGGI** il signor Rossi .... a lavorare.

b. **IERI** la signora Bianchi .... a lavorare.

c. **IERI** il signor Rossi e la signora Bianchi .... a lavorare.

d. **DOMANI** il signor Rossi e la signora Bianchi .... a lavorare.

8 Et maintenant c'est à vous, en regardant le dessin, de dire ce que font les personnages, à l'aide du verbe indiqué.

a. **IERI** il signor Rossi e la signora Bianchi .... (prendere) il treno.

b. **OGGI** il signor Rossi .... (bere).

c. **DOMANI** la signora Bianchi .... (bere).

VERBES IRRÉGULIERS

9 Associez à chaque infinitif le participe passé correct ; à la fin du jeu, 7 participes passés (incorrects) resteront « orphelins ».

Prendre •
Fare •
Dire •
Scrivere •
Venire •
Scendere •
Salire •

- Venito
- Saluto
- Sceso
- Dito
- Preso
- Venuto
- Salito
- Fato
- Detto
- Scrivuto
- Prenduto
- Fatto
- Scenduto
- Scritto

10 Complétez le dialogue suivant avec les verbes indiqués entre parenthèses.

– Ciao, Carla, che cosa .... **(fare)** ieri ?

– Niente di speciale, non .... **(uscire)** di casa.

– Peccato, perché .... **(essere)** una bellissima giornata.

– Sì, ho guardato dalla finestra verso mezzogiorno e .... **(vedere)** che .... **(fare)** un tempo splendido.

– Ascolta, ti ho chiamato perché .... **(volere)** proporti una cosa : .... **(volere)** venire domani a casa mia ?

– Sì, domani .... **(venire)** molto volentieri !

– Allora a domani : io .... **(essere)** a casa a partire dalle tre e mezzo.

11 Traduisez en italien les phrases suivantes.

a. Si je peux venir chez vous, je viendrai sûrement.

→ ....

b. J'ai choisi cette voiture parce qu'elle me plaît beaucoup.

→ ....

c. Quand ils peuvent, ils sortent toujours, même quand il pleut ou il neige.

→ ....

d. Nous avons attendu longtemps avant de téléphoner chez vous.

→ ....

e. Tu ne fais aucun sport, mais tu devrais.

→ ....

VERBES IRRÉGULIERS

12 Transformez la phrase donnée selon le sujet indiqué.

Exemple : Io parlo italiano con i miei amici. → *Tu... parli italiano con i tuoi amici.*

a. Voi fate i vostri compiti poi venite al cinema.

→ Noi ....

b. Lui, quando viene interrogato, spesso tace.

→ Io, ...

c. Noi teniamo molto al nostro lavoro e ci andiamo volentieri.

→ Loro ....

d. Loro sanno che verranno rimproverati dal loro direttore.

→ Voi ....

13 Et maintenant nous reprenons le petit jeu des contraires à associer (exercice 10 du chapitre 7), mais cette fois c'est à vous d'écrire le contraire.

Exemple : aperto → chiuso.

a. salito → .... d. entrato → ....

b. perso → .... e. pianto → ....

c. spento → .... f. morto → ....

Bravo, vous êtes venu à bout du chapitre 10 ! Il est maintenant temps de comptabiliser les icônes et de reporter le résultat en page 128 pour l'évaluation finale.

Les pronoms personnels simples et groupés

Les pronoms sujets

- Les formes des pronoms sujets n'ont désormais plus de secrets pour vous ! Il est cependant utile de savoir que, s'il reste souvent sous-entendu, le pronom sujet est néanmoins utilisé pour ajouter une nuance d'insistance sur le sujet :
  – **sono italiano**, *je suis italien.* – **io sono italiano**, *moi, je suis italien.*
- Parfois on utilise même l'inversion verbe-sujet :
  – **parlo io**, *c'est moi qui parle.* – **sono io**, *c'est moi.*
  – **sono stato io**, *c'est moi qui ai agi.*

1. Complétez par le pronom sujet correct.

a. .... avreste perso
b. .... sarai andato
c. .... sarei andato
d. .... potrebbero
e. .... vuole
f. .... puoi
g. .... vanno
h. .... vai
i. .... vendicheremmo
j. .... salgo
k. .... toglie

2. Répondez à la question selon l'exemple ci-dessous.

Exemple : Chi è stato ? *(io)* → *Sono stato io.*

a. Chi parlerà domani ? **(noi)** → ....
b. Chi sarebbe partito ieri ? **(loro)** → ....
c. Chi l'ha mangiato ? **(voi)** → ....
d. Chi verrebbe con me ? **(noi)** → ....
e. Chi ci va ? **(tu)** → ....
f. Chi spegne la luce ? **(loro)** → ....
g. Chi lo farà ? **(io)** → ....
h. Chi lo toglie ? **(io)** → ....
i. Chi risponderà ? **(tu)** → ....
j. Chi potrebbe ? **(loro)** → ....

LES PRONOMS PERSONNELS SIMPLES ET GROUPÉS

Les pronoms compléments

- Les formes fortes sont utilisées avec une préposition (**per me**, **con lui**, **di noi**, etc.) et, en général, quand on veut leur attacher une importance particulière : **quando succede qualcosa, accusano sempre me**, *quand il arrive quelque chose, c'est toujours moi qu'ils accusent*.

- Les formes faibles sont utilisées dans tous les autres cas (nuance plus « neutre » : **ti parlo**, *je te parle*, **parlo a te**, *c'est à toi que je parle*).

Forme forte	Forme faible	
me	mi	
te	ti	
lui, lei	C.O.D.	C.O.I.
	lo, la	gli, le
noi	ci	
voi	vi	
loro	C.O.D.	C.O.I.
	li, le	gli

- La personne de politesse étant exprimée par **Lei**, les formes faibles seront celles du féminin : **Signor Rossi, le devo parlare**, *Monsieur Rossi, je dois vous parler*.

3 Remplacez la forme forte entre parenthèses par la forme faible, comme indiqué dans l'exemple ci-dessous.

Exemple : Quando *(lui)* .... vedrò, *(a lui)* .... parlerò ➜ Quando *lo* vedrò, *gli* parlerò.

a. Se **(a te)** .... fa piacere, **(lei)** .... accompagnerò a scuola.

b. **(A noi)** .... piace molto la cioccolata.

c. **(A lui)** .... ho parlato di tuo fratello, e **(a me)** .... ha detto che **(lui)** .... convocherà al più presto.

d. Le tue amiche **(a me)** .... sono molto simpatiche, e **(loro)** .... vedo più spesso possibile.

e. **(A loro)** .... ho mandato una mail, spero che **(la mail)** .... riceveranno.

f. **(A lei)** .... ho regalato quel libro che **(a noi)** .... è tanto piaciuto.

g. Quando **(lei)** .... vedrai, **(a lei)** .... devi parlare.

h. Il direttore **(a me)** .... ha detto che **(voi)** .... chiamerà domani.

i. Non **(a voi)** .... ha spiegato nessuno la situazione ?

j. **(Noi)** .... ha accompagnato Luigi.

LES PRONOMS PERSONNELS SIMPLES ET GROUPÉS

4 Complétez par le pronom complément ou par le pronom sujet adéquat (forme forte ou forme faible), selon le sens de la phrase.

a. Ho visto Luigi e .... ho spiegato tutto.

b. Se non hai la macchina, ... posso accompagnare alla stazione.

c. Caro Franco, ho molta amicizia per .... e anche in questa situazione .... voglio aiutare.

d. Dottore, ... devo vedere al più presto.

e. .... adoro il cinema e .... piacciono particolarmente i film polizieschi, e a .... , Professore ?

f. Dottore, ... devo parlare oggi stesso.

g. Se non hai tempo di venire da me, verrò .... a casa tua.

h. Che disastro ! Chi è stato a fare questo ? Siamo stati ....

i. Non capisco come .... possano piacere quegli stupidi film che va sempre a vedere.

j. Vieni con .... e .... mostreremo tutto.

Ci et *ne*

Parmi les pronoms, on doit aussi considérer **ci**, correspondant au *y* français (**ci vado**, *j'y vais*), et **ne**, qui traduit *en* (**ne voglio due**, *j'en veux deux*).

5 Complétez par le pronom complément ou par le pronom sujet adéquat (forme forte ou forme faible), selon le sens de la phrase.

a. Ho incontrato Mario che .... ha detto che .... ha abbastanza del suo lavoro e che non .... vuole più andare.

b. Parla a quel tuo collega : se .... spieghi bene il problema, ... ascolterà e .... potrete discutere serenamente.

c. .... piace molto Napoli, ... siamo andati molte volte e .... siamo sempre tornati entusiasti.

d. Signor Rossi, ... assicuro che .... può credere sulla parola, ... sono una persona onesta.

e. Ascolta, ... devo portare in quel ristorante ; io e mia moglie .... siamo stati ieri, ... abbiamo parlato e abbiamo deciso che .... dobbiamo tornare con .... e tua moglie.

f. Quante .... vuoi ? – .... voglio due.

LES PRONOMS PERSONNELS SIMPLES ET GROUPÉS

Des pronoms accrochés aux verbes…

- Quand ils accompagnent un verbe à l'infinitif, au participe présent, au participe passé, au gérondif ou à l'impératif, les pronoms personnels s'accrochent à la fin de la forme verbale, en constituant un seul mot avec elle :
  - **mi piace ascoltarvi**, *j'aime vous écouter* ;
  - **l'ho visto andandoci**, *je l'ai vu en y allant* ;
  - **ascoltami bene**, *écoute-moi bien*.

- Quand le verbe est formé d'une seule syllabe, le pronom (sauf **gli**) redouble sa première consonne :
  - **vacci**, *vas-y*.

6 Formez un seul mot avec le verbe et le pronom personnel (ou son substitut) entre parenthèses, selon l'exemple.

Exemple : È sempre utile (parlare – di questo) → È sempre utile *parlarne*.

a. Mi sarebbe piaciuto **(dire – a lui)** quello che penso.
→ ....

b. Ho sempre desiderato **(andare – là)**.
→ ....

c. **(Fate – a me)** questo piacere, vi prego !
→ ....

d. Proporremo di **(nominare – lei)** presidentessa.
→ ....

e. **(Raccontando – a noi)** il fatto, piangeva.
→ ....

f. **(Detto – a lui)** questo, se n'è andato subito.
→ ....

g. **(Fa' – a lei)** vedere in che cosa consiste quel lavoro.
→ ....

h. **(Di' – a lui)** a che ora deve essere qui.
→ ....

i. È stata convocata dall'associazione ogni persona **(facente parte – dell'associazione)**.
→ ....
....

j. Puoi passare di qua **(andando – lui)** a prendere ?
→ ....

LES PRONOMS PERSONNELS SIMPLES ET GROUPÉS

Un pronom, deux verbes

- Quand un pronom personnel accompagne un verbe à l'infinitif qui dépend à son tour d'un verbe semi-auxiliaire conjugué, il peut être placé soit avant le verbe conjugué, soit accroché à l'infinitif.
  Exemple : **ti devo parlare** ou **devo parlarti**.

- Dans les temps composés avec les verbes demandant l'auxiliaire **essere**, si le pronom précède le semi-auxiliaire, l'auxiliaire est **essere** ; s'il est accroché à l'infinitif, l'auxiliaire est **avere**.
  Exemple : **abbiamo saputo andarci** ou **ci siamo saputi andare.**

7 Donnez la forme alternative à celle présentée, selon l'exemple ci-dessous.

Exemples : Ti posso incontrare. → *Posso incontrarti.*
Dovevamo vedervi. → *Vi dovevamo vedere.*

a. Ci siete dovuti tornare. → ....

b. Ho voluto farlo. → ....

c. Mi avresti dovuto avvertire. → ....

d. Li sapremo persuadere. → ....

e. Non vorrei deludervi. → ....

f. Non ci siamo saputi andare. → ....

g. Non hanno voluto saperne. → ....

h. Volevano incontrarli. → ....

Pronoms personnels groupés

- Les formes faibles peuvent être associées, et dans ce cas le **i** final devient **e**, en formant un nouveau pronom de la manière suivante :

mi	+	lo, la, li, le, ne	=	me lo, me la, me li, me le, me ne
ti	+	lo, la, li, le, ne	=	te lo, te la, te li, te le, te ne
gli, le	+	lo, la, li, le, ne	=	glielo, gliela, glieli, gliele, gliene
ci	+	lo, la, li, le, ne	=	ce lo, ce le, ce li, ce le, ce ne
vi	+	lo, la, li, le, ne	=	ve lo, ve la, ve li, ve le, ve ne
gli (pluriel)	+	lo, la, li, le, ne	=	glielo, gliela, glieli, gliele, gliene

Exemple : **glielo diremo,** *nous le lui (ou le leur) dirons.*

LES PRONOMS PERSONNELS SIMPLES ET GROUPÉS

8 Traduisez en italien.

a. Nous vous en parlerions.
→ ....
b. Ils le leur ont proposé.
→ ....
c. Ils nous le feront voir.
→ ....
d. Vous nous l'achèterez.
→ ....
e. Le lui as-tu dit ?
→ ....
f. Nous nous en irons.
→ ....
g. Ils lui en ont parlé.
→ ....
h. Ils nous en ont fait voir de toutes les couleurs !
→ ....

Deux pronoms accrochés à un verbe !

Comme les pronoms simples, les pronoms groupés s'accrochent à la fin de l'infinitif, de l'impératif, du gérondif, du participe présent et du participe passé en formant un seul mot avec le verbe.

Exemple :

Signor Rossi, sono venuta per parlargliene, *Monsieur Rossi, je suis venue pour vous en parler.*

Diccelo subito, *dis-le-nous tout de suite.*

9 Groupez les pronoms et accrochez-les aux verbes selon l'exemple ci-dessous.
Exemple : Per favore, fate vedere *(questo – a noi)* → Per favore, *fatecelo vedere.*

a. Non dite **(questo – a me)** ! → ....
b. Parla **(a lui – di questo)** ! → ....
c. Siamo andati a comprare **(a loro – questo)**. → ....
d. Non vorrei mai privare **(te – di questo)**. → ....
e. Lo fai soffrire, dicendo **(questo – a lui)**. → ....
f. Fate **(questo – a lui)** vedere. → ....
g. Accompagnando **(lei – là)**, passi di qui ? → ....

Bravo, vous êtes venu à bout du chapitre 11 ! Il est maintenant temps de comptabiliser les icônes et de reporter le résultat en page 128 pour l'évaluation finale.

Pronoms relatifs et interrogatifs

Les pronoms relatifs

Formes brèves (invariables)	Formes longues
che (sujet et C.O.D.)	**il quale** (masc. sing.), **la quale** (fém. sing.) **i quali** (masc. plur.), **le quali** (fém. plur.) (sujet et C.O.D.)
cui (précédé d'une préposition, pour tous les autres compléments)	Mêmes formes, précédées d'une préposition, avec laquelle elles forment un article contracté, pour tous les autres compléments

- Exemples :
  la persona che ho vista ieri ou **la persona la quale ho vista ieri** ;
  la persona che verrà domani ou **la persona la quale verrà domani** ;
  la persona di cui ti ho parlato ou **la persona della quale ti ho parlato** ;
  la persona a cui ho parlato ou **la persona alla quale ho parlato** ; etc.

- Les formes brèves sont sans aucun doute les plus utilisées dans la langue parlée courante, particulièrement en fonction de sujet et de C.O.D.

- Quand **cui** n'est pas précédé d'une préposition, il faut sous-entendre la préposition **a** :
  la persona cui parlavi → **la persona a cui parlavi**, bien que la première tournure soit assez rare aujourd'hui.

❶ Remplacez la forme longue du pronom relatif par la forme brève ou vice versa, selon le cas.

a. La poesia della quale ti abbiamo parlato è di Giacomo Leopardi.

   → ....

b. Verranno alla festa anche Maria e Carlo, che mi hanno assicurato che sono impazienti di conoscerti.

   → ....

c. Vorrei presentarti il mio fidanzato, il quale si sta per laureare in ingegneria.

   → ....

d. Non trovo più il libro nel cassetto nel quale l'avevo messo ieri.

   → ....

PRONOMS RELATIFS ET INTERROGATIFS

e. Il direttore ha detto che gli impiegati che non consegneranno la relazione non avranno l'aumento di stipendio.

→ ....

f. La persona per la quale sono venuto fin qui è già andata via.

→ ....

g. Vorrei incontrare la sua collega con cui ho parlato ieri sera al telefono.

→ ....

h. La casa in cui abitavamo da piccoli non esiste più.

→ ....

i. Hai visto il foglio sul quale avevo scritto il suo numero di telefono ?

→ ....

j. Ho letto il libro di cui mi hai raccontato la trama la settimana scorsa.

→ ....

2 Complétez avec le pronom relatif (forme brève) précédé de la préposition adéquate.

a. Vi darò tutte le informazioni .... avete bisogno.

b. In vacanza ho conosciuto dei ragazzi .... mi trovo molto bene.

c. Ci piace molto la città .... viviamo.

d. Non riesco a capire la ragione .... si è comportato così.

e. Il funzionario .... avete dato quel documento oggi è assente.

f. La montagna .... siamo saliti è la più alta della regione.

g. Non mi ha voluto dire la ragione .... se n'è andato.

h. Siete soddisfatti della scuola .... vi siete iscritti ?

i. Mi piacerebbe visitare la regione .... mi avete tanto parlato.

j. Il ragazzo .... vivo si chiama Davide.

PRONOMS RELATIFS ET INTERROGATIFS

3 À partir des deux phrases présentées, formez-en une seule à l'aide du pronom relatif, selon l'exemple.

Exemple : Penso spesso a quell'amico. Con lui sono andato in vacanza l'anno scorso.
→ Penso spesso a quell'amico *con cui (con il quale)* sono andato in vacanza l'anno scorso.

a. Abbiamo incontrato ieri Carla. Ci avevate parlato di lei.

→ ....

b. Mio fratello sta leggendo un libro. Marco gliel'ha consigliato.

→ ....

c. Filippo è un ragazzo simpatico. Con lui vado molto d'accordo.

→ ....

d. Abito in un bel quartiere. Dal mio quartiere si arriva in centro in pochi minuti.

→ ....

e. Mi ha spiegato il problema. Per questo problema se n'è andato.

→ ....

f. Ho visitato una città. Non ero mai stato in questa città.

→ ....

g. Ho letto un libro. Da questo libro è stato tratto l'ultimo film del mio regista preferito.

→ ....

h. Ti presteremo quel libro. Su quel libro abbiamo preparato l'esame di storia.

→ ....

Tournures particulières

- La tournure française *dont* + article défini se traduit en italien par l'article défini + **cui** :

L'impresa la cui serietà è riconosciuta ed apprezzata da tutti, *l'entreprise dont le sérieux est reconnu et apprécié par tout le monde.*

- La tournure française *ce qui* se traduit par **il che** :

Tutti i colleghi mi hanno manifestato la loro solidarietà, il che mi ha fatto un gran piacere, *tous les collègues m'ont manifesté leur solidarité, ce qui m'a fait grand plaisir.*

PRONOMS RELATIFS ET INTERROGATIFS

4 Traduisez en italien.

a. Le camarade dont le père est si sévère était bien triste ce matin.
➜ ....

b. Mes amis m'ont souhaité bon anniversaire, ce qui m'a rempli de joie.
➜ ....

c. Nous avons dû payer une grosse somme, ce qui ne nous a pas vraiment enrichis…
➜ ....

d. Le client dont la voiture est garée en face du portail est prié de la déplacer.
➜ ....

e. L'auteur dont le livre a gagné le premier prix était à la télévision hier soir.
➜ ....

f. J'ai enfin acheté la voiture dont je t'ai tant parlé.
➜ ....

g. Demande-lui ce dont tu as besoin.
➜ ....

h. Mon entreprise est en crise, ce qui me préoccupe beaucoup.
➜ ....

i. Ils auraient voulu aller en vacances dans cet endroit dont tout le monde parle.
➜ ....

j. La personne dont la voiture est garée devant la porte est priée de l'enlever.
➜ ....

Les pronoms interrogatifs

chi (pour les personnes)
che, che cosa (neutre, pour les choses)
quale (masc. et fém. sing.), **quali** (masc. et fém. plur.) – personnes et choses
quanto (masc. sing.), **quanta** (fém. sing.), **quanti** (masc. plur.), **quante** (fém. plur.) – pour les quantités, prix, etc.

PRONOMS RELATIFS ET INTERROGATIFS

5 Complétez avec le pronom interrogatif adéquat, selon le sens de la phrase.

a. .... hai invitato alla cena di domani ?

b. Dei libri che ti ho regalato, ... preferisci ?

c. .... vuoi mangiare per pranzo ?

d. .... guadagni al mese di stipendio ?

e. .... fai stasera ?

f. .... avete speso al ristorante ?

g. A .... hai telefonato ?

h. Per .... ha votato ?

i. Con .... uscirete domani sera ?

j. .... regalerai a Silvio per il suo compleanno ?

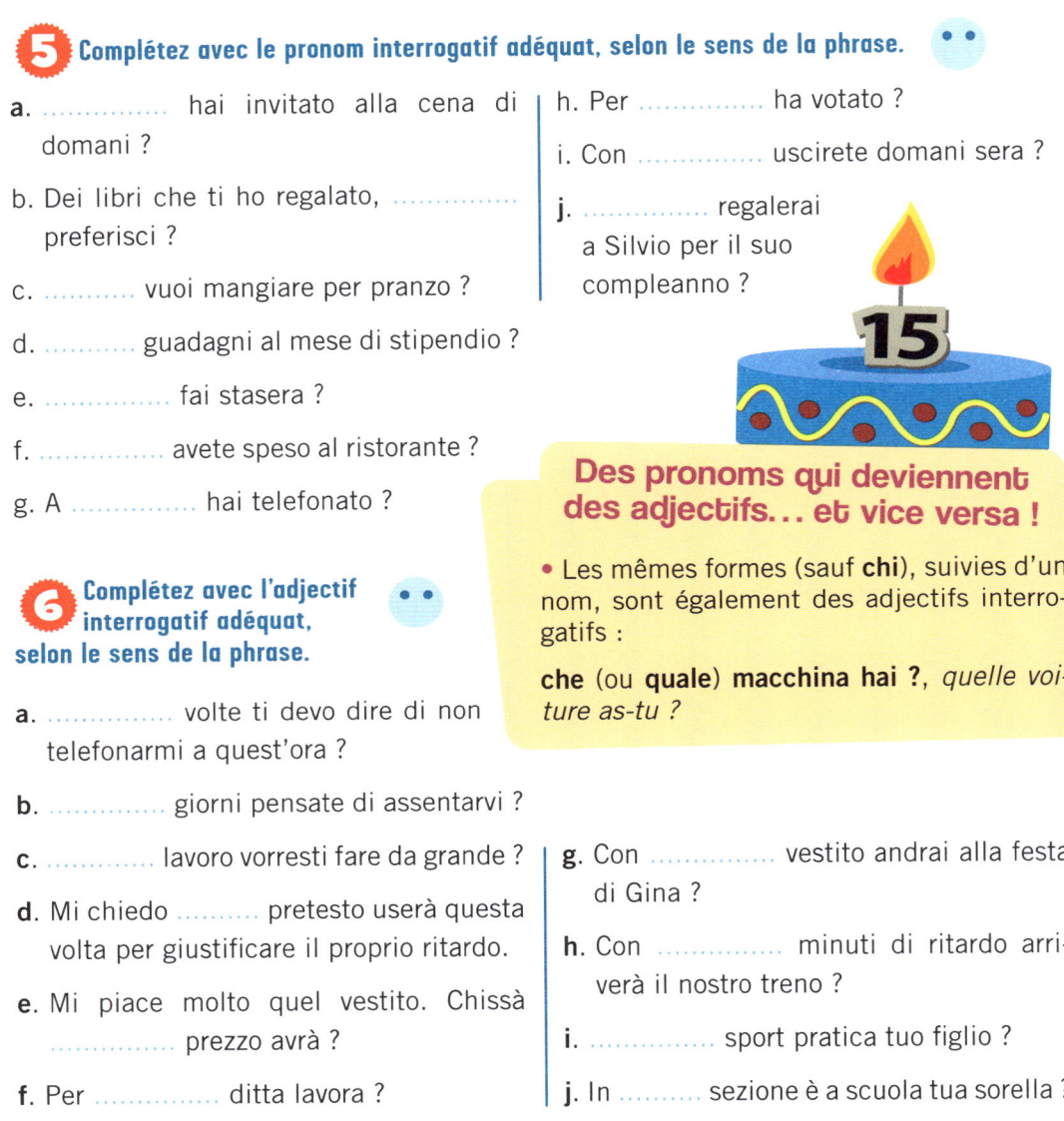

6 Complétez avec l'adjectif interrogatif adéquat, selon le sens de la phrase.

a. .... volte ti devo dire di non telefonarmi a quest'ora ?

b. .... giorni pensate di assentarvi ?

c. .... lavoro vorresti fare da grande ?

d. Mi chiedo .... pretesto userà questa volta per giustificare il proprio ritardo.

e. Mi piace molto quel vestito. Chissà .... prezzo avrà ?

f. Per .... ditta lavora ?

Des pronoms qui deviennent des adjectifs… et vice versa !

• Les mêmes formes (sauf **chi**), suivies d'un nom, sont également des adjectifs interrogatifs :

che (ou **quale**) **macchina hai ?**, *quelle voiture as-tu ?*

g. Con .... vestito andrai alla festa di Gina ?

h. Con .... minuti di ritardo arriverà il nostro treno ?

i. .... sport pratica tuo figlio ?

j. In .... sezione è a scuola tua sorella ?

Des interrogatifs… exclamatifs !

Toutes ces formes peuvent être également utilisées dans des phrases exclamatives.

Exemple : **Che macchina !**, *Quelle voiture !*
Che sciocchezza hai detto !, *Quelle sottise as-tu dite !*
Quanta gente !, *Que de monde !*

PRONOMS RELATIFS ET INTERROGATIFS

7 Complétez avec l'adjectif ou le pronom interrogatif ou exclamatif adéquat, selon le sens de la phrase.

a. Ieri mi hai chiesto di portarti delle uova ; .... te ne servono ?

b. .... ti ha detto di aprire quella porta ?

c. Abbiamo lavorato dieci ore di fila ; .... fatica !

d. .... compagni simpatici che hai !

e. Hai assaggiato i dolci che ha preparato Luisa ? .... preferisci ?

f. .... buone cose da mangiare hai sulla tua tavola !

g. .... bella ragazza !

h. .... ora è ?

i. .... anni hai ?

j. A .... ora parte il treno ?

8 Complétez avec l'adjectif ou le pronom interrogatif ou exclamatif adéquat, selon le sens de la phrase.

a. Vorrei sapere .... hai intenzione di fare : .... tempo rimarrai qui ?

b. In quel momento mi sono reso conto di .... conseguenze avrebbe avuto la mia decisione : a .... avrei potuto chiedere un consiglio ?

c. Ci siamo chiesti .... aveva potuto fare una cosa simile e per .... motivo.

d. Con .... stavi parlando ?

e. Nessuno mi ha detto .... panini dovevo preparare, allora ne ho fatti sei : .... viene in gita con noi ?

f. .... gente c'è oggi in piazza !

g. .... soldi devo portare in gita ?

h. Con .... macchina vieni ?

i. Non ho voluto sapere per .... ragione si è comportato così.

j. In .... località andrete in vacanza ?

Bravo, vous êtes venu à bout du chapitre 12 ! Il est maintenant temps de comptabiliser les icônes et de reporter le résultat en page 128 pour l'évaluation finale.

L'impératif et la forme de politesse

Les formes de l'impératif

Verbes en –ARE *parlare*		Verbes en –ERE *credere*		Verbes en –IRE			
				finire		*partire*	
Forme affirmative	Forme négative	Forme affirmative	Forme négative	Forme affirmative	Forme négative	Forme affirmative	Forme négative
parla	non parlare	credi	non credere	finisci	non finire	parti	non partire
parliamo	non parliamo	crediamo	non crediamo	finiamo	non finiamo	partiamo	non partiamo
parlate	non parlate	credete	non credete	finite	non finite	partite	non partite

Verbe *ESSERE*		Verbe *AVERE*	
Forme affirmative	Forme négative	Forme affirmative	Forme négative
sii	non essere	abbi	non avere
siamo	non siamo	abbiamo	non abbiamo
siate	non siate	abbiate	non abbiate

Les verbes irréguliers construisent leur impératif sur le présent de l'indicatif : impératif de **bere** : **bevi, beviamo, bevete**.

1 Transformez la phrase en utilisant l'impératif selon l'exemple.

Exemple : Devi parlare. → *Parla !*

a. Non dovete ascoltare.
→ ....

b. Non devi soffrire.
→ ....

c. Dobbiamo prendere.
....

d. Devi ripetere.
→ ....

e. Non dobbiamo aprire.
→ ....

f. Devi partire.
→ ....

g. Devi venire.
→ ....

h. Dobbiamo togliere.
→ ....

i. Dovete chiedere.
→ ....

j. Devi porre.
→ ....

L'IMPÉRATIF ET LA FORME DE POLITESSE

2 Traduisez en italien.

a. Ne prends pas froid !
→ ....

b. N'allez pas si vite !
→ ....

c. Mange ta pizza !
→ ....

d. Aie confiance !
→ ....

e. Soyez à l'heure !
→ ....

f. Bois beaucoup d'eau !
→ ....

g. Viens avec moi !
→ ....

h. Sois gentil !
→ ....

i. Travaillez bien !
→ ....

j. Dormons peu de temps !
→ ....

Impératifs monosyllabiques

La deuxième personne du singulier de l'impératif de certains verbes est monosyllabique et prend une apostrophe :

andare → va'   dare → da'
fare → fa'   stare → sta'
dire → di'

L'impératif avec les pronoms personnels compléments

- À la forme affirmative, les pronoms personnels, simples et groupés, s'accrochent à la fin de l'impératif et forment un seul mot avec lui (la place de l'accent tonique ne change pas) :

  – **parlamene !**, *parle-m'en !*   – **accompagnacela !**, *accompagne-l'y !*

- À la forme négative, ces pronoms peuvent suivre cette règle ou rester avant le verbe :

  – **non parlatemene !** ou bien **non me ne parlate !**, *ne m'en parlez pas !*
  – **non dirglielo !** ou bien **non glielo dire !**, *ne le lui dis pas !*

- Quand le pronom personnel complément s'accroche à la fin d'un impératif monosyllabique, il redouble sa première consonne :

  – **vacci !**, *vas-y.*   – **fallo !**, *fais-le.*

L'IMPÉRATIF ET LA FORME DE POLITESSE

3 Traduisez en italien.

a. Apportez-le-leur immédiatement !
→ ....

b. Ne le lui explique pas !
→ ....

c. Racontez-le-nous !
→ ....

d. Donne-m'en deux !
→ ....

e. Jure-le-moi !
→ ....

f. Fais-le-nous !
→ ....

g. Achetons-les-leur !
→ ....

h. Lisez-le-nous !
→ ....

i. Donnez-le-lui !
→ ....

j. Restes-y !
→ ....

4 Transformez la phrase selon l'exemple, en formant un seul mot avec verbe et pronoms personnels compléments.

Exemple : Dite – a noi – ciò ! → *Ditecelo !*

a. Mostra – a noi – quelle foto ! → ....

b. Racconta – a lei – quelle storie ! → ....

c. Accompagna – lui – alla stazione ! → ....

d. Di' – a noi – ciò ! → ....

e. Sta' – a casa tua ! → ....

f. Va' a prendere – a me – quella cosa ! → ....

g. Dite – a noi – la vostra versione ! → ....

h. Paga – a loro – il panino ! → ....

i. Compriamo – a lei – quei libri ! → ....

j. Portate – a loro – la merenda ! → ....

L'IMPÉRATIF ET LA FORME DE POLITESSE

La troisième personne de politesse

- Les formules de politesse se forment avec la 3ᵉ personne du singulier au féminin, **Lei** correspondant à un ancien **Vossignoria**, **Votre Seigneurie**. Parfois cette formule est également utilisée au pluriel, quand l'on s'adresse à plusieurs personnes que l'on vouvoie, bien que cette dernière forme, réservée à des contextes très formels, soit assez rare aujourd'hui :

  – **Buongiorno, signore, che cosa desidera ?**
  – **Buongiorno, signori, che cosa desiderano ?**

- Les pronoms personnels compléments s'accordent au féminin, alors que le participe passé, dans les formes composées, s'accorde avec le genre réel de la personne :

  – **Buongiorno, signore, sono felice di vederla.**
  – **Buongiorno, signora, sono felice di vederla.**
  – **Mi scusi, signore, non l'avevo visto.**
  – **Mi scusi, signora, non l'avevo vista.**

5 Traduisez en italien en utilisant la forme de politesse.

a. Excusez-moi, madame, j'aurais besoin de vous voir demain.
→ ....

b. Monsieur, nous étions venus vous les apporter.
→ ....

c. Docteur, vous m'aviez promis que vous me recevriez ce matin.
→ ....

d. Nous vous avions demandé de nous répondre au plus vite.
→ ....

e. Je vous l'avais dit, mais vous avez refusé de m'écouter.
→ ....

f. Messieurs, voulez-vous me donner vos manteaux, s'il vous plaît ?
→ ....

g. Madame, je vous l'ai apporté, comme vous m'aviez demandé.
→ ....

h. Monsieur le directeur, je vous prie de m'excuser pour mon retard.
→ ....

i. Excusez-moi, madame, je ne vous avais pas entendue.
→ ....

L'IMPÉRATIF ET LA FORME DE POLITESSE

6 **Remplacez le tutoiement par la formule de politesse selon l'exemple.**

Exemple : Ti ho avvertito che c'era un problema, ma tu non ti sei accorto di niente.
→ *L'ho* avvertito che c'era un problema, ma *Lei* non *si* è accorto di niente.

a. Te l'avrei portato prima, ma non avendoti sentito al telefono, ho pensato che non eri in casa.

→ ....

b. Non te la devi prendere con me se non te l'ho detto : Carlo mi ha chiesto di non avvertirti perché voleva farti una sorpresa.

→ ....

c. Scusa, ti chiedo un'informazione perché mi sono perso : mi sai indicare dove si trova via Garibaldi ?

→ ....

d. Se sai giocare a tennis, la settimana prossima ti invito a casa e giocherai con me e con i miei amici.

→ ....

L'impératif de la forme de politesse

- Il s'agit en réalité d'un subjonctif présent, comme si l'on disait :

  – *Que Votre Seigneurie m'excuse…* : **Mi scusi, signore**.

- Nous aborderons les formes du subjonctif dans le chapitre 15 ; pour l'instant, il suffit de savoir que les désinences de la 3e personne de politesse, toujours construite sur le radical de la 1re personne du présent de l'indicatif, sont **–i** pour les verbes en **–are** et **–a** pour les verbes en **–ere** et en **–ire**.

- La forme négative se forme simplement par la conjonction **non** devant le verbe, devant la préposition si elle accompagne le verbe :

  – **non me lo dica**, *ne me le dites pas*.

- Comme vous pouvez le voir dans la phrase ci-dessus – puisque, du point de vue morphologique, il ne s'agit pas d'un impératif, même s'il en a la valeur –, les pronoms personnels ne s'accrochent pas à la fin du verbe, mais restent devant lui :

  – **glielo faccia**, *faites-le-lui*.

- Ce qui est également valable pour les formes réfléchies et pronominales :

  – **si vesta**, *habillez-vous*.   – **si vergogni**, *ayez honte (honte à vous)*.

L'IMPÉRATIF ET LA FORME DE POLITESSE

7 Traduisez en italien.

a. Entrez, madame, je vous attendais.
   → ....

b. Ne croyez pas à tout ce qu'on vous raconte.
   → ....

c. Téléphonez-lui à 15 heures.
   → ....

d. Suivez-moi, je vous montrerai votre chambre.
   → ....

e. Ne le lui racontez pas, si vous tenez à votre amitié.
   → ....

f. Allez-y tout de suite, Madame, si vous y tenez vraiment.
   → ....

g. Achetez-le, vous en serez satisfait.
   → ....

h. Enlevez-le, vous aurez chaud ici.
   → ....

i. Réveillez-vous, monsieur, vous êtes arrivé.
   → ....

j. Mettez-vous plus à droite, je ne vous vois pas.
   → ....

8 Transformez les phrases en utilisant l'impératif de la forme de politesse, selon l'exemple.

Exemple : Signora, lei deve credermi e fare quello che le dico.
→ Signora, *mi creda e faccia* quello che le dico.

a. Dottore, deve prescrivermi una medicina efficace e guarirmi al più presto.
   → ....

b. Signorina, deve andare a prendere i verbali della riunione e archiviarli.
   → ....

c. Signor Rossi, deve venire da me e raccontarmi tutto.
   → ....

d. Direttore, deve ascoltarci e prendere una decisione equa.
   → ....

Bravo, vous êtes venu à bout du chapitre 13 ! Il est maintenant temps de comptabiliser les icônes et de reporter le résultat en page 128 pour l'évaluation finale.

14
Les formes verbales indéfinies : infinitif, participes présent et passé, gérondif

Les deux temps de l'infinitif

- L'infinitif peut être présent (forme simple, **parlare**) ou passé (forme composée, **avere parlato**).
- Dans les propositions complétives, on utilise l'un ou l'autre, selon la relation temporelle avec la proposition principale : **Penso di essere troppo distratto**, *je pense être trop distrait* ; **penso di essere stato troppo distratto**, *je pense avoir été trop distrait*.

1 Complétez avec l'infinitif des verbes *avere* ou *essere* au présent ou au passé.

a. Carlo e Luisa mi hanno raccontato di .... a Napoli l'anno scorso.

b. Mi ha detto di non .... mai un cane.

c. Non ti preoccupare, devi .... fiducia in me !

d. A volte temo di non .... abbastanza gentile con la gente.

e. Vedendo la sua reazione, quel giorno ho temuto di non .... abbastanza gentile con lei.

f. Penso di .... tanta fortuna nella mia vita.

g. Ho paura di non .... all'altezza di quel lavoro domattina.

h. Ho paura di non .... all'altezza di quel lavoro la settimana scorsa.

2 Dans les phrases suivantes, remplacez le verbe conjugué avec un infinitif, selon l'exemple.

Exemple : Abbiamo deciso che passeremo le vacanze in Sardegna l'estate prossima.
→ Abbiamo deciso *di passare* le vacanze in Sardegna l'estate prossima.

a. Dopo che avrai finito i compiti, potrai fare la merenda.

→ ....

b. Siamo passati con il semaforo rosso senza che ce ne accorgessimo.

→ ....

c. Deve mettere tutto in ordine prima che parta.

→ ....

SARDEGNA

LES FORMES VERBALES INDÉFINIES : INFINITIF, PARTICIPES PRÉSENT ET PASSÉ, GÉRONDIF

d. Comincerete le lezioni dopo che avrete compilato il modulo d'iscrizione.

→ ....

e. Era così stanco che non riusciva a stare sveglio.

→ ....

f. Prendiamo la macchina perché arriviamo prima.

→ ....

g. Dopo che aveva finito di mangiare, fece un discorso.

→ ....

h. Dopo che siamo arrivati a Roma, siamo andati a cercare un albergo.

→ ....

L'infinitif dans le discours indirect

L'infinitif est souvent utilisé pour rapporter les mots de quelqu'un, aussi bien un ordre, une question ou un récit, dans un discours indirect :

Il direttore mi ha detto : « Se ne vada ! » → Il direttore mi ha detto *di andarmene*.

3 Transformez le discours direct en indirect en utilisant l'infinitif, comme dans l'exemple ci-dessus.

a. Carla mi ha detto : « Portamelo subito ! »

→ ....

b. Il direttore gli ha detto : « Se ne vada ! »

→ ....

c. Il medico si è raccomandato : « Stia a riposo per almeno una settimana ! »

→ ....

d. Il professore ci ha detto : « Uscite in silenzio ! »

→ ....

e. Filippo mi ha promesso : « Tornerò alle nove. »

→ ....

f. Mia sorella mi ha detto : « Ho cambiato casa. »

→ ....

LES FORMES VERBALES INDÉFINIES : INFINITIF, PARTICIPES PRÉSENT ET PASSÉ, GÉRONDIF

Emploi du gérondif

- Comme en français, le gérondif, qui a lui aussi une forme simple (**scrivendo**) et une forme composée (**avendo scritto**), est utilisé pour exprimer :
  - la simultanéité temporelle : **leggendo, ascolto musica** ;
  - la cause : **avendo speso molto denaro in vacanza, ora sono al verde** ;
  - le moyen : **sbagliando s'impara**.

- Le sujet du gérondif est toujours le même que celui de la proposition principale dont il dépend :

  Ho incontrato Giuseppe uscendo dall'ospedale, *en sortant de l'hôpital, j'ai rencontré Giuseppe*. Si c'est Giuseppe qui sortait d'hôpital, on dira : **ho incontrato Giuseppe mentre** (ou **che**) **usciva dall'ospedale**.

4 Transformez les phrases suivantes, en remplaçant par un gérondif le verbe introduit par les conjonctions *quando*, *perché*, *poiché*, *mentre*, *se*, comme dans l'exemple.

Exemple : Se si legge lentamente, si capisce meglio → *Leggendo* lentamente, si capisce meglio.

a. Mentre aprivo la porta, ho sentito suonare il telefono.

   → ....

b. Se tornate troppo tardi, troverete il portone chiuso.

   → ....

c. Ha bisogno di un certificato medico, perché deve fare gare sportive.

   → ....

d. È caduto mentre giocava nel cortile.

   → ....

e. Si ottengono buoni risultati solo se ci si impegna.

   → ....

f. Mentre andavo in centro, ho incontrato Claudio.

   → ....

g. Quando si lavora troppo, ci si stanca.

   → ....

h. Se si studia si è promossi.

   → ....

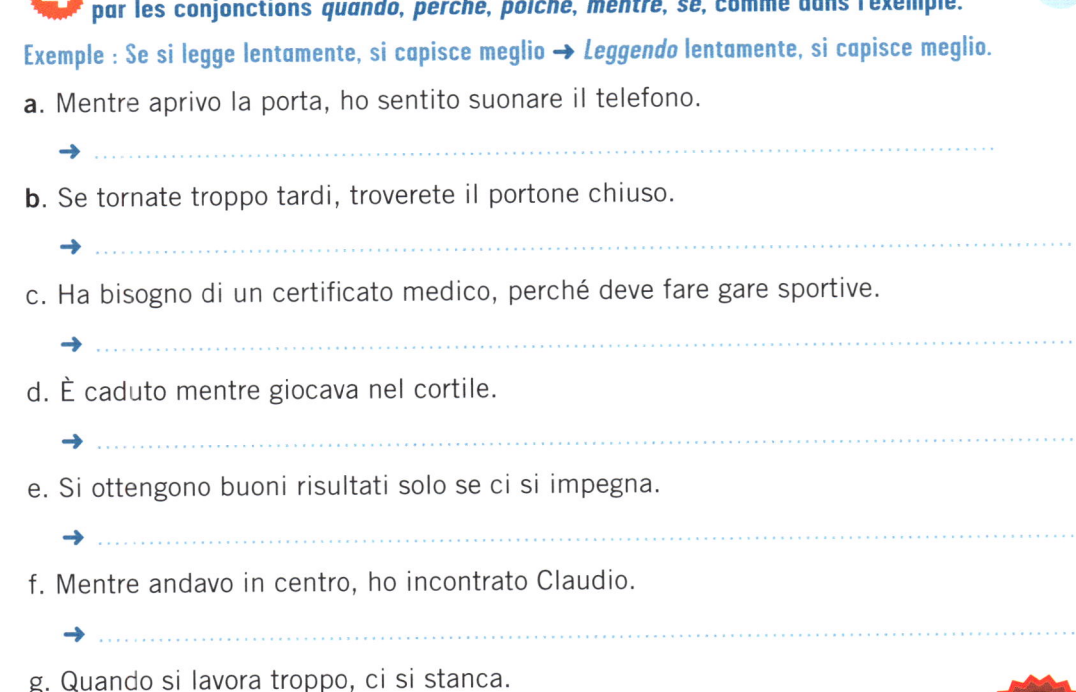

LES FORMES VERBALES INDÉFINIES : INFINITIF, PARTICIPES PRÉSENT ET PASSÉ, GÉRONDIF

5 Et maintenant, faites le contraire : passez du gérondif à la forme conjuguée précédée de la conjonction adéquate.

Exemple : Avendo dimenticato le chiavi, ho dovuto aspettarti fuori dalla porta.
→ *Poiché avevo* dimenticato le chiavi, ho dovuto aspettarti fuori dalla porta.

a. Si è fatto male lavorando nel suo giardino.

→ ....

b. Non sapendo usare il computer, si deve fare aiutare da me.

→ ....

c. Comportandoti così, ti metterai tutti contro.

→ ....

d. Avendone i mezzi, compreremo una lavatrice nuova.

→ ....

e. Non andando mai all'estero, conosce solo il modo di vita italiano.

→ ....

f. Andando in centro, ho incontrato Claudio.

→ ....

g. Lavorando bene, otterrai una promozione.

→ ....

h. Essendo in vacanza in Italia, abbiamo visto tanti bei monumenti.

→ ....

i. Abitando in centro, si hanno tante comodità.

→ ....

j. Non vedendoci bene, devo portare gli occhiali quando guido.

→ ....

Le participe présent

- D'usage assez rare en tant que forme verbale (il est le plus souvent devenu un adjectif : **una persona ignorante** ; ou un nom : **il presidente della repubblica**), il remplace le plus souvent une proposition relative : **Una tomba risalente** (→ che risale) **al I° secolo dopo Cristo**.

- Les désinences sont **–ante** pour les verbes en **–are**, **–ente** pour les verbes en **–ere** et en **–ire**.

LES FORMES VERBALES INDÉFINIES : INFINITIF, PARTICIPES PRÉSENT ET PASSÉ, GÉRONDIF

6 Remplacez les participes présents par des propositions relatives, comme dans l'exemple.

Exemple : Il quadro raffigurante una città medievale è il più bello della mostra.
→ Il quadro *che raffigura* una città medievale è il più bello della mostra.

a. Il treno proveniente da Roma è in arrivo al binario sei.

→ ....

b. Per iscriversi ai corsi di tennis è necessario un certificato medico comprovante una sana costituzione fisica.

→ ....

c. Il ritiro si svolgerà nei giorni immediatamente precedenti la Pasqua.

→ ....

d. Le verrà consegnata una busta contenente i documenti necessari.

→ ....

e. Si è comprata un vestito di un colore blu tendente al verde.

→ ....

f. Ho scelto un modello di macchina equivalente a quello che avevo prima.

→ ....

Le participe passé

Le participe passé (**–ato** pour les verbes en **–are**, **–uto** pour les verbes en **–ere**, **–ito** pour ceux en **–ire**) est principalement utilisé dans la formation des temps composés. Profitons-en pour réviser un peu ceux-ci !

7 Conjuguez les verbes indiqués entre parenthèses aux temps composés et aux modes adéquats.

a. Conoscendovi, non immaginavamo che .... **(arrivare)** così presto.

b. Dopo che .... **(prendere)** la patente, potrai guidare quanto vuoi.

c. Quando mi sono trasferito qui, non .... **(accorgersi)** che in questo quartiere non passava l'autobus.

d. Non .... **(accendere)** la luce, sono inciampato e sono caduto per terra.

e. Quando li .... **(conoscere)**, non mi sembravano così presuntuosi.

f. Da quando è cominciato il campionato, la mia squadra .... **(vincere)** tutte le partite.

LES FORMES VERBALES INDÉFINIES : INFINITIF, PARTICIPES PRÉSENT ET PASSÉ, GÉRONDIF

L'accord du participe passé

- Dans les temps composés, le participe passé ne s'accorde pas avec le sujet si l'auxiliaire est **avere** ; il s'accorde toujours si l'auxiliaire est **essere**, comme en français.
- Avec les verbes réfléchis et pronominaux, il s'accorde toujours avec le sujet, même quand le pronom réfléchi n'est pas le complément d'objet direct : **Luisa si è accorta di avere fatto un errore**, *Luisa s'est aperçue qu'elle a fait une erreur*.
- Avec l'auxiliaire **avere**, il ne s'accorde en aucun cas avec le complément d'objet direct représenté par un nom situé après le verbe : **ho mangiato il pane, ho mangiato la frutta**.
- Le participe passé s'accorde toujours avec le C.O.D. qui le précède, bien que cet accord soit facultatif avec le pronom relatif **che** et avec les formes faibles des pronoms personnels **mi**, **ti**, **ci** et **vi**. En revanche, il est obligatoire avec **ne** : **di spaghetti, ne ho mangiati tanti**.

8 Traduisez en italien.

a. Ma sœur est tombée et s'est fait mal à une jambe.

➜ ....

b. Ils se sont fait élire président et vice-président.

➜ ....

c. J'ai tellement aimé ce livre que j'en ai acheté deux exemplaires pour les offrir.

➜ ....

d. Maria et Luisa, nous les avons vues mais elles ne nous ont pas salués.

➜ ....

e. Nous avons allumé la lumière et nous avons tout vu.

➜ ....

f. Nous nous sommes levées de bonne heure et nous sommes parties.

➜ ....

Bravo, vous êtes venu à bout du chapitre 14 ! Il est maintenant temps de comptabiliser les icônes et de reporter le résultat en page 128 pour l'évaluation finale.

15 Le subjonctif

Le subjonctif

Subjonctif présent	–ARE	–ERE	–IRE *(finire)*	–IRE *(offrire)*
che io	–i	–a	–isc-a	–a
che tu	–i	–a	–isc-a	–a
che lui, che lei	–i	–a	–isc-a	–a
che noi	–iamo	–iamo	–iamo	–iamo
che voi	–iate	–iate	–iate	–iate
che loro	–ino	–ano	–isc-ano	–ano

Subjonctif imparfait	–ARE	–ERE	–IRE *(finire)*	–IRE *(offrire)*
che io	–assi	–essi	–issi	
che tu	–assi	–essi	–issi	
che lui, che lei	–asse	–esse	–isse	
che noi	–assimo	–essimo	–issimo	
che voi	–aste	–este	–iste	
che loro	–assero	–essero	–issero	

Subjonctif présent	*ESSERE*	*AVERE*
che io	sia	abbia
che tu	sia	abbia
che lui, che lei	sia	abbia
che noi	siamo	abbiamo
che voi	siate	abbiate
che loro	siano	abbiano

Subjonctif imparfait	*ESSERE*	*AVERE*
che io	fossi	avessi
che tu	fossi	avessi
che lui, che lei	fosse	avesse
che noi	fossimo	avessimo
che voi	foste	aveste
che loro	fossero	avessero

- Les temps composés, passé (**che io abbia mangiato**, **che io sia andato**, etc.) et plus-que-parfait (**che io avessi mangiato**, etc.) se forment normalement avec le subjonctif présent ou imparfait de l'auxiliaire et le participe passé du verbe à conjuguer.

- En ce qui concerne les verbes irréguliers, en général, au présent, les 1re, 2e, 3e personnes du singulier et la 3e personne du pluriel se forment sur le radical de la 1re personne du singulier du présent de l'indicatif (présent de l'indicatif de **andare** ➜ **vado**, présent du subjonctif **che io vada**, etc. ; présent de l'indicatif de **venire** ➜ **vengo** ; présent du subjonctif **che io venga**, etc.), alors que les 1re et 2e personnes du pluriel sont régulières. L'imparfait du subjonctif, comme l'imparfait de l'indicatif, est toujours régulier.

LE SUBJONCTIF

1 **Complétez avec le subjonctif présent du verbe entre parenthèses.**

a. Credo che tu .... (avere) qualcosa da nasconderci.
b. È necessario che voi .... (venire) con noi.
c. Il nostro professore pretende che .... (noi-studiare) tre ore al giorno.
d. Sono contento che nostro figlio .... (essere) studioso e diligente.
e. Non mi sembra possibile che io .... (partire) tra dieci minuti.
f. Voglio che tu .... (lavorare) nel mio ufficio.
g. Preferisco che Lei .... (stare) con me.

2 **Maintenant, tournez les phrases de l'exercice précédent au passé, en transformant le présent de l'indicatif en indicatif imparfait, et le subjonctif présent en subjonctif imparfait.**

Exemple : Credo che tu sia buono. → *Credevo* che tu *fossi* buono.

a. → ....
b. → ....
c. → ....
d. → ....
e. → ....
f. → ....
g. → ....

3 **Complétez avec le subjonctif présent des verbes en *-are* indiqués entre parenthèses.**

a. Penso che tu .... (cantare) molto bene.
b. È necessario che due insegnanti .... (accompagnare) i ragazzi in gita.
c. È meglio che voi .... (portare) l'ombrello.
d. Mettete in ordine prima che io .... (ritornare).
e. Credo che Luisa .... (mangiare) troppi dolci.
f. Spero che Carlo lo .... (guardare) con attenzione.
g. Mi auguro che voi ci .... (pensare) bene prima di agire.
h. Trovate che io .... (parlare) troppo ?

LE SUBJONCTIF

4 Complétez avec le subjonctif présent des verbes en *—ere* indiqués entre parenthèses.

a. Mi sembra che tu .... (**piangere**) troppo spesso.

b. Non è possibile che voi .... (**credere**) a queste sciocchezze.

c. È meglio che voi .... (**leggere**) di più.

d. È necessario che gli studenti che vogliono uscire prima .... (**chiedere**) il permesso.

e. Mi auguro che Laura .... (**riflettere**) bene prima di decidere.

f. Speriamo che Filippo ci .... (**scrivere**) presto !

g. Vuoi che io te lo .... (**ripetere**) ?

h. Dobbiamo cercare di fare fronte alla situazione prima che .... (**accadere**) qualcosa di più grave.

5 Complétez avec le subjonctif présent des verbes en *—ire* indiqués entre parenthèses.

a. È meglio che tu non .... (**aprire**) la porta quando sei sola in casa.

b. È importante che i ragazzi .... (**dormire**) almeno otto ore.

c. Mi sembra che Cinzia .... (**sentire**) molto la mancanza di suo fratello.

d. Pretendo che voi .... (**pulire**) tutto e subito.

e. Mi sembra che il treno .... (**partire**) alle dodici e trenta.

f. Il maestro vuole che gli alunni gli .... (**obbedire**) quando dà loro un ordine.

g. Voglio che tu gli .... (**impedire**) di fare una simile sciocchezza.

h. È necessario che le banche .... (**investire**) di più nelle attività industriali.

Emploi du subjonctif

Comme vous avez pu le constater dans les exemples et les exercices précédents, le subjonctif est le mode du « virtuel » par opposition à l'indicatif, mode du réel. Il est donc utilisé pour exprimer une possibilité, un doute, une opinion ou un point de vue personnels, un souhait ou un espoir. On le rencontre donc après des verbes comme **credere, pensare, dubitare, immaginare, temere, rallegrarsi, essere contento**, etc.

LE SUBJONCTIF

6 Transformez les phrases en passant de l'indicatif au subjonctif, pour exprimer un doute, un souhait, etc., comme dans l'exemple.

Exemple : Mio fratello ama la matematica. → *Mi sembra che* mio fratello *ami* la matematica.

a. Francesco mangia di tutto.
   Mi fa piacere che ....

b. La televisione trasmette la partita in diretta.
   Sono contento che ....

c. Andrea ubbidisce ciecamente al suo direttore.
   Ho l'impressione che ....

d. In Italia si vive meglio che in molti altri paesi.
   Penso che ....

Accord des temps et des modes avec le subjonctif

- On peut résumer l'emploi des temps du subjonctif dans les propositions subordonnées par le tableau suivant :

– **Simultanéité** : l'action de la proposition principale à l'indicatif et celle de la subordonnée au subjonctif sont simultanées ;

– **Antériorité** : l'action de la subordonnée a eu lieu avant celle de la proposition principale.

Prop. principale	Subordonnée	Prop. principale	Subordonnée
Dans le présent			
credo che tu **faccia** un errore		**credo** che tu **abbia fatto** un errore	
présent de l'indicatif	*présent du subjonctif*	*présent de l'indicatif*	*subjonctif passé*
je crois que tu fais une erreur		je crois que tu as fait une erreur	
Dans le passé			
credevo che tu **facessi** un errore		**credevo** che tu **avessi fatto** un errore	
imparfait de l'indicatif (ou autre temps passé)	*subjonctif imparfait*	*imparfait de l'indicatif (ou autre temps passé)*	*subjonctif plus-que parfait*
je croyais que tu faisais une erreur		je croyais que tu avais fait une erreur	

- Quand il y a un conditionnel dans la proposition principale, il faut un subjonctif imparfait dans la subordonnée : **Vorrei che tu fossi più buono con i tuoi compagni**.

LE SUBJONCTIF

7 Complétez les phrases suivantes en utilisant le subjonctif passé, comme dans l'exemple.

Exemple : Pensi che io parli in modo chiaro ?
Pensi che ieri io ...... in modo chiaro ?
→ Pensi che ieri io *abbia parlato* in modo chiaro ?

a. Marta teme che io non le creda. Marta teme che ieri io non ....

b. La mamma teme che io mangi troppi dolci. La mamma teme che ieri, alla festa di Luisa, io ....

c. Sperano che partiamo presto. Sperano che stamattina ....

d. Sono contento che tu venga a trovarmi. Sono contento che ieri tu ....

8 Complétez avec le subjonctif imparfait des verbes en —*are* indiqués entre parenthèses.

a. Temevo che tu .... (cantare) male.

b. Era necessario che due insegnanti .... (accompagnare) i ragazzi in gita.

c. Bisognava che voi .... (portare) l'ombrello.

d. Bravi ! Avete messo tutto in ordine prima che io .... (ritornare).

e. A vederlo così grasso, credevo che .... (mangiare) di più.

9 Complétez avec le subjonctif imparfait des verbes en —*ere* indiqués entre parenthèses.

a. Mi sembrava che lei .... (piangere) per una cosa da nulla.

b. Mi sembrava incredibile che lui .... (credere) a simili sciocchezze.

c. Vorrei che voi .... (leggere) di più.

d. Era necessario che Luca e Giovanni .... (chiedere) il permesso per uscire prima.

e. Mi raccomandai che Laura .... (riflettere) bene prima di prendere una decisione.

f. Pensavo che tu .... (dovere) tornare a casa molto prima.

g. Tutti credevano che quell'atleta .... (potere) vincere la medaglia d'oro.

h. Credevo che tu .... (conoscere) bene i funghi !

LE SUBJONCTIF

10 Complétez avec le subjonctif imparfait des verbes en *–ire* indiqués entre parenthèses.

a. Sarebbe meglio che tu non .... (aprire) la porta quando sei solo in casa.

b. Voleva che i suoi figli .... (dormire) almeno otto ore per notte.

c. Non mi ricordavo che Cinzia .... (ubbidire) tanto a suo marito.

d. Hanno preteso che voi .... (pulire) tutto e subito.

e. Vorrei che tu .... (capire) il mio punto di vista.

f. Sentendolo lamentarsi tanto, tutti pensavano che .... (soffrire), invece è tutta una finta !

g. Vorrei che domani tu e Marcello .... (partire) il più presto possibile.

h. Pensavo che nel sud dell'Italia si .... (condire) la pasta con salse molto più saporite.

11 Complétez les phrases suivantes en utilisant le subjonctif plus-que-parfait, comme dans l'exemple.

Exemple : Pensavi che io parlassi in modo chiaro ? Pensavi che il giorno prima io ...... in modo chiaro ?
→ Pensavi che il giorno prima io *avessi parlato* in modo chiaro ?

a. Marta temeva che io non le credessi. Marta temeva che, quando mi aveva raccontato quella storia, io ....

b. La mamma temeva che io mangiassi troppi dolci. Vedendomi arrivare con il mal di pancia, la mamma temeva che alla festa io ....

c. Speravano che partissimo presto. Vedendo che dopo mezzogiorno c'erano state delle code interminabili sull'autostrada, speravano che per evitarle ....

d. Ero contento che tu venissi a trovarmi. Quando te ne sei andato mi sentivo un po' solo ma ero contento che tu ....

Bravo, vous êtes venu à bout du chapitre 15 ! Il est maintenant temps de comptabiliser les icônes et de reporter le résultat en page 128 pour l'évaluation finale.

16
La phrase hypothétique et autres emplois du subjonctif

Emploi des modes et des temps dans la phrase hypothétique

- **MODE « RÉEL »** (présentation neutre de l'hypothèse, on en indique simplement la condition de réalisation) :

Proposition subordonnée	Proposition principale
Se ti affretti	arriverai in tempo.
Présent de l'indicatif	Indicatif futur (éventuellement présent)
Si tu te presses	*tu arriveras à temps.*

- **MODE « POTENTIEL »** (nuance de virtualité supplémentaire, on n'est plus bien sûr de sa réalisation…) :

Proposition subordonnée	Proposition principale
Se ti affrettassi	arriveresti in tempo.
Subjonctif imparfait	Conditionnel présent
Si tu te pressais	*tu arriverais à temps.*

- **MODE « IRRÉEL »**
  <u>dans le présent :</u> l'hypothèse est irréalisable :

Proposition subordonnée	Proposition principale
Se io fossi in te	non accetterei la sua proposta.
Subjonctif imparfait	Conditionnel présent
Si j'étais à ta place	*je n'accepterais pas sa proposition.*

<u>dans le passé :</u> l'hypothèse ne s'est pas réalisée :

Proposition subordonnée	Proposition principale
Se ti fossi affrettato	saresti arrivato in tempo.
Subjonctif plus-que-parfait	Conditionnel passé
Si tu t'étais pressé	*tu serais arrivé à temps.*

LA PHRASE HYPOTHÉTIQUE ET AUTRES EMPLOIS DU SUBJONCTIF

1 Transformez les phrases séparées en une seule phrase hypothétique, selon l'exemple.

Exemple : Parti presto e arriverai puntuale. → *Se parti presto*, *arriverai* puntuale.
Non mi hai ascoltato e non sei arrivato in tempo. → *Se mi avessi ascoltato, saresti* arrivato in tempo.

a. Studiate le lezioni e sarete promossi.
→ ....

b. Mangiate poco e non ingrasserete.
→ ....

c. Il treno è sempre in ritardo e preferiamo prendere la macchina.
→ ....

d. Lavora troppo ed è sempre stanco.
→ ....

e. Non ha studiato l'inglese e non è potuto andare a lavorare in America.
→ ....

f. Non sei venuta alla festa e hai passato la domenica da sola.
→ ....

g. Non ti sei coperto abbastanza e hai preso il raffreddore.
→ ....

h. Non abbiamo fatto il liceo e non abbiamo imparato il latino.
→ ....

i. Abbi fede e ce la farai.
→ ....

2 Traduisez en italien.

a. Si tu voulais, tu pourrais.
→ ....

b. Si je l'avais su, je ne serais pas venu.
→ ....

c. Si tu viens chez moi, je te montrerai ma collection d'estampes chinoises.
→ ....

d. Si tu étais allée chez lui, tu n'aurais rien vu.
→ ....

e. Si tu fais un effort, tu réussiras.
→ ....

LA PHRASE HYPOTHÉTIQUE ET AUTRES EMPLOIS DU SUBJONCTIF

3 Complétez les phrases hypothétiques suivantes avec la forme correcte du subjonctif.

a. Saresti potuto andare in vacanza, se non .... **(spendere)** tutti i tuoi soldi.

b. Se .... **(venire)** da me più spesso, potrei farvi conoscere la cucina della mia regione.

c. Se mi .... **(avvertire)**, sarei venuta con te.

d. Se non lo .... **(vedere)** con i miei occhi, non ci avrei mai creduto.

e. Se .... **(essere)** al suo posto, non mi comporterei così.

f. Se .... **(sapere)** che eri a casa, saremmo venuti a trovarti.

g. Se .... **(essere)** sicuri che è a casa, andremmo senz'altro a trovarlo.

h. Se mio nonno .... **(avere)** una ruota, sarebbe una carriola !

4 Transformez les phrases séparées en une seule phrase hypothétique, selon l'exemple.

Exemple : Non siete venuti a trovarci e non avete visto la nostra nuova casa.
→ *Se foste venuti a trovarci, avreste* visto la nostra nuova casa.

a. Non viaggi mai e non conosci altri paesi che il tuo.

→ ....

b. Non ascolta mai quando gli si parla e non sa mai che cosa si è detto.

→ ....

c. Non siete venuti alla riunione e adesso non conoscete le ultime decisioni.

→ ....

d. Non leggono mai il giornale e non sanno quello che succede nel mondo.

→ ....

e. Non abbiamo soldi e non possiamo comprarlo.

→ ....

f. Non hai dormito abbastanza e adesso sei stanchissimo.

→ ....

g. Non ci avete dato retta e avete fatto un grosso errore.

→ ....

h. Non sei andato a fare la spesa e ora hai il frigo vuoto.

→ ....

LA PHRASE HYPOTHÉTIQUE ET AUTRES EMPLOIS DU SUBJONCTIF

5 Associez les deux parties de chaque phrase hypothétique selon leur sens et leur syntaxe.

Se correte	non sarebbe così grasso
Se l'avessi visto	ci si stanca molto
Se mangiasse meno	vi avremmo aiutato
Se si lavora troppo	l'avrei riconosciuto
Se ce ne aveste parlato	arriverete in tempo
Se fossi andato più piano	non sareste così magri
Se mangiaste di più	non avresti avuto una multa

D'autres manières d'exprimer une hypothèse

Le même type de phrase est parfois construit à l'aide d'une forme verbale invariable – gérondif, participe passé ou infinitif :

Potendo, ti accontenterò → Se potrò, ti accontenterò

Aiutato, ci riuscirebbe → Se fosse aiutato, ci riuscirebbe

A comportarti così, non ti farai ben volere → Se ti comporti così, non ti farai ben volere.

6 Transformez les phrases suivantes en phrases hypothétiques avec le subjonctif, selon les exemples ci-dessus.

a. Volendo, ci sarebbero riusciti.

→ ....

b. A lavorare tanto, finirà per ammalarsi.

→ ....

c. Studiando, avresti voti migliori.

→ ....

d. A parlare male di tutti i colleghi, un giorno ti farai licenziare.

→ ....

e. Curato da un bravo medico, guarirebbe.

→ ....

D'autres hypothèses

On peut avoir aussi des phrases hypothétiques non introduites par **se** :

Nel caso tu volessi passare a Firenze, telefonami pure, *Au cas où tu voudrais passer à Florence, téléphone-moi !*

Chi volesse vedere tutto, ci metterebbe dieci anni, *Si quelqu'un voulait tout voir, il lui faudrait (« il y mettrait ») dix ans.*

LA PHRASE HYPOTHÉTIQUE ET AUTRES EMPLOIS DU SUBJONCTIF

7 Transformez les phrases hypothétiques ci-dessous, sans *se*, en phrases hypothétiques avec *se* (voir exemples dans la leçon page 95).

a. Nell'eventualità che piova, potreste venire da me.

➜ ....

b. Cercandolo bene dappertutto, l'avresti trovato.

➜ ....

c. Qualcuno che potesse vedere il futuro, potrebbe dirtelo.

➜ ....

d. Vivendo in Italia, parlerei l'italiano molto meglio.

➜ ....

D'autres emplois du subjonctif

- En général, on peut dire que le subjonctif est utilisé chaque fois que l'on veut exprimer doute, incertitude, subjectivité. Il y a des conjonctions et des tournures de phrase qui le rendent obligatoire :

– **affinché** et **perché** dans les propositions finales : **ti parlo affinché tu capisca, ti parlavo affinché tu capissi** ;

– dans les propositions finales, on peut avoir aussi le pronom relatif **che** : **voleva fargli un discorso che gli facesse capire i suoi errori**.

– avec la conjonction **benché** : **non ci sono riuscito, benché io abbia fatto di tutto per raggiungere il mio obbiettivo.**

- Si vous voulez « esquiver » le subjonctif, les propositions finales peuvent se faire avec **per + infinitif** (**ti parlo per farti capire**), et **benché** peut être remplacé par **anche se + indicatif** : **non ci sono riuscito, anche se ho fatto di tutto per raggiungere il mio obbiettivo.** Toujours bon à savoir…

8 Transformez les phrases suivantes, contenant un indicatif, en d'autres phrases contenant un subjonctif, comme dans les exemples ci-dessus.

a. Non aveva capito la situazione, anche se gliel'avevamo spiegata mille volte.

➜ ....

b. Voglio una macchina sportiva per andare molto veloce.

➜ ....

LA PHRASE HYPOTHÉTIQUE ET AUTRES EMPLOIS DU SUBJONCTIF

c. L'ho dovuto rimproverare, anche se forse non lo meritava.

→ ....

d. Fumavo tanto, anche se sapevo che mi faceva male.

→ ....

e. Fumo tanto, anche se so che mi fa male.

→ ....

f. Ha spiegato la lezione una seconda volta per farla capire bene agli studenti.

→ ....

9 En observant les images, complétez la pensée du personnage en utilisant une phrase hypothétique.

a. Se fossi ....
........................,
....
....
l'osso sulla finestra!

b. Se ....
....
le ali, ...
....
l'uccellino!

Bravo, vous êtes venu à bout du chapitre 16 ! Il est maintenant temps de comptabiliser les icônes et de reporter le résultat en page 128 pour l'évaluation finale.

17
Les adverbes

Les adverbes

Il s'agit surtout de… les connaître ! Puisque cela est certainement votre cas, commençons tout de suite par quelques exercices pour tester votre connaissance du vocabulaire italien.

1 Associez chaque adverbe à son contraire.

vicino • • poco
tardi • • forte
piano • • male
molto • • presto
bene • • lontano

2 Ecrivez, pour chaque adverbe, son contraire.

a. mai → ....
b. sopra → ....
c. facilmente → ....
d. rumorosamente → ....
e. presto → ....

3 Complétez chaque phrase avec un adverbe issu de la liste ci-dessous (chaque adverbe peut être utilisé une seule fois).

molto — *troppo* — *abbastanza* — *bene* — *sempre* — *lontano* — *piano* — *presto* — *poco* — *vicino*

a. Non lo trovi ? Forse non l'hai cercato ....
b. Ero .... stanco perché avevo lavorato tante ore.
c. Ieri ho mangiato .... e oggi ho mal di stomaco.
d. Siamo stanchi di andare in vacanza .... nello stesso posto !
e. Come sta ? .... , grazie !
f. Va' .... in macchina se no rischi di avere un incidente !
g. Tutte le mattine ci alziamo .... per andare a lavorare.
h. Ho sonno perché ho dormito ....
i. Vengo in macchina perché abito ....
j. Vengo a piedi perché abito qui ....

LES ADVERBES

Formation des adverbes de manière

La plupart des adverbes de manière sont formés en ajoutant le suffixe **–mente** à un adjectif, à son tour dérivé d'un nom.

Voyons dans le tableau ci-dessous comment l'adjectif est traité pour former l'adverbe :

Adjectifs	Adverbes
masculin en **–o**, féminin en **–a** **caloroso, calorosa**	féminin en **–a** + **–mente** **calorosamente**
masculin et féminin en **–e** **intelligente**	la forme unique + **–mente** **intelligentemente**
masculin et féminin en **–le** et en **–re** **gentile, anteriore**	l'adjectif sans **–e** + **–mente** **gentilmente, anteriormente**
adjectifs en **–lo/–la** ; **–ro/–ra** **ridicolo, leggero**	l'adjectif sans voyelle finale + **–mente** **ridicolmente, leggermente**

4 Dans les phrases suivantes, remplacez les expressions en italique avec un adverbe contenant le suffixe *-mente*.

Exemple : Si è comportato *con generosità*. ➜ generosamente

a. Mi ha salutato con affetto.
➜ ....

b. Camminava con velocità.
➜ ....

c. Il lavoro era fatto in modo perfetto.
➜ ....

d. Parla con tutti con gentilezza.
➜ ....

e. Respirava con difficoltà.
➜ ....

f. L'ascoltava con attenzione.
➜ ....

5 Remplacez l'adverbe par des expressions équivalentes, en utilisant le nom ou l'adjectif d'où il est issu.

Exemple : Mario si è comportato *gentilmente*. ➜ con gentilezza

a. Gli alunni si sono messi in fila ordinatamente. ➜ ....
b. La cerimonia si è svolta solennemente. ➜ ....
c. Bisogna parlare rispettosamente alle persone anziane. ➜ ....
d. Gli dispiaceva di essersi comportato stupidamente. ➜ ....
e. Le forze dell'ordine sono intervenute rapidamente. ➜ ....
f. Spero che guiderà prudentemente. ➜ ....

LES ADVERBES

6 Complétez le tableau en insérant les mots manquants.

NOM	ADJECTIF	ADVERBE
dolcezza		
gentilezza		
	intelligente	
	triste	
		profondamente
		attentamente
	frettoloso	
generosità		
	crudele	
	lento	
barbarie		

Locutions adverbiales

Elles sont formées avec une préposition et un nom ou un adjectif :

di solito, *d'habitude* ; **di sicuro**, *sûrement* ; **di certo**, *certainement* ; **di fretta**, *avec peu de temps* ; **in fretta**, *en hâte* ; **di nascosto**, *en cachette* ; **all'improvviso**, *soudain* ; **di corsa**, *en courant* ; **per caso**, *par hasard* ; **a lungo**, *longtemps*, etc.

7 Complétez les phrases suivantes par les locutions adverbiales de la liste ci-dessous (chaque locution ne peut être utilisée qu'une seule fois).

di sicuro   in fretta   di nascosto   DI FRETTA
di solito   PER CASO   a lungo   all'improvviso

a. .... è arrivato in ritardo : è partito all'ultimo momento.

b. Passavamo di là ...., ed abbiamo incontrato proprio lui.

c. Che cosa fate .... la domenica ?

d. Non voleva che nessuno lo sapesse, quindi c'è andato ....

e. Scusa ma non posso restare, vado ....

f. Anch'io ho creduto .... alla sua buona fede, poi ho capito che non era sincero.

g. C'era un bel cielo sereno, poi .... si è annuvolato ed è cominciato a piovere.

h. Fa sempre le cose .... e naturalmente le fa male.

LES ADVERBES

8 Complétez le tableau avec la locution adverbiale ou avec l'adverbe équivalent, selon l'exemple.

ADVERBE	LOCUTION ADVERBIALE
improvvisamente	*all'improvviso*
casualmente	
	di certo
lungamente	
	di sicuro

Les degrés de l'adverbe

- Comme l'adjectif, l'adverbe peut être souvent utilisé au comparatif, en le faisant précéder de **più** (supériorité) et **meno** (infériorité). Pour le comparatif d'égalité, il peut être précédé de **tanto** ou **così**, et suivi de **quanto** ou **come**.
- Pour former le superlatif absolu, on place **molto** devant l'adverbe ; plus rarement, on rattache le suffixe **–mente** au superlatif de l'adjectif : **rapido – rapidissimo – rapidissimamente**.
- Parfois, et seulement pour certains d'entre eux, on utilise directement le suffixe attaché à l'adverbe : **tardissimo**, **pianissimo**, **prestissimo**, etc.
- Le superlatif relatif se forme avec **il più…** ou **il meno…** devant l'adverbe.

9 Complétez avec l'adverbe indiqué entre parenthèses au degré comparatif demandé par le sens de la phrase.

Exemple : Una volta mangiavo sempre in questo ristorante, adesso vengo ……….. (spesso) di prima.
→ *meno spesso*

a. Adesso non posso venire, verrò ……………………… **(tardi)**.

b. Mangia ……………………… **(in fretta)**, se no poi stai male !

c. Sembri molto stanco, ti trovo ……………… **(bene)** del solito.

d. È guarito ……………………… **(velocemente)** di quanto pensassi.

e. Parli ……………………… **(forte)**, non la sento !

f. Prima abitavo lontano dal lavoro, adesso abito ……………………… **(vicino)** e posso andarci a piedi.

g. Da quando abito vicino all'ufficio, posso alzarmi ……………………… **(presto)** alla mattina.

LES ADVERBES

10 Complétez avec l'adverbe indiqué entre parenthèses au degré comparatif ou superlatif, selon le sens de la phrase.

a. Questo ristorante è ottimo, dobbiamo venirci .... (**spesso**).

b. Mi piace molto questo ristorante, ci vengo .... (**spesso**).

c. Se ti siedi .... (**vicino**) allo schermo, ci vedrai meglio.

d. È tornato .... (**tardi**) del solito.

e. Erano le quattro del mattino quando l'ho sentito rincasare, è tornato .... (**tardi**) !

f. Gioco a scacchi solo da due anni, dunque gioco .... (**bene**) di te.

g. Gioca a scacchi da una vita, ci gioca .... (**bene**) !

h. Si tratta di un lavoro molto delicato, dovete farlo .... (**attentamente**) che mai.

i. Si tratta di un lavoro delicatissimo, dovete farlo .... (**attentamente**).

Comparatifs et superlatifs particuliers

On peut maintenant compléter le tableau de la page 18 avec les adverbes équivalant aux adjectifs qui forment leur comparatif et leur superlatif de manière particulière :

Adjectif	Comparatif	Superlatif	Adverbe	Comparatif de supériorité	Superlatif absolu
buono	migliore	ottimo	bene	meglio	ottimamente ou **benissimo**
cattivo	peggiore	pessimo	male	peggio	pessimamente ou **malissimo**
grande	maggiore	massimo	molto	più	moltissimo
piccolo	minore	minimo	poco	meno	minimamente ou **pochissimo**
alto	superiore	sommo	–	superiormente	sommamente
basso	inferiore	infimo	–	inferiormente	infimamente

LES ADVERBES

11 Complétez avec l'un des comparatifs ou superlatifs particuliers de la liste ci-dessous (chaque adverbe ne peut être utilisé qu'une seule fois).

meglio   *peggio*   *ottimamente*   *moltissimo*   *meno*   *pochissimo*   *più*

a. In quel ristorante abbiamo mangiato ...., ci torneremo.

b. È stato male, ma ora sta ....

c. La tua macchina adesso va .... della mia, ma quando l'avrai fatta riparare sarà più veloce.

d. Se mangi ...., dimagrirai.

e. Adoro quel regista, il suo ultimo film mi è piaciuto ....

f. Ha studiato .... di te, è normale che abbia avuto migliori risultati.

g. Tua sorella è molto magra, si vede che mangia ....

12 Certains adverbes de manière accompagnent toujours le même verbe, en formant ainsi des sortes d'expressions idiomatiques ; à l'aide d'un dictionnaire, associez chaque verbe de la colonne de gauche à l'adverbe correspondant dans la colonne de droite.

lavorare   •   • affannosamente
dormire   •   • sguaiatamente
innamorarsi   •   • alacremente
ridere   •   • perdutamente
respirare   •   • accanitamente
giocare   •   • soporitamente
salutare   •   • scompostamente
sedere   •   • affettuosamente

Bravo, vous êtes venu à bout du chapitre 17 ! Il est maintenant temps de comptabiliser les icônes et de reporter le résultat en page 128 pour l'évaluation finale.

18
Prépositions et conjonctions, locutions *c'è*, *ci sono*

Prépositions et conjonctions, locutions *c'è*, *ci sono*

Les prépositions sont les suivantes, accompagnées de leurs principaux emplois :

a	di	da	in	con	su	per	tra, fra
direction d'un mouvement **vado a Roma, vado a lavorare**	propriété **la macchina di Giulia**	provenance et distance **vengo da Milano, abito a tre chilometri da Milano, siamo lontani da Torino ?**	« *dans* » et « *en* » dans les expressions locatives **abito in Italia**	« *avec* » **abito con Paolo**	« *sur* » **l'ho dimenticato sul tavolo**	« *par* » **ho preso il treno per Roma ; per andare a Napoli si passa per Roma ; per esempio…**	entre deux **fra me e te**
état dans un lieu **abito a Roma**	inhérence **un libro di storia**	complément d'agent **è stato visto da tutti**				dans des expressions locatives : **passeggiare per la città**	parmi plusieurs **fra noi c'è un intruso**
dans les expressions locatives : **vicino a, davanti a, di fronte a, in mezzo a, intorno a**	contenu **una tazza di caffè**	« *depuis* » **ti aspetto da due ore**		complément de moyen **sono arrivato con il treno delle due e mezzo**	approximation **un signore sui cinquant'anni**	dans des expressions temporelles : **ho lavorato per tre ore**	« *dans* » au sens temporel **vengo tra due ore**
	avec les adverbes **prima di, invece di**	« *chez* » **vieni a mangiare da noi ?**					
	dans les expressions **credo di no, mi ha detto di sì**						

PRÉPOSITIONS ET CONJONCTIONS, LOCUTIONS *C'È, CI SONO*

Les prépositions dans les articles contractés

Les prépositions **a**, **di**, **da**, **in**, **con** et **su** se fondent avec les articles pour former des articles contractés :

Facultative avec **con** (on peut dire aussi bien **con lo** que **collo**, ce dernier étant moins fréquent), cette contraction est obligatoire dans tous les autres cas.

Les articles contractés dérivés de **di** sont utilisés comme articles partitifs : **abbiamo bevuto del vino buonissimo**.

	a	di	da	in	con	su
il	al	del	dal	nel	col	sul
lo	allo	dello	dallo	nello	collo	sullo
l'	all'	dell'	dall'	nell'	coll'	sull'
la	alla	della	dalla	nella	colla	sulla
i	ai	dei	dai	nei	coi	sui
gli	agli	degli	dagli	negli	cogli	sugli
le	alle	delle	dalle	nelle	colle	sulle

1 Complétez avec l'article contracté formé à partir de la préposition entre parenthèses.

Exemple : Siamo andati a vedere gli animali (a) .... zoo → *allo* zoo.

a. Appena siamo entrati **(in)** .... sua casa, siamo rimasti incantati dalla bellezza.

b. Siamo saliti **(su)** .... torre di Pisa.

c. Questo prodotto viene **(da)** .... Lombardia.

d. La pronuncia **(di)** .... italiano mi sembra difficile.

e. Non sopporto il sapore **(di)** .... aglio.

2 Complétez avec la préposition adéquate, selon le sens de la phrase, en la choisissant dans la liste ci-dessous (chaque préposition ne peut être utilisée qu'une seule fois).

DI **a** **per** **con** **in**

a. Ho preso il treno .... mezzogiorno.

b. Ho telefonato .... tuo fratello per dirgli di venire da me.

c. I tuoi genitori hanno fatto tanti sacrifici .... te.

d. A quarant'anni, Carlo vive ancora .... sua madre.

e. Siamo vissuti a lungo .... Inghilterra.

PRÉPOSITIONS ET CONJONCTIONS, LOCUTIONS *C'È, CI SONO*

3 Complétez avec l'article contracté adéquat, selon le sens de la phrase, en le choisissant dans la liste ci-dessous (chaque article contracté peut être utilisé une seule fois).

nello   **delle**   **coll'**   **alle**   **nella**

a. Ho preso il treno .... 15.30.

b. Abbiamo appuntamento .... 15.30.

c. Il romanzo si svolge .... Francia del Settecento.

d. Tutto è cominciato .... acquisto della nuova casa.

e. Ci siamo trovati .... studio di mio zio.

4 Ceci est un jeu de vocabulaire (toujours la récréation !) : remplacez le nom précédé de la préposition par le verbe ayant le même sens, ou vice-versa (des transformations de la phrase seront parfois nécessaires).

è tutto pronto per il pranzo	è tutto pronto per pranzare
è un'associazione	è un'associazione per proteggere gli animali
ho visto il progetto per la costruzione della casa	ho visto il progetto ....
metto gli occhiali solo	metto gli occhiali solo per leggere
gli atleti si preparano per la corsa	gli atleti si preparano ....
sto risparmiando per l'acquisto di un nuovo computer	sto risparmiando ....

5 Complétez avec la préposition ou avec l'article contracté adéquats, selon le sens de la phrase.

a. Sono vissuto .... dieci anni lontano .... Italia.

b. La cappella sistina di Roma è stata dipinta .... Michelangelo.

c. .... vita, possono succedere molte cose.

d. Domani sera venite tutti .... cenare .... noi ?

e. Passeggiando .... la città, l'abbiamo incontrato .... caso.

PRÉPOSITIONS ET CONJONCTIONS, LOCUTIONS *C'È, CI SONO*

Les conjonctions

- **De coordination** relient des mots ou des phrases de même importance : **e** (parfois **ed** devant voyelle), **o** (parfois **od** devant voyelle), **ma, cioé, infatti, allora, poi, dunque, quindi...** et les couples **né ... né, sia ...sia**, etc.

Remarquez que **poi** peut aussi être utilisé comme adverbe, par exemple dans l'expression **prima o poi** (tôt ou tard).

- **De subordination** introduisent des propositions subordonnées
  - temporelles : **quando** (+ indicatif)
  - de cause : **perché, poiché, siccome** (+indicatif)
  - finales : **perché, affinché** (+ subjonctif)
  - conditionnelles : **purché** (+ subjonctif)
  - d'opposition : **benché, sebbene** (+ subjonctif)
  - déclaratives : **che**

6 Complétez avec la conjonction adéquate, selon le sens de la phrase, en la choisissant dans la liste ci-dessous (chaque conjonction ne peut être utilisée qu'une seule fois).

dunque   cioé   o
ma   infatti

a. Certo, lavora poco, ... molto bene.

b. Ti ha detto che non sarebbe venuto, ..., come vedi, non è qui.

c. Mi sono iscritto a un corso triennale, ... di tre anni.

d. Si tratta di un esame difficile, ... dovete studiare molto.

e. Possiamo proporle le nostre specialità di carne .... di pesce.

7 Complétez avec la conjonction adéquate, selon le sens de la phrase, en la choisissant dans la liste ci-dessous (chaque conjonction ne peut être utilisée qu'une seule fois).

perché   quando   che
benché   af·nché

a. Non è andato a lavorare .... non stava bene.

b. Ti parlo così .... tu capisca il tuo errore.

c. .... ero giovane, abitavo in Francia.

d. Non ci vedevamo spesso, ... fossimo molto amici.

e. Mi ha detto .... voleva cambiare lavoro.

PRÉPOSITIONS ET CONJONCTIONS, LOCUTIONS *C'È*, *CI SONO*

Locutions conjonctives

Comme pour les adverbes, il existe des locutions qui, avec plusieurs mots, jouent le même rôle que les conjonctions. Nous vous en proposons ici quelques-unes :

per il fatto che (causale), **anche se** (concessive), **ogni volta che** (temporelle), **a patto che, a condizione che** (conditionnelles), **di modo che** (finale) etc.

8 Complétez avec la locution conjonctive adéquate, selon le sens de la phrase, en la choisissant dans la liste ci-dessous (chaque locution ne peut être utilisée qu'une seule fois).

a. Vi lascio uscire .... non torniate troppo tardi.

b. .... vi lascio uscire, poi voi tornate tardissimo !

c. Questa volta non riesci a convincermi : .... me lo giuri, non ti credo.

d. Crede di potere fare quello che vuole .... è il direttore.

e. Ti dirò a che ora arriva il mio treno, ... tu possa venire a prendermi alla stazione.

C'é et *ci sono*

- Les formules **c'é** (au singulier) et **ci sono** (au pluriel) correspondent à « il y a » :
in questa città c'é una bellissima piscina – in questa città ci sono bellissime piscine.

- Le verbe *essere* se conjugue aux différents temps et modes, toujours à la troisième personne du singulier ou du pluriel, selon le cas (et le participe passé s'accorde avec le sujet réel) :
in questa città una volta c'era una bellissima piscina – … c'erano bellissime piscine – … l'anno prossimo qui ci sarà una bellissima piscina – … ci saranno bellissime piscine – qui c'é stata una bellissima piscina – … ci sono state bellissime piscine, etc.

Attention : **c'é** ne traduit pas le sens temporel de « il y a » : dans ce cas, l'italien met la forme verbale **fa** après l'expression de temps :

Il était ici il y a une heure, **Era qui un'ora fa**.

PRÉPOSITIONS ET CONJONCTIONS, LOCUTIONS *C'È*, *CI SONO*

9 Complétez avec les différentes formules qui correspondent à « il y a » (attention au temps du verbe !).

a. L'estate prossima .... grandi novità nelle attività del villaggio di vacanze.

b. La notte scorsa .... una piccola scossa di terremoto in Umbria.

c. Per favore, guarda nel cassetto se .... le mie chiavi della macchina.

d. Ho già guardato, ma non .... proprio niente.

e. Siamo stati al carnevale di Viareggio un anno ....

f. Quando ero piccolo, ... tante cose da mangiare che non mi piacevano.

g. In un'ora .... sessanta minuti.

h. Un'ora .... ero ancora in ufficio.

i. .... delle cose che davvero non posso sopportare !

j. Mi aveva detto che .... tante novità, ma non pensavo proprio a queste !

10 Petite révision des verbes : Luisa a écrit un e-mail à son amie Carla pour lui proposer de passer un après-midi ensemble ; transformez les expressions soulignées en impératifs, en employant bien sûr le tutoiement !

Ciao Carla,
mi sembra che domani sarai anche tu libera e potremmo approfittarne per passare il pomeriggio insieme. Verrai da me alle 14 così avremo più tempo per stare insieme. Prenderai la macchina se per caso vogliamo andare anche fuori città. Devi ricordarti di prendere anche un po' di soldi, perché magari andiamo a fare shopping. Ti vestirai pesante perché hanno detto che forse pioverà, dunque devi prendere anche l'ombrello ! Allora a domani alle 14, devi essere puntuale !

Un bacio
Luisa

Verrai → ....   **Ti vestirai →** ....

Prenderai → ....   **Devi prendere →** ....

Devi ricordarti → ....   **Devi essere →** ....

Bravo, vous êtes venu à bout du chapitre 18 ! Il est maintenant temps de comptabiliser les icônes et de reporter le résultat en page 128 pour l'évaluation finale.

Les discours direct et indirect

Le discours indirect

Ce sont les propos de quelqu'un qui, rapportés, deviennent une proposition subordonnée :

Ha detto : – Mi chiamo Antonio ➜ Ha detto che si chiama Antonio.

Cela pose quelques petits problèmes d'accord des temps et des modes verbaux, que nous allons résumer dans les tableaux ci dessous :

PROPOSITION PRINCIPALE AU PRÉSENT OU AU FUTUR DE L'INDICATIF : les verbes ne changent ni de temps ni de mode entre le discours direct et le discours indirect	
DIRECT	**INDIRECT**
Dice : – Vado a Roma.	Dice che va a Roma.
Dice : – Se avessi avuto i soldi, sarei andato a Roma.	Dice che se avesse avuto i soldi, sarebbe andato a Roma.
l'impératif seul change, et devient infinitif (précédé par *di*) ou subjonctif présent (précédé par *che*)	
Mi dice : – Va' a Roma !	Mi dice di andare a Roma. Mi dice che io vada a Roma.

PROPOSITION PRINCIPALE AU PASSÉ : les verbes suivent les règles de l'accord des temps et des modes, à savoir :	
DIRECT	**INDIRECT**
Ieri mi ha detto : – **Vado** a Roma. *indicatif présent*	Ieri mi ha detto che **andava** a Roma. *indicatif imparfait*
Ieri mi ha detto : – **Sono andato** a Roma. *indicatif passé composé*	Ieri mi ha detto che **era andato** a Roma. *indicatif plus-que-parfait*
Ieri mi ha detto : – Non sono sicuro che il treno delle due **vada** a Roma. *subjonctif présent*	Ieri mi ha detto che non era sicuro che il treno delle due **andasse** a Roma. *subjonctif imparfait*
Ieri mi ha detto : – **Andrò** a Roma. *indicatif futur*	Ieri mi ha detto che **sarebbe andato** a Roma. *conditionnel passé*
Ieri mi ha detto : – **Vorrei** andare a Roma. *conditionnel présent*	Ieri mi ha detto che **avrebbe voluto** andare a Roma. *conditionnel passé*
l'impératif devient infinitif (précédé par *di*) ou subjonctif imparfait (précédé par *che*)	
Ieri mi ha detto: – Va' a Roma !	Ieri mi ha detto di andare a Roma. Ieri mi ha detto che io andassi a Roma.

LES DISCOURS DIRECT ET INDIRECT

1. Transformez le discours direct en indirect.

Exemple : Luigi gli aveva detto : – Mi piacerebbe comprarmi una macchina.
→ Luigi gli aveva detto che gli sarebbe piaciuto comprarsi una macchina.

a. L'annuncio diceva : « Cerchiamo persone esperte in informatica ».
→ ....

b. La gente gridava : – Dateci del pane !
→ ....

c. Luisa ci ha detto : – Non verrò con voi in discoteca perché domani avrò un esame.
→ ....

d. Domani ti chiamerò e ti dirò : – Guarda il meteo prima di partire !
→ ....

e. Luisa dice : – Ho vent'anni e sono italiana.
→ ....
....

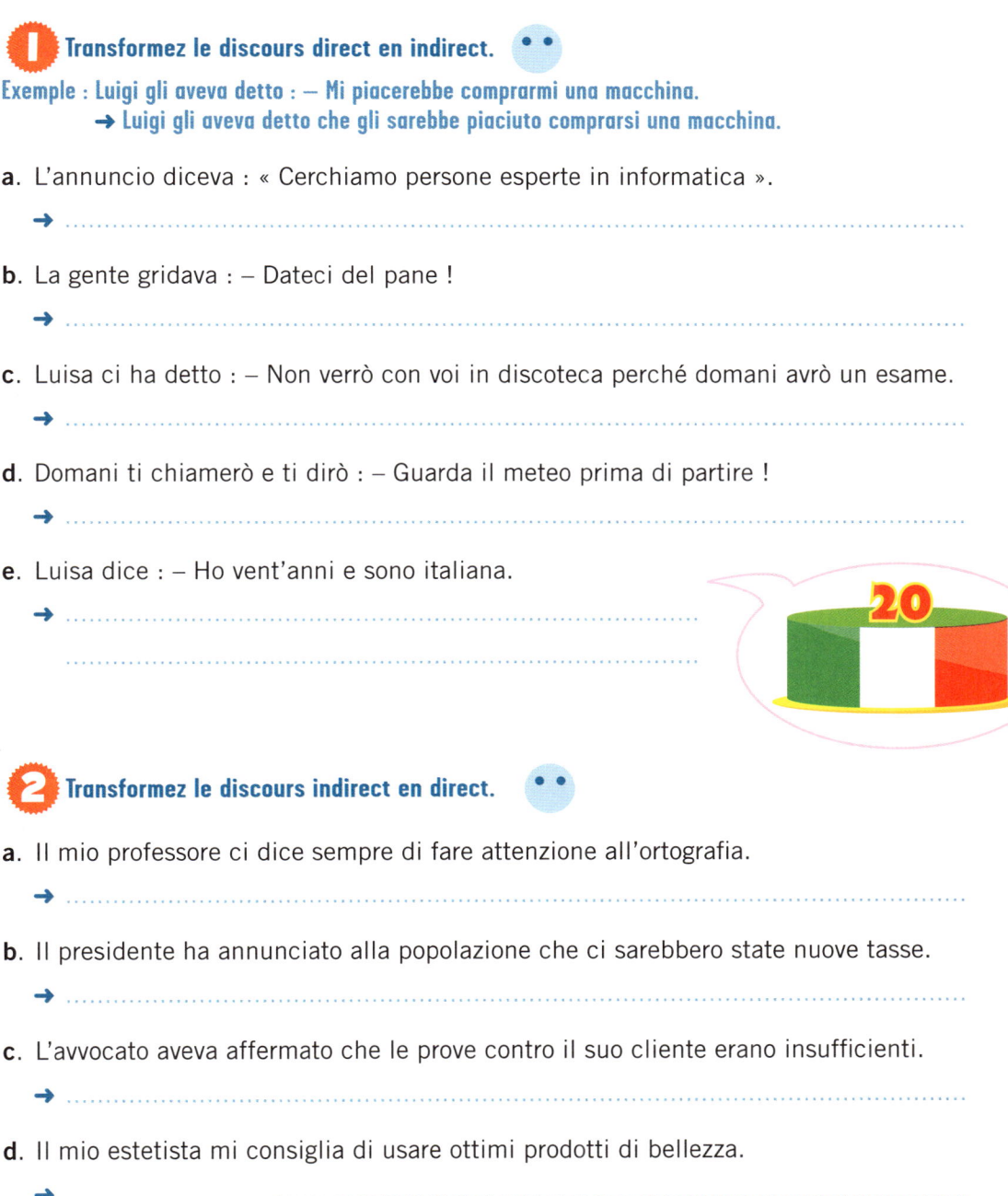

2. Transformez le discours indirect en direct.

a. Il mio professore ci dice sempre di fare attenzione all'ortografia.
→ ....

b. Il presidente ha annunciato alla popolazione che ci sarebbero state nuove tasse.
→ ....

c. L'avvocato aveva affermato che le prove contro il suo cliente erano insufficienti.
→ ....

d. Il mio estetista mi consiglia di usare ottimi prodotti di bellezza.
→ ....

e. Il giornalista aveva scritto che le elezioni erano vicine.
→ ....

LES DISCOURS DIRECT ET INDIRECT

3 Ecrivez dans la bulle de Pino le discours indirect correspondant au discours direct dans la bulle de Lucio.

Lucio : « Mi piacciono i gelati e ne mangerei volentieri uno subito, ma sono a dieta ! »

Pino : Dice che ....

4 Ecrivez dans la bulle de Pino le discours indirect correspondant au discours direct dans la bulle de Carlo.

Carlo : « Sono arrabbiato perché il mio televisore si è rotto proprio il giorno della partita di calcio della mia squadra preferita. »

Pino : Dice che ....

5 Ecrivez dans la bulle de Pino le discours indirect correspondant au discours direct dans la bulle de Leone.

Leone : « Mi hanno detto che con la mia bella presenza potrei fare l'attore di cinema, ma forse mi hanno fatto uno scherzo. »

Pino : Dice che ....

6 Rébus.

LES DISCOURS DIRECT ET INDIRECT

Quand le discours indirect est une question : la proposition interrogative indirecte

PROPOSITION PRINCIPALE AU PRÉSENT OU AU FUTUR DE L'INDICATIF : la subordonnée est au subjonctif	
DIRECT	**INDIRECT**
Mi chiede : – **Vai** a Roma ? *indicatif présent*	Mi chiede se io **vada** a Roma. *subjonctif présent*
Mi chiede : – **Sei andato** a Roma ? *indicatif passé composé*	Mi chiede se io **sia andato** a Roma. *subjonctif passé*
PROPOSITION PRINCIPALE AU PASSÉ	
Mi ha chiesto : – **Vai** a Roma ? *indicatif présent*	Mi ha chiesto se io **andassi** a Roma. *subjonctif imparfait*
Mi ha chiesto : – **Sei andato** a Roma ? *indicatif passé composé*	Mi ha chiesto se io **fossi andato** a Roma. *subjonctif plus-que-parfait*

Dans l'italien parlé courant, il arrive d'entendre l'indicatif utilisé à la place du subjonctif dans ce type de phrase, mais cela reste plutôt inélégant, voire… incorrect !

Dans des contextes où il agit moins de rendre une question qui a été réellement posée qu'un questionnement intérieur, un doute, etc., cette construction sera également utilisée, avec des verbes comme : **domandare, informarsi, sapere, ignorare, dubitare**, etc.
Non so dove sia andato Luigi, *je ne sais pas où est allé Luigi.*

7 Transformez le discours direct en indirect avec une proposition interrogative.

a. Ci aveva chiesto : – Dove si trova la città di Treviso ?
→ ....

b. Cinzia gli ha chiesto : – Ti ricordi dove abbiamo parcheggiato la macchina ?
→ ....

c. Allora lui mi domanda : – Conosci una buona pizzeria da queste parti ?
→ ....

d. Una volta spesso mi domandavo : – Qual è il senso della vita ?
→ ....

LES DISCOURS DIRECT ET INDIRECT

8 Transformez le discours indirect en direct.

a. Mi chiedeva sempre che ora fosse, e diceva che per lui là il tempo non passava mai.

→ ....

b. Ci chiede che cosa facciamo questa sera e se abbiamo voglia di uscire con loro.

→ ....

c. Quel giorno mi aveva domandato se volevo sposarlo.

→ ....

9 Complétez avec la forme correcte du subjonctif.

a. Non capisco perché il signor Rossi non .... **(lavorare)** con più entusiasmo.

b. Nessuno di noi riusciva a immaginarsi dove .... **(nascondersi)** il gatto, e alla fine era in un armadio !

c. Non so dire quale macchina mi .... **(piacere)** di più, tra la Ferrari e la Lamborghini.

d. È inutile continuare a domandarsi di chi .... **(essere)** la colpa, questo è il passato, ora bisogna agire.

La phrase hypothétique dans le discours indirect, quand la proposition principale est au passé

Les trois formes que nous avons vues au chapitre 16 se réduisent à une seule :

DISCOURS DIRECT	DISCOURS INDIRECT
Diceva : – Se ho i soldi, vado a Roma. **(MODE « RÉEL »)**	Diceva che se avesse avuto i soldi, sarebbe andato a Roma.
Diceva : – Se avessi i soldi, andrei a Roma **(MODE « POTENTIEL »)**	
Diceva : – Se avessi avuto i soldi, sarei andato a Roma **(MODE « IRRÉEL »)**	

Si la proposition principale est au présent, nous savons que les temps des verbes de la phrase hypothétique ne changent pas.

LES DISCOURS DIRECT ET INDIRECT

10 Ecrivez dans la bulle de Pino le discours indirect correspondant au discours direct dans la bulle de Sandro.

Sandro : Se fossi ricco mi comprerei una macchina, andrei al ristorante tutti i giorni e mi vestirei sempre all'ultima moda. Purtroppo non è cosi e mi devo accontentare !

Pino : Dice che ....

11 Ecrivez dans la bulle de Pino le discours indirect correspondant au discours direct dans la bulle de Sandro.

Sandro : Se fossi ricco mi comprerei una macchina, andrei al ristorante tutti i giorni e mi vestirei sempre all'ultima moda. Purtroppo non è cosi e mi devo accontentare.

Pino : Diceva che ....

Ces verbes qui ne changent pas…

Voici les temps (et modes) verbaux qui ne changent pas au passage du discours direct au discours indirect : imparfait et plus-que-parfait de l'indicatif et du subjonctif, infinitif, gérondif et participes.

12 Transformez le discours direct en indirect.

a. Diceva : – Per diventare ricchi bisogna avere fortuna.
→ ....

b. Gridava : – Parlando così forte, mi impediscono di ascoltare la musica !
→ ....

c. Mi ha detto : – Finito di lavorare, andrò subito a casa.
→ ....

Bravo, vous êtes venu à bout du chapitre 19 ! Il est maintenant temps de comptabiliser les icônes et de reporter le résultat en page 128 pour l'évaluation finale.

20
Jeux de vocabulaire et exercices de récapitulation

Cette dernière partie est consacrée à des jeux destinés à tester votre vocabulaire italien et, surtout, à vous amuser avec !

1 Cherchez l'intrus parmi les mots suivants.

albero   FRUTTO   bocciolo   germoglio
fiore   giardiniere   arbusto   radice

2 ANAGRAMMES : en changeant l'ordre des syllabes ou des lettres des mots ci-dessous, vous en obtiendrez d'autres : écrivez-les dans les cases en dessous.

VO	LA	TA

RI	MA	NI

R	A	T	T	O

S	A	N	O

T	O	R	T	U	R	A

S	O	L	A	I

L	A	T	O

V	E	L	A

3 Regroupez les mots suivants dans trois familles.

zio   gatto   nuora
coniglio   genero   sega
martello   pecora   vite
cognato   leone   chiodo

a. ....
....

b. ....
....

c. ....
....

JEUX DE VOCABULAIRE ET EXERCICES DE RÉCAPITULATION

4 Associez chacun des noms de métier et de profession suivants au nom d'objet qui lui correspond.

- medico • • sega
- meccanico • • pennello
- falegname • • cazzuola
- agricoltore • • stetoscopio
- muratore • • chiave inglese
- imbianchino • • zappa

5 Dans le petit texte suivant, complétez avec les mots manquants, selon le sens.

Ieri mattina sono andato dal .... a comprare il pane. Non volevo andare a piedi perché pioveva, allora ho preso la mia .... Mi sono però accorto, tendendo bene l'orecchio, che faceva un .... strano, allora sono corso dal .... per fargliela controllare. Mi ha detto che non era niente di grave, ma era necessario cambiare l'olio. Guardando le quattro ...., ha anche notato che i pneumatici erano sgonfi e mi li ha rigonfiati. Uscito da là, sono finalmente potuto andare a comprare il pane e ho fatto ...., con pane, marmellata e un buon .... ristretto !

6 Ajoutez une lettre quelque part à chacun des mots suivants afin d'en obtenir un autre.

a. **LIBRO** → ....
b. **LAGO** → ....
c. **COSA** → ....
d. **GIRO** → ....
e. **NONO** → ....

7 Enlevez une consonne quelque part à chacun des mots suivants afin d'en obtenir un autre.

a. **CASTELLO** → ....
b. **PORCO** → ....
c. **SESTA** → ....
d. **DISCO** → ....

8 Changez une consonne quelque part à chacun des mots suivants afin d'en obtenir un autre.

a. **FESTA** → ....
b. **CUCINA** → ....
c. **ARTO** → ....
d. **MICA** → ....
e. **TONTA** → ....

9 Vous pouvez ici vous aider d'un dictionnaire ; ajoutez une lettre à chacun des mots suivants pour en former un autre.

a. **PER** → ....
b. **CARA** → ....
c. **TETRO** → ....
d. **DI** → ....
e. **CARTA** → ....
f. **SALTARE** → ....

JEUX DE VOCABULAIRE ET EXERCICES DE RÉCAPITULATION

Les caprices du « H »

La lettre **H** ne se prononce pas en italien. Néanmoins, sa présence ou son absence dans l'orthographe peuvent totalement modifier la signification d'un mot. Voyons quelques pièges orthographiques typiques (les écoliers italiens en savent quelque chose !) :

ha : « il a »
hai : « tu as »
o : « ou »
anno : « année »

a : préposition « à »
ai : article contracté « aux »
ho : « j'ai »
hanno : « ils ont »

ahi ! : « aïe ! »
oh ! : « ho ! »

10 Vous rendez visite à votre ami italien Guido lundi prochain. Il viendra vous chercher à la gare et vous a donc écrit un e-mail pour mettre au point le rendez-vous. Mais certains mots se sont perdus en chemin ! Complétez le texte sachant que chaque tiret correspond à une lettre.

Caro amico,
__ scrivo questa mail per metterci d'accordo per il ___ arrivo _____ mattina della _____ prossima. Verrò personalmente in macchina a prenderti alla _____ al tuo arrivo. A ____ ora arriva il tuo treno ? Sono molto contento che tu venga finalmente a visitare Pisa, ____ è una bellissima città. Ti inviterò a casa ____ a pranzo e ti farò conoscere i _____ genitori. Poi andremo a vedere la famosa torre e il duomo. A presto
Il tuo amico Guido

11 Puis répondez aux questions suivantes concernant le texte ci-dessus (en italien, bien sûr).

a. Come andrà Guido a prendere il suo amico ?

→ ....

b. In che città abita Guido ?

→ ....

c. Il suo amico è già andato a trovarlo nella sua città o è la prima volta ?

→ ....

d. Con chi abita Guido ?

→ ....

JEUX DE VOCABULAIRE ET EXERCICES DE RÉCAPITULATION

 CRUCIVERBA : dans les mots croisés qui suivent, certaines définitions sont en italien et d'autres en français : amusez-vous bien !

Horizontalement
1. Palermo (sigle)
3. Bologna (sigle)
7. Tu obéis
10. Ils trouvent
11. Le dieu grec des vents (en italien, bien sûr !)
12. Les initiales de l'actrice italienne Valentina Lodovini
14. Dégonfler
17. Troisième personne du pluriel de l'indicatif présent de **sagomare**
18. La capitale, bien sûr !
20. L'article défini dans le dialecte de Rome
22. *Non è né mio né tuo...*
24. *Il segno della moltiplicazione*
26. *Se non è « no », è ….*
27. *Silenziosa*

Verticalement
1. Ah, si nous pouvions !
2. Il abroge
3. Ils boivent
4. L'impératif de politesse de *udire*
5. Ils isolent
6. L'impératif de *dire*
8. Les habitants de Bologna
9. Envoyer
13. Le monarque à une syllabe !
15. Modulation de fréquence
16. Reading only memory
19. Ouvrez, monsieur
23. *Un mago famoso*
24. *Poste e telecomunicazioni*
25. Une conjonction latine

JEUX DE VOCABULAIRE ET EXERCICES DE RÉCAPITULATION

13. Complétez ces phrases en utilisant les mots de la liste ci-dessous (chaque mot ne peut être utilisé qu'une seule fois).

o   **anno**   **AI**   **hai**   **hanno**

a. Abbiamo spiegato .... nostri amici come venire da noi.

b. Quanti anni .... ?

c. Preferisci la carne .... il pesce ?

d. Che .... detto i tuoi genitori ?

e. In che .... sei andato a vivere in Italia ?

14. Un peu de révision des verbes : complétez le tableau ci-dessous avec la forme correcte du verbe, à la personne de l'exemple indiqué dans chaque ligne.

INDICATIF PRÉSENT	PASSÉ COMPOSÉ	IMPARFAIT	FUTUR	CONDITIONNEL PRÉSENT	CONDITIONNEL PASSÉ
parlo		parlava			
	abbiamo ripetuto				
			crederà		
					avreste finito
				porterebbero	
	abbiamo obbedito				
ascoltano					
				porterei	
		vendevate			
					avrebbero telefonato

JEUX DE VOCABULAIRE ET EXERCICES DE RÉCAPITULATION

15 Associez à chaque forme verbale le pluriel correspondant. Exemple : canterei (1re personne du singulier du conditionnel présent) – canteremmo (1re personne du pluriel du conditionnel présent)

a. ripeterà → ....
b. risolverebbe → ....
c. suoni → ....
d. telefonava → ....
e. ho sentito → ....
f. aprirai → ....
g. finisco → ....
h. venderesti → ....

16 Faites maintenant le contraire : associez à chaque forme verbale le singulier correspondant :

a. porterebbero → ....
b. avremo saputo → ....
c. avevate → ....
d. parlavamo → ....
e. vendichereste → ....
f. parcheggeranno → ....
g. suonano → ....
h. spedite → ....

17 Après tant d'efforts, voici un petit jeu : trouvez 6 participes passés irréguliers (accordés au masculin ou au féminin, au singulier ou au pluriel) dans cette grille (à la verticale, l'horizontale ou en diagonale, à l'endroit ou à l'envers).

O	T	S	O	P
S	R	T	R	O
O	S	E	P	S
R	S	S	S	T
E	D	A	T	O

18 Trouvez 1 infinitif, 2 gérondifs, 1 participe présent et 10 participes passés (accordés au masculin ou au féminin, au singulier ou au pluriel) dans cette grille (à la verticale, l'horizontale ou en diagonale, à l'endroit ou à l'envers).

O	D	N	A	V	O	R	T
T	B	A	V	U	T	I	R
U	W	B	V	Y	A	P	E
D	I	M	E	S	S	O	M
A	M	A	N	D	O	S	A
C	A	D	U	T	I	A	R
C	A	N	T	A	N	T	E
A	C	C	O	L	T	O	O

Bravo, vous êtes venu à bout du chapitre 20 ! Il est maintenant temps de comptabiliser les icônes et de reporter le résultat en page 128 pour l'évaluation finale.

SOLUTIONS

1. Alphabet et phonétique

3.

SON	k	tch	ch	g	dj
parchi	✓				
porci		✓			
giardino					✓
prosciutto			✓		
Ischia	✓				
Procida		✓			
piccino		✓			
piccolo	✓				
lasciare			✓		
lanciare		✓			
lunghissimo				✓	

4. Crossword grid with: PASQUA, PU/UP, ELEFANTE, SCHEDA/S, CENTRO/C, E/O/A

5. Firenze ○○●●○●○ Napoli ○●●○○ canzone ○●●○○○○ macchina ●●○○○○○ Federico ○○●○○○○ Antonella ○○●○○○○○ cantavano ●●○○○○○○○ fantastico ○○●○○○○○○ felicità ○○○● raccontatemelo ●●○○○○○○○○○○○○.

6. Crossword: VALIGIA, COSCIA, LUCE, RUSCELLO, AGNELLO, CILIEGIA, SCATOLA

7. a. carro *(char)* b. palla *(balle)* c. sette *(sept)* d. torri *(tours)* e. tonno *(thon)* f. unno *(hun)* g. rissa *(rixe)*.

8. a. ghetto *(ghetto)* b. doghe *(lattes)* c. ricchi *(riches)* d. rocche *(châteaux forts)* e. pesche *(pêches)* f. schema *(schéma)*.

2. Articles, noms et adjectifs

1. 1b – 2f – 3c – 4e – 5d – 6a

2. **l'**amico – **la** bambina – **degli** italiani – **lo** psicologo – **i** quadri – **gli** autobus.

3.

Masculin	Féminin
il nonno	la nonna
il bambino	la bambina
gli amici	le amiche
i maestri	la maestra
lo zio	la zia
il cantante	la cantante
lo scolaro	la scolara
un tedesco	una tedesca
dei francesi	delle francesi

4. a. la b. il c. gli d. lo e. il f. le g. le h. il.

5.

Singulier	Pluriel
il dottore inglese	i dottori inglesi
la foto interessante	le foto interessanti
il tè profumato	i tè profumati
il viaggio istruttivo	i viaggi istruttivi
un autobus strapieno	degli autobus strapieni
un'analisi pertinente	delle analisi pertinenti

6.

Masculin	Féminin
il principe felice	la principessa felice
l'attore brillante	l'attrice brillante
lo scolaro disubbidiente	la scolara disubbidiente
l'elefante paziente	l'elefantessa paziente
il presidente carismatico	la presidentessa carismatica
i venditori convincenti	le venditrici convincenti

7. a. Faux b. Vrai c. Faux d. Vrai e. Vrai f. Vrai.

8. a. mura b. i muri c. corni d. le corna e. le ossa f. ossi g. i bracci h. le braccia i. le fila j. i fili.

9.

Singulier	Pluriel
l'uovo fresco	le uova fresche
il paio identico	le paia identiche
la mano grande	le mani grandi
il muro del castello	le mura del castello
l'occhio azzurro	gli occhi azzurri
il fuoco acceso	i fuochi accesi
lo sport divertente	gli sport divertenti
l'arma mortale	le armi mortali
il cane fedele	i cani fedeli
il ragazzo socievole	i ragazzi socievoli
lo studente studioso	gli studenti studiosi
lo zio ricco	gli zii ricchi
lo psicologo intuitivo	gli psicologi intuitivi

10. a. Gli album servono per disegnare. b. Le corna dei tori sono molto appuntite. c. Gli occhi dei gatti vedono nell'oscurità. d. Le mani stringono gli oggetti. e. I fili elettrici sono stati collegati.

3. Les noms altérés et les degrés de l'adjectif qualificatif

1. a. one b. accia c. ino d. ona e. astro f. ello g. olo h. acci i. one j. ini.

2.

Augmentatifs	Diminutifs	Péjoratifs	Diminutifs gracieux	« Faux » altérés
nasone	ditino	ventaccio	famigliola	bambino
omaccione	giretto	ragazzaccio	barchetta	bottone
	librino		cagnetto	girino
	cenetta			torrone
				mattina
				sigaretta

3. a. grilletto b. bastone c. rapina d. barone e. postino.

4. a. più lungo che faticoso b. meno lontana da Firenze che da Milano c. più studioso di me d. meno bella di sua sorella e. meno noioso che riposarsi f. con lui che con suo fratello g. tanto simpatico quanto Claudio.

5. 1c – 2g – 3b – 4f – 5d – 6e – 7h – 8a

6. a. il più bello b. bellissimo c. saporitissimo d. la più saporita e. il più interessante f. interessantissimo.

7. a. pessima b. superiore c. inferiore d. migliore e. ottimo / minimo f. maggiore / il sommo.

SOLUTIONS

❽ a. grasso di **b.** grasso di **c.** magrissimo **d.** grassissimo **e.** il più magro **f.** il più grasso.
❾ a. buono di **b.** buono di **c.** cattivissimo **d.** buonissimo **e.** il più cattivo **f.** il più buono.

4. Les chiffres et le temps

❶ 5 + 6 → undici / 9 x 9 → ottantuno / 20 – 4 → sedici / 24 : 2 → dodici / 7 x 9 → sessantatré / 161 + 11 → centosettantadue / 172 – 10 → centosessantadue.
❷ a. sette **b.** trentatré **c.** ventuno **d.** trentuno **e.** tredici **f.** trentasei **g.** diciotto.
❸ a. dieci **b.** nove **c.** ventuno **d.** quaranta.
❹ sessantanove. 69 est le seul impair.
❺ a. trentaquattresimo **b.** sessantasettesimo **c.** dodicesimo **d.** seicentoduesimo **e.** millesimo **f.** quindicesimo **g.** ottavo.
❻ a. albero **b.** palloncino **c.** montagna **d.** sottomarino **e.** coltello **f.** pettine **g.** quaderno **h.** orologio **i.** ombrellone **j.** prestigiatore **k.** impermeabile → RINOCERONTE.
❼ a. tre e venticinque oppure quindici e venticinque **b.** cinque e quindici oppure cinque e un quarto oppure diciassette e quindici **c.** undici e tre quarti oppure undici e quarantacinque oppure ventitré e quarantacinque **d.** sette e quaranta oppure otto meno venti oppure diciannove e quaranta **e.** una e quarantacinque oppure una e tre quarti oppure tredici e quaranta cinque oppure due meno un quarto.
❽ otto e trenta – un quarto – mezza – pranzare – quattordici – diciotto – nove – mezzogiorno – mezza – sedici – diciotto e trenta – venti – colazione – otto – mezzogiorno – venti e trenta – sette e mezza – nove – dodici – diciotto e trenta.
❾ a. Alle otto **b.** Alle dodici e trenta **c.** Alle venti **d.** Apre alle nove e chiude alle diciotto **e.** Il lunedì, il mercoledì e il venerdì alle nove e trenta **f.** Il mercoledì **g.** Alle sedici e trenta **h.** Si visita la salina.

5. Adjectifs et pronoms possessifs et démonstratifs

❶ sua – il suo – i loro – la loro – la sua – la loro – della sua.
❷ a. i loro **b.** la sua **c.** i loro **d.** i miei **e.** la tua **f.** un suo.
❸

Singulier	Pluriel
un mio amico	dei miei amici
il tuo fratellino	i tuoi fratellini
la loro casa	le loro case
la vostra macchina	le vostre macchine
nostra madre	le nostre madri
la sua bicicletta	le sue biciclette

❹ a. No, non è nostra, è sua. **b.** No, non è mia, è di Carlo. **c.** No, non sono nostre, sono tue. **d.** No, non è di Luca (non è suo), è mio. **e.** Sì, è mia **f.** Sì, sono nostre.
❺ a. quella **b.** questa **c.** quel **d.** quegli **e.** quello **f.** questa.
❻ a. ciò che ou quello che **b.** quella **c.** ciò che ou quello che **d.** colui che **e.** quelli **f.** quello che.
❼ a. Non se n'è accorto **b.** Non ci credo **c.** Me ne occuperò io **d.** Non me ne importa niente **e.** Ci penseremo domani **f.** Non ne mangio.
❽ ciò est le seul qui ne peut jamais se référer à une personne.
❾ a. questo – il mio **b.** ciò che – il suo **c.** questa vostra – ci **d.** coloro che – le mie.
❿ il tuo → fratellino / suo → padre / nostra → madre / la mia → mamma / quell' → imbroglio / quegli → istituti.
⓫ mio – il suo – la mia – il suo – la sua – i miei – il mio – mio.
⓬ mio fratello Giacomo – la mia sorellina Susanna – il mio papà – la mia mamma – i miei nonni – La mia famiglia.
⓭ a. museo – capitale **b.** giorni – feste **c.** dottoressa – casa **d.** suo – cane.

6. Indicatif présent des verbes *essere* et *avere* et conjugaisons régulières

❶ a. hanno **b.** ho – sono **c.** avete **d.** è / sono **e.** siete **f.** ho **g.** abbiamo **h.** ha.
❷ a. costruiamo **b.** hanno **c.** dipingono **d.** camminate **e.** ubbidisco **f.** stupisce **g.** sentiamo **h.** capite.
❸ a. ascoltano **b.** porto **c.** studia **d.** abbiamo **e.** sei **f.** canta **g.** guida **h.** capisce **i.** sente **j.** prendiamo.
❹ a. pensate **b.** suona **c.** siete **d.** finisco **e.** ha.
❺ io e mia sorella → giochiamo / il cane dei vicini → abbaia / i soldati → ubbidiscono / il coro dell'opera → canta / voi pittori → dipingete / caro amico → lavori troppo.
❻ partiamo est la seule forme plurielle.
❼ a. cerchiamo **b.** piangete **c.** preghi **d.** peschiamo **e.** dipingono **f.** vinco **g.** paghiamo **h.** tocchi.
❽ a. prendiamo **b.** costruisci **c.** pulite **d.** attendi **e.** ascolta **f.** ubbidisci **g.** capiamo **h.** paghiamo.
❾ a. PUNIRE **b.** VOLARE **c.** PARARE **d.** MIRARE **e.** CONTARE **f.** RAPIRE **g.** RESTARE **h.** VENDERE.
❿ a. cantiamo **b.** capisco **c.** hai **d.** preferisce **e.** pulisco **f.** aspettiamo.
⓫ CANTARE – CONTARE – PORTARE – LOTTARE – ASCOLTARE – SCORTARE – SORPRENDERE – PRENDERE – MORDERE – ATTENDERE – SPENDERE – ACCENDERE – APRIRE – MORIRE – NUTRIRE – COPRIRE – OFFRIRE – SOFFRIRE.
⓬ squadra → insieme di giocatori / coro → insieme di cantanti / folla → insieme di persone / costellazione → raggruppamento di stelle / migliaio → insieme di mille unità / orchestra → insieme di suonatori di strumenti musicali / catena → serie di anelli / pattuglia → gruppo di militari o agenti di polizia.
⓭ un omino – un uomo – un omone
un nasino – un naso – un nasone
⓮

L	A	M	P	A	D	I	N	A
E		A		R				L
O	T	T	I	M	A			I
N	O	N	A		G	R	U	
E	R		C	H	E		S	
S	O	N	O			M	T	
S					S	I	R	
A	T	T	R	I	C	I	A	

7. Passé composé, imparfait et plus-que-parfait

❶ a. avete finito **b.** ha avuto **c.** abbiamo lavorato **d.** sono andate **e.** è partito **f.** siete stati **g.** ha capito **h.** ho parlato **i.** ha studiato **j.** è piaciuto.
❷ a. mangio – ho **b.** ho mangiato – ho avuto **c.** è arrivato **d.** arriva **e.** teme **f.** ha temuto **g.** andiamo **h.** siamo andati **i.** funziona **j.** è funzionata.
❸ é : 1-4-6-7
ha : 2-3-5
❹ a. sono saputi **b.** abbiamo dovuto **c.** è voluta **d.** si sono potuti **e.** siamo potuti **f.** ha potuto **g.** sono dovuto **h.** siamo dovuti **i.** sono dovuti **j.** hanno potuto.
❺ a. credevi **b.** prendevano **c.** partivamo **d.** vestivo **e.** ascoltavate **f.** capiva **g.** guidava **h.** leggevamo **i.** studiavano **j.** ballavi **k.** vendevate **l.** andavo **m.** dormiva **n.** capivate.
❻ a. eravamo – suonavamo – cantavamo **b.** avevano – era – **c.** chiedevano leggeva – **d.** lavoravamo credevamo.
❼ a. era uscita **b.** avevo avvertito **c.** eravamo partiti **d.** aveva – mai – avuto **e.** eravamo stati.
❽ a. abbiamo cominciato – capivo – era – sono migliorata **b.** ha spiegato – avevo capito **c.** è arrivato – parlavo **d.** siamo usciti – era sembrata – è accaduto **e.** mangiavo – ho cominciato **f.** portavano **g.** abbiamo incontrato – andava – aveva telefonato **h.** ho sentito – suonava – era – ricordava – avevamo parlato.

SOLUTIONS

9 accendere → spegnere / aprire → chiudere / accettare → rifiutare / alzare → abbassare / accelerare → rallentare / mettere → togliere.

10 a. hai – ai b. ho – o c. ha – a.

11 Cappuccetto Rosso <u>era</u> una brava bambina che <u>voleva</u> molto bene alla sua nonna. Domenica la mamma le <u>ha detto</u> che la nonna <u>era</u> malata e le <u>ha domandato</u> di andare a trovarla per portarle una torta.
Mentre <u>camminava</u> nel bosco, <u>ha incontrato</u> il lupo, che le <u>ha domandato</u> dove <u>andava</u>. Cappuccetto Rosso gli <u>ha risposto</u> che <u>andava</u> a casa della nonna al limite del bosco. Il lupo allora <u>è andato</u> dalla nonna, <u>è entrato</u> nella sua casa e l' <u>ha mangiata</u>. Poi <u>si è travestito</u> da nonna e <u>si è messo</u> nel suo letto.
Quando <u>è arrivata</u> dalla nonna, Cappuccetto Rosso <u>ha preso</u> il lupo per la nonna, <u>si è avvicinata</u> e il lupo <u>ha mangiato</u> anche lei.
<u>Passava</u> di là un cacciatore, gli <u>ha sparato</u> e gli <u>ha aperto</u> la pancia, da cui <u>sono usciti</u> Cappuccetto Rosso e la nonna che, insieme al cacciatore, <u>hanno festeggiato</u> e <u>hanno mangiato</u> la torta preparata dalla mamma.

8. Futur, futur imminent et conditionnel

1 a. sarò b. aprirà c. ricorderò d. sarà – dirai e. prenderai f. partirò g. avrai h. saremo – ascolteremo i. sarete – direte j. canterò.

2 a. saranno partiti – saremo b. continuerà – finirà c. avrò finito – raggiungerò d. partiranno e. avrete cominciato – direte f. avrò finito – tornerò – preparerò g. partiremo – avrà controllato h. saranno tornati – ci sarà i. avrai compiuto – sarai j. lascerò – avrai studiato.

3 a. dimenticherai b. pagherà c. toccheremo d. creerete e. diranno f. stancherò g. prenderanno h. lascerà i. praticheremo j. vendicherai k. parcheggeranno.

4 a. Non lo so, sarà a casa. b. Non lo so, porterà il trentotto. c. Non lo so, ne avrà venticinque. d. Non lo so, l'avrà comprato al supermercato. e. Non lo so, sarà il postino. f. Non lo so, saranno le due. g. Non lo so, faranno quaranta gradi. h. Non lo so, saremo a una trentina di chilometri. i. Non lo so, chiuderà alla sette e mezza. j. Non lo so, avrà mangiato pasta e pizza.

5 a. stanno per pranzare – stanno pranzando b. sta per andare a dormire – è appena andato a dormire c. sta lavorando d. sta per finire – ha appena finito e. sto studiando.

6 a. parlereste b. finirebbero c. avremmo ubbidito d. chiuderesti e. sarebbe piovuto f. apriresti g. sarebbe arrivato h. avremmo capito i. saresti stato j. avreste avuto.

7 a. vorrei b. sarebbe c. avresti dovuto d. avrei e. avrei voluto.

8 a. avresti terminato b. potresti c. giocherei d. avrebbe potuto e. sarebbe f. avrei giocato.

9. Formes passive, impersonnelle, réfléchie et pronominale

1 a. è stato votato b. sarà (verrà) terminata c. sarai (verrai) eliminato d. è (viene) seguita e. è (viene) apprezzata f. sarà (verrà) vista g. è stato arrestato h. saresti stato i. è (viene) mangiato j. è stato comprato.

2 a. Ogni giorno la pasta è (viene) mangiata dagli italiani b. Il golfo di Napoli è (viene) attraversato da molte navi c. È molto stimato dai suoi amici d. Sono stato svegliato da un rumore improvviso e. Tutti i gioielli sono stati rubati dai ladri f. I compiti per domani sono stati fatti dall'alunno. g. Il gatto è stato rincorso dal cane.

3 a. Tutti hanno accusato Mario e Gino b. La famiglia del malato ha chiamato il dottore c. La sua distrazione ha penalizzato lo studente d. L'autista guida la macchina con attenzione e. Il giudice ha condannato il ladro ad una pena severa f. Gli elettori hanno eletto i deputati. g. I cittadini eleggeranno il consiglio comunale.

4 a. Quell'uomo è visto da tutti come una brava persona b. La sua canzone sarà cantata da milioni di persone c. La lezione èstata spiegata dal professore a tutti gli studenti d. La mia macchina è stata riparata da mio zio. e. Questa spiaggia è frequentata da numerosi turisti. f. Mi aveva assicurato che sarei stato chiamato da suo cugino. g. Sono disturbato da questa musica! h. Sarai (verrai) certamente assunta dalla sua impresa. i. Ero (venivo) sempre chiamato dal mio direttore il sabato e la domenica.

5 a. In Italia si mangiano spesso gli spaghetti b. Negli ultimi anni si sono fatti molti progressi nell'igiene di vita. c. Nella mia città si sono sentite dire cose strane su di te. d. Se si studia la musica in età giovane, si impara meglio. e. Quando si viaggia, si devono avere i documenti. f. Quando non ci si vede bene, si devono mettere gli occhiali. g. Quando si capiranno i problemi dell'ecologia, si vivrà meglio e più sani. h. Si fanno tante cose con il computer. i. Non si è più contenti di quello che si ha. j. In questa impresa si lavora tanto e si guadagna poco.

6 a. si è vestita b. mi alzerò c. ti alleni d. Mi sono pentito e. vi siete preoccupati.

7 a. si b. mi c. ci d. mi e. mi f. ti g. vi h. ci i. si j. si.

10. Verbes irréguliers

1 a. vanno b. fareste c. faranno d. faceva e. facevano f. daremmo g. andrebbe h. andrebbero i. farebbero j. facciamo.

2 a. siamo scesi b. vedrete c. vorrebbero d. tolgo e. valgono f. avrebbero spinto g. avrai riso h. dovrete i. dovreste j. vedreste.

3 a. salgono b. verreste c. escono d. uscirebbero e. avresti detto f. avevamo offerto g. ha aperto h. dicono i. dicevano j. sale.

4 a. sale b. vedrai c. verrà d. avete perso e. avrebbero corso f. devo g. sarai presa h. vengono i. è nata.

5 a. verrò b. siamo scesi c. avrai aperto d. appartengo e. voglio.

6 a. corsi b. divisi c. rimasti d. letto e. scelgo.

7 a. va b. è andata c. sono andati d. andranno.

8 a. hanno preso il treno b. beve c. berrà.

9 prendere → preso / fare → fatto / dire → detto / scrivere → scritto / venire → venuto / scendere → sceso / salire → salito.

10 hai fatto – sono uscita – è stata ou era – ho visto – faceva – vorrei – vuoi ou vorresti – verrò – sarò.

11 a. Se posso venire da voi, verrò sicuramente b. Ho scelto questa macchina perché mi piace molto c. Quando possono escono sempre, anche quando piove o nevica d. Abbiamo atteso molto tempo prima di telefonare da voi e. Non fai nessuno sport, ma dovresti.

12 a. Noi facciamo i nostri compiti e poi veniamo al cinema b. Io, quando vengo interrogato, spesso taccio c. Loro tengono molto al loro lavoro e ci vanno volentieri d. Voi sapete che verrete rimproverati dal vostro direttore.

13 a. sceso. b. vinto. c. acceso. d. uscito. e. riso. f. nato.

11. Les pronoms personnels simples et groupés

1 a. voi b. io c. tu d. loro e. lui f. tu g. loro h. tu i. noi j. io k. lui.

2 a. Parleremo noi b. Sarebbero partiti loro c. L'avete mangiato voi d. Verremmo noi e. Ci vai tu f. La spengono loro g. Lo farò io h. Lo tolgo io i. Risponderai tu j. Potrebbero loro.

3 a. ti – l' b. Ci c. Gli – mi – lo d. mi – le e. Gli – la f. Le – ci g. la – le h. mi – vi i. vi j. Ci.

4 a. gli b. ti c. te – ti d. la e. lo – mi – Lei f. le g. io h. noi i. gli j. noi – ti.

5 a. mi – ne – ci b. gli – ti – ne c. ci – ci – ne d. le – mi – io e. vi – ci – ne – ci – te f. ne – ne.

6 a. dirgli b. andarci c. Fatemi d. nominarla e. Raccontandoci f. Dettogli g. Falle h. Digli i. facentene parte j. andandolo.

SOLUTIONS

7 a. Avete dovuto tornarci b. L'ho voluto fare c. Avresti dovuto avvertirmi d. Sapremo persuaderli e. Non vi vorrei deludere f. Non abbiamo saputo andarci g. Non ne hanno voluto sapere h. Li volevano incontrare.

8 a. Ve ne parleremmo. b. Gliel'hanno proposto. c. Ce lo faranno vedere. d. Ce lo comprerete. e. Gliel'hai detto ? f. Ce ne andremo. g. Gliene hanno parlato. h. Ce ne hanno fatte vedere di tutti i colori !

9 a. Non ditemelo b. Parlagliene c. Siamo andati a comprarglielo d. Non vorrei mai privartene e. Lo fai soffrire, dicendoglielo f. Fateglielo vedere g. Accompagnandocela, passi di qui ?

12. Pronoms relatifs et interrogatifs

1 a. della quale ➔ di cui b. che ➔ i quali c. il quale ➔ che d. nel quale ➔ in cui e. che ➔ i quali f. per la quale ➔ per cui g. con cui ➔ con la quale h. in cui ➔ nella quale i. sul quale ➔ su cui j. di cui ➔ del quale.

2 a. di cui b. con cui c. in cui d. per cui e. a cui f. su cui g. per cui h. a cui i. di cui j. con cui.

3 a. Abbiamo incontrato ieri Carla, di cui ci avevate parlato b. Mio fratello sta leggendo un libro che Marco gli ha consigliato c. Filippo è un ragazzo simpatico, con cui vado molto d'accordo d. Abito in un bel quartiere, da cui si arriva in centro in pochi minuti e. Mi ha spiegato il problema per cui se n'è andato. f. Ho visitato una città in cui non ero mai stato g. Ho letto un libro da cui è stato tratto l'ultimo film del mio regista preferito h. Ti presteremo quel libro su cui abbiamo preparato l'esame di storia.

4 a. Il compagno il cui padre è così severo era tanto triste stamattina b. I miei amici mi hanno augurato buon compleanno, il che mi ha riempito di gioia c. Abbiamo dovuto pagare una grossa somma, il che non ci ha proprio arricchiti... d. Il cliente la cui macchina è parcheggiata davanti al portone è pregato di spostarla e. L'autore il cui libro ha vinto il primo premio ero alla televisione ieri sera f. Ho finalmente comprato la macchina di cui ti ho tanto parlato g. Domandagli ciò di cui hai bisogno h. La mia impresa è in crisi, il che mi preoccupa molto i. Avrebbero voluto *(sarebbero voluti)* andare in vacanza in quel posto di cui tutti parlano j. La persona la cui macchina è parcheggiata davanti alla porta è pregata di toglierla.

5 a. Chi b. quale c. Che (ou *Che cosa*) d. Quanto e. Che (ou *Che cosa*) f. Quanto g. chi h. chi i. chi j. Che (ou *Che cosa*).

6 a. Quante b. Quanti c. Che (ou *Quale*) d. che (ou *quale*) e. che f. che (ou *quale*) g. che (ou *quale*) h. quanti i. Che (ou *Quale*) j. che (ou *quale*).

7 a. quante b. Chi c. che d. Che e. Quale f. Quante g. Che h. che i. quanti j. che.

8 a. che cosa – quanto b. quali – chi c. chi – quale d. chi e. quanti – chi f. Quanta g. Quanti h. che (ou *quale*) i. che (ou *Quale*) j. che (ou *quale*).

13. L'impératif et la forme de politesse

1 a. Non ascoltate ! b. Non soffrire ! c. Prendiamo ! d. Ripeti ! e. Non apriamo ! f. Parti ! g. Vieni ! h. Togliamo ! i. Chiedete ! j. Poni !

2 a. Non prendere freddo ! b. Non andate così forte ! c. Mangia la tua pizza ! d. Abbi fiducia ! e. Siate puntuali ! f. Bevi molta acqua ! g. Vieni con me ! h. Sii gentile ! i. Lavorate bene ! j. Dormiamo poco tempo !

3 a. Portateglielo immediatamente ! b. Non spiegarglielo ! c. Raccontatecelo d. Dammene due ! e. Giuramelo f. Faccelo ! g. Compriamoglieli ! h. Leggetecelo ! i. Dateglielo ! j. Restaci !

4 a. Mostracele b. Raccontagliele c. Accompagnacelo d. Diccelo e. Stacci f. Vammela a prendere ! g. ditecela h. Pagaglielo i. Compriamoglieli j. Portateglielà.

5 a. Mi scusi, signora, avrei bisogno di vederla domani. b. Signore, eravamo venuti a portargliela. c. Dottore, mi aveva promesso che mi avrebbe ricevuto stamattina. d. Le avevamo chiesto di rispondercì al più presto. e. Gliel'avevo detto, ma Lei ha rifiutato di ascoltarmi. f. Signori, vogliono darmi i loro cappotti, per favore ? g. Signora, gliel'ho portato, come lei mi ha chiesto. h. Signor Direttore, la prego di scusarmi per il mio ritardo. i. Mi scusi, signora, non l'avevo sentita.

6 a. Gliel'avrei portato prima, ma non avendola sentita al telefono, ho pensato che non era in casa. b. Non se la deve prendere con me se non gliel'ho detto : Carlo mi ha chiesto di non avvertirla perché voleva farle una sorpresa. c. Scusi, le chiedo un'informazione perché mi sono perso : mi sa indicare dove si trova via Garibaldi ? d. Se sa giocare a tennis, la settimana prossima la invito a casa e giocherà con me e con i miei amici.

7 a. Entri, signora, l'aspettavo b. Non creda a tutto ciò che le si racconta c. Gli telefoni alle tre d. Mi segua, le mostrerò la sua camera e. Non glielo racconti, se tiene alla vostra amicizia f. Ci vada subito, signora, se ci tiene veramente g. Lo compri, ne sarà soddisfatto h. Lo tolga, avrà caldo qui i. Si svegli, signore, è arrivato j. Si metta più a destra, non la vedo.

8 a. Dottore, mi prescriva una medicina efficace e mi guarisca al più presto. b. Signorina, vada a prendere i verbali della riunione e li archivi. c. Signor Rossi, venga da me e mi racconti tutto. d. Direttore, ci ascolti e prenda una decisione equa.

14. Les formes verbales indéfinies : infinitif, participes présent et passé, gérondif

1 a. essere stati b. avere avuto c. avere d. essere e. essere stato f. avere avuto g. essere h. essere stato.

2 a. Dopo avere finito i compiti, potrai fare la merenda. b. Siamo passati con il semaforo rosso senza accorgercene. c. Deve mettere tutto in ordine prima di partire. d. Comincerete le lezioni dopo avere compilato il modulo d'iscrizione. e. Era così stanco da non riuscire a stare sveglio. f. Prendiamo la macchina per arrivare prima. g. Dopo avere finito di mangiare, fece un discorso. h. Dopo essere arrivati a Roma, siamo andati a cercare un albergo.

3 a. Carla mi ha detto di portarglielo subito. b. Il direttore gli ha detto di andarsene. c. Il medico si è raccomandato di stare a riposo per almeno una settimana. d. Il professore ci ha detto di uscire in silenzio. e. Filippo mi ha promesso di tornare alle nove. f. Mia sorella mi ha detto di avere cambiato casa.

4 a. Aprendo la porta, ho sentito suonare il telefono. b. Tornando troppo tardi, troverete il portone chiuso. c. Dovendo fare gare sportive, ha bisogno di un certificato medico. d. È caduto giocando nel cortile. e. Si ottengono buoni risultati solo impegnandosi. f. Andando in centro, ho incontrato Claudio. g. Lavorando troppo, ci si stanca. h. Studiando si è promossi.

5 a. Si è fatto male mentre lavorava nel suo giardino. b. Poiché non sa usare il computer, si deve fare aiutare da me. c. Se ti comporti così, ti metterai tutti contro. d. Se ne avremo i mezzi, compreremo una lavatrice nuova. e. Poiché non va mai all'estero, conosce solo il modo di vita italiano. f. Mentre andavo in centro, ho incontrato Claudio. g. Se lavori bene, otterrai una promozione. h. Mentre eravamo in vacanza in Italia, abbiamo visto tanti bei monumenti. i. Se si abita in centro, si hanno tante comodità. j. Poiché non ci vedo bene, devo portare gli occhiali quando guido.

6 a. Il treno che proviene da Roma è in arrivo al binario sei. b. Per iscriversi ai corsi di tennis è necessario un certificato medico che comprova (ou *comprovi*, subjonctif) una sana costituzione fisica. c. Il ritiro si svolgerà nei giorni che precedono immediatamente la Pasqua. d. Le verrà consegnata una busta che conterrà i documenti necessari. e. Si è comprata un vestito di un colore blu che tende al verde. f. Ho scelto un modello di macchina che equivale a quello che avevo prima.

7 a. sareste arrivati b. avrai preso c. mi ero accorto d. avendo acceso e. ho conosciuti f. ha vinto.

SOLUTIONS

8 a. Mia sorella è caduta e si è fatta male a una gamba **b.** Si sono fatti eleggere presidente e vicepresidente **c.** Mi è talmente piaciuto questo libro che ne ho comprate due copie per regalarle **d.** Maria e Luisa, le abbiamo viste ma non ci hanno salutato (ou *salutati*) **e.** Abbiamo acceso la luce e abbiamo visto tutto **f.** Ci siamo alzate presto e siamo partite.

15. Le subjonctif

1 a. abbia **b.** veniate **c.** studiamo **d.** sia **e.** parta **f.** lavori **g.** stia.

2 a. Credevo che tu avessi qualcosa da nasconderci **b.** Era necessario che voi veniste con noi **c.** Il nostro professore pretendeva che noi studiassimo tre ore al giorno **d.** Ero contento che nostro figlio fosse studioso e diligente **e.** Non mi sembrava possibile che io partissi dieci minuti dopo **f.** Volevo che tu lavorassi nel mio ufficio **g.** Preferivo che Lei stesse con me.

3 a. canti **b.** accompagnino **c.** portiate **d.** ritorni **e.** mangi **f.** guardi **g.** pensiate **h.** parli.

4 a. pianga **b.** crediate **c.** leggiate **d.** chiedano **e.** rifletta **f.** scriva **g.** ripeta **h.** accada.

5 a. apra **b.** dormano **c.** senta **d.** puliate **e.** parta **f.** obbediscano **g.** impedisca **h.** investano.

6 a. ... Francesco mangi di tutto **b.** ... la televisione trasmetta la partita in diretta **c.** ... Andrea ubbidisca ciecamente al suo direttore **d.** ... in Italia si viva meglio che in molti altri paesi.

7 a. le abbia creduto **b.** abbia mangiato troppi dolci **c.** siamo partiti presto **d.** sia venuto a trovarmi.

8 a. cantassi **b.** accompagnassero **c.** portaste **d.** ritornassi **e.** mangiasse.

9 a. piangesse **b.** credesse **c.** leggeste **d.** chiedessero **e.** riflettesse **f.** dovessi **g.** potesse **h.** conoscessi.

10 a. aprissi **b.** dormissero **c.** ubbidisse **d.** puliste **e.** capissi **f.** soffrisse **g.** partiste **h.** condisse.

11 a. non le avessi creduto **b.** avessi mangiato troppi dolci **c.** fossimo partiti presto **d.** fossi venuto a trovarmi.

16. La phrase hypothétique et autres emplois du subjonctif

1 a. Se studiate le lezioni, sarete promossi **b.** Se mangiate poco, non ingrasserete **c.** Se il treno non fosse sempre in ritardo, non preferiremmo prendere la macchina **d.** Se non lavorasse troppo, non sarebbe sempre stanco **e.** Se avessimo studiato l'inglese, sarebbe potuto andare a lavorare in America **f.** Se fossi venuta alla festa, non avresti passato la domenica da sola **g.** Se ti fossi coperto abbastanza, non avresti preso il raffreddore **h.** Se avessimo fatto il liceo, avremmo imparato il latino **i.** Se avrai fede, ce la farai.

2 a. Se volessi, potresti. **b.** Se l'avessi saputo, non sarei venuto. **c.** Se vieni a casa mia, ti mostrerò la mia collezione di stampe cinesi. **d.** Se fossi andata a casa sua, non avresti visto niente. **e.** Se fai uno sforzo, ci riuscirai.

3 a. avessi speso **b.** veniste **c.** avessi avvertita **d.** avessi visto **e.** fossi **f.** avessimo saputo **g.** fossimo **h.** avesse.

4 a. Se viaggiassi, conosceresti altri paesi che il tuo **b.** Se ascoltasse quando gli si parla, saprebbe che cosa si è detto **c.** Se foste venuti alla riunione, adesso conoscereste le ultime decisioni **d.** Se leggessi il giornale, sapreste quello che succede nel mondo **e.** Se avessimo i soldi, potremmo comprarlo **f.** Se avessi dormito abbastanza, adesso non saresti stanchissimo **g.** Se ci aveste dato retta, non avreste fatto un grosso errore **h.** Se fossi andato a fare la spesa, ora non avresti il frigo vuoto.

5 Se correte → arriverete in tempo / Se l'avessi visto → l'avrei riconosciuto / Se mangiasse meno → non sarebbe così grasso / Se si lavora troppo → ci si stanca molto / Se ce ne aveste parlato → vi avremmo aiutato / Se fossi andato più piano → non avresti avuto una multa / Se mangiaste di più → non sareste così magri.

6 a. Se avessero voluto, ci sarebbero riusciti. **b.** Se lavora tanto, finirà per ammalarsi. **c.** Se studiassi, avresti voti migliori. **d.** Se parli male di tutti i colleghi, un giorno ti farai licenziare. **e.** Se fosse curato da un bravo medico, guarirebbe.

7 a. Se piovesse, potreste venire da me. **b.** Se l'avessi cercato bene dappertutto, l'avresti trovato. **c.** Se qualcuno potesse vedere il futuro, potrebbe dirtelo. **d.** Se vivessi in Italia, parlerei l'italiano molto meglio.

8 a. Non aveva capito la situazione, benché gliel'avessimo spiegata mille volte. **b.** Voglio una macchina sportiva che vada molto veloce. **c.** L'ho dovuto riMproverare, benché forse non lo meritasse. **d.** Fumavo tanto, benché sapessi che mi faceva male. **e.** Fumo tanto, benché io sappia che mi fa male. **f.** Ha spiegato la lezione una seconda volta, affinché gli studenti la capissero bene.

9 a. Se fossi una giraffa, prenderei l'osso sulla finestra ! **b.** Se avessi le ali, prenderei l'uccellino !

17. Les adverbes

1 vicino → lontano / tardi → presto / piano → forte / molto → poco / bene → male.

2 a. mai → sempre **b.** sopra → sotto **c.** facilmente → difficilmente **d.** rumorosamente → silenziosamente **e.** presto → tardi.

3 a. abbastanza **b.** molto **c.** troppo **d.** sempre **e.** bene **f.** piano **g.** presto **h.** poco **i.** lontano **j.** vicino.

4 a. affettuosamente **b.** velocemente **c.** perfettamente **d.** gentilmente **e.** difficilmente **f.** attentamente.

5 a. con ordine **b.** con solennità **c.** con rispetto **d.** con stupidità **e.** con rapidità **f.** con prudenza.

6

Nom	Adjectif	Adverbe
dolcezza	dolce	dolcemente
gentilezza	gentile	gentilmente
intelligenza	intelligente	intelligentemente
tristezza	triste	tristemente
profondità	profondo	profondamente
attenzione	attento	attentamente
fretta	frettoloso	frettolosamente
generosità	generoso	generosamente
crudeltà	crudele	crudelmente
lentezza	lento	lentamente
barbarie	barbaro	barbaramente

7 a. di sicuro **b.** per caso **c.** di solito **d.** di nascosto **e.** di fretta **f.** a lungo **g.** all'improvviso **h.** in fretta.

8

Adverbe	Locution adverbiale
casualmente	per caso
certamente	di certo
lungamente	a lungo
sicuramente	di sicuro

9 a. più tardi **b.** meno in fretta **c.** meno bene **d.** più velocemente **e.** più forte **f.** più vicino **g.** meno presto.

10 a. più spesso **b.** spessissimo **c.** più vicino **d.** più tardi **e.** tardissimo **f.** meno bene **g.** benissimo **h.** più attentamente **i.** molto attentamente (*attentissimamente*, moins fréquent).

11 a. ottimamente **b.** meglio **c.** peggio **d.** meno **e.** moltissimo **f.** più **g.** pochissimo.

12 lavorare → alacremente / dormire → soporitamente / innamorarsi → perdutamente / ridere → sguaiatamente / respirare → affannosamente / giocare → accanitamente / salutare → affettuosamente / sedere → scompostamente.

18. Prépositions et conjonctions, locutions c'è, ci sono

1 a. nella **b.** sulla **c.** dalla **d.** dell' **e.** dell'.

2 a. di **b.** a **c.** per **d.** con **e.** in.

3 a. delle **b.** alle **c.** nella **d.** coll' **e.** nello.

SOLUTIONS

4

è tutto pronto per il pranzo	è tutto pronto per pranzare
è un'associazione per la protezione degli animali	è un'associazione per proteggere gli animali
ho visto il progetto per la costruzione della casa	ho visto il progetto per costruire la casa
metto gli occhiali solo per la lettura.	metto gli occhiali solo per leggere
gli atleti si preparano per la corsa	gli atleti si preparano per correre
sto risparmiando per l'acquisto di un nuovo computer	sto risparmiando per acquistare un nuovo computer.

5 a. per – dall' b. da c. Nella d. a – da e. per – per.
6 a. ma b. infatti c. cioé d. dunque e. o.
7 a. perché b. affinché c. quando d. benché e. che.
8 a. a patto che b. ogni volta che c. anche se d. per il fatto che e. di modo che.
9 a. ci saranno b. c'é stata c. ci sono d. c'é e. fa f. c'erano g. ci sono h. fa i. Ci sono j. ci sarebbero state.
10 Vieni – Prendi – Ricordati – Vestiti – prendi – sii.

19. Les discours direct et indirect

1 a. L'annuncio diceva che cercavano persone esperte in informatica. b. La gente gridava di dargli del pane (ou bien La gente gridava che gli dessero del pane). c. Luisa ci ha detto che non sarebbe venuta con noi in discoteca perché l'indomani (ou *il giorno dopo*) avrebbe avuto un esame. d. Domani ti chiamerò e ti dirò di guardare il meteo prima di partire. e. Luisa dice che ha vent'anni ed è italiana.

2 a. Il mio professore ci dice sempre : – Fate attenzione all'ortografia. b. Il presidente ha annunciato alla popolazione : – Ci saranno nuove tasse. c. L'avvocato aveva affermato : – Le prove contro il mio cliente sono insufficienti. d. Il mio estetista mi consiglia : – Usi ottimi prodotti di bellezza. e. Il giornalista aveva scritto : – Le elezioni sono vicine.

3 « Dice che gli piacciono i gelati e che ne mangerebbe volentieri uno subito, ma che è a dieta. »

4 « Dice che è arrabbiato perché il suo televisore si è rotto proprio il giorno della partita di calcio della sua squadra preferita. »

5 « Dice che gli hanno detto che con la sua bella presenza potrebbe fare l'attore di cinema, ma che forse gli hanno fatto uno scherzo. »

6 Rébus : LOL – ASCE – REMO DI RE
→ **LO LASCEREMO DIRE**.

7 a. Ci aveva chiesto dove si trovasse la città di Treviso. b. Cinzia gli ha chiesto se si ricordasse dove avessero parcheggiato la macchina. c. Allora lui mi domanda se io conosca qualche buona pizzeria da quelle parti. d. Una volta spesso mi domandavo quale fosse il senso della vita.

8 a. Mi chiedeva sempre : – Che ora é ?, e diceva : – Per me qui il tempo non passa mai. b. Ci chiede : – Che cosa fate questa sera ? Avete voglia di uscire con noi ? c. Quel giorno mi aveva domandato : – Vuoi sposarmi ?

9 a. lavori b. si fosse nascosto c. piaccia d. sia stata.

10 « Dice che se fosse ricco si comprerebbe una macchina, andrebbe al ristorante tutti i giorni e si vestirebbe sempre all'ultima moda, ma che purtroppo non è così e si deve accontentare. »

11 « Diceva che se fosse stato ricco si sarebbe comprato una macchina, sarebbe andato al ristorante tutti i giorni e si sarebbe vestito sempre all'ultima moda, ma che purtroppo non era così e si doveva accontentare. »

12 a. Diceva che per diventare ricchi bisognava avere fortuna. b. Gridava che parlando così forte, gli impedivano di ascoltare la musica. c. Mi ha detto che, finito di lavorare, sarebbe andato subito a casa.

20. Jeux de vocabulaire et exercices de récapitulation

1 GIARDINIERE, tout en ayant rapport avec le monde végétal, c'est un être humain !

2 TAVOLA – MARINI – TORTA – NASO – ROTTURA – ISOLA – ALTO – LEV.

3 Les trois familles sont :
a. **noms d'animaux :** gatto – coniglio – pecora – leone.
b. **relations de famille :** zio – nuora – genero – cognato.
c. **noms d'outils :** martello – chiodo – sega – vite.

4 medico ➜ stetoscopio / meccanico ➜ chiave inglese / falegname ➜ sega / agricoltore ➜ zappa / muratore ➜ cazzuola / imbianchino ➜ pennello.

5 fornaio – macchina – rumore – meccanico – ruote – colazione – caffè.

6 a. LIBERO b. LARGO c. COSTA d. GHIRO e. NONNO.
7 a. CASELLO b. POCO c. SETA d. DICO.
8 a. FETTA b. CUGINA c. ALTO d. MINA e. TORTA.
9 a. PERA b. CART c. TEATRO d. DIO e. CAROTA f. SALUTARE.

10 Caro amico, ti scrivo questa mail per metterci d'accordo per il tuo arrivo lunedì mattina della settimana prossima. Verrò personalmente in macchina a prenderti alla stazione al tuo arrivo. A che ora arriva il tuo treno ? Sono molto contento che tu venga finalmente a visitare Pisa, che è una bellissima città. Ti inviterò a casa mia a pranzo e ti farò conoscere i miei genitori. Poi andremo a vedere la famosa torre e il duomo. A presto. Il tuo amico Guido

11 a. Andrà a prenderlo in macchina b. Guido abita a Pisa c. È la prima volta che va a trovarlo d. Guido abita con i suoi genitori.

12

P	A		B	O	I		R
O	B	B	E	D	I	S	C	I
T	R	O	V	A	N	O		
E	O	L	O		V	L	R	
S	G	O	N	F	I	A	R	E
S	A	G	O	M	A	N	O	
I	N			R	O	M	A	
M	E	R	E			P		
O		S	U	O		P	E	R
		S	I	Z	I	T	T	A

13 a. ai b. hai c. o d. hanno e. anno.

14 1re ligne : parlo – ho parlato – parlava – parlerò – parlerei – avrei parlato. 2e ligne : ripetiamo – abbiamo ripetuto – ripetevamo – ripeteremo – ripeteremmo – avremmo ripetuto. 3e ligne : crede – ha creduto – credeva – crederà – crederebbe – avrebbe creduto. 4e ligne : finite – avete finito – finivate – finirete – finireste – avreste finito. 5e ligne : portano – hanno portato – portavano – porteranno – porterebbero – avrebbero portato. 6e ligne : obbediamo – abbiamo obbedito – obbedivamo – obbediremo – obbediremmo – avremmo obbedito. 7e ligne : ascoltano – hanno ascoltato – ascoltavano – ascolteranno – ascolterebbero – avrebbero ascoltato.

15 a. ripeteranno b. risolverebbero c. suonate d. telefonavano e. abbiamo sentito f. aprirete g. finiamo h. vendereste.

16 a. porterebbe b. avrai saputo c. avevi d. parlavo e. venderesti f. parcheggerà g. suona h. spedisci.

17

O	T	S	O	P
S	R	T	R	O
O	S	E	P	S
R	S	S	S	T
E	D	A	T	O

posto (porre) – eroso (erodere) – prese (prendere) – reso (rendere) – dato (dare) – speso (spendere) – stesa (stendere).

18

O	D	N	A	V	O	R	T
T	B	A	V	U	T	I	R
U	W	B	V	Y	A	P	E
D	I	M	E	S	S	O	M
A	M	A	N	D	O	S	A
C	A	D	U	T	I	I	R
C	A	N	T	A	N	T	E
A	C	C	O	L	T	O	

Infinitif : TREMARE **Gérondifs :** TROVANDO – AMANDO **Participe présent :** CANTANTE **Participes passés :** ACCOLTO – ACCADUTO – AVVENUTO – OBBEDITO – DIMESSO – MOSSE – CADUTI – RIPOSATO – OSATO – AVUTI.

TABLEAU D'AUTOÉVALUATION

Bravo, vous êtes venu à bout de ce cahier ! Il est temps à présent de faire le point sur vos compétences et de comptabiliser les icônes afin de procéder à l'évaluation finale. Reportez le sous-total de chaque chapitre dans les cases ci-dessous puis additionnez-les afin d'obtenir le nombre final d'icônes dans chaque couleur. Puis découvrez vos résultats !

	🙂	😐	🙁		🙂	😐	🙁
1. Alphabet et phonétique				11. Pronoms personnels simples et groupés			
2. Articles, noms et adjectifs				12. Pronoms relatifs et interrogatifs			
3. Les noms altérés et les degrés de l'adjectif qualificatif				13. L'impératif et la forme de politesse			
4. Les chiffres et le temps				14. Les formes verbales indéfinies			
5. Adjectifs et pronoms possessifs et démonstratifs				15. Le subjonctif			
6. Indicatif présent des verbes *essere* et *avere* et conjugaisons régulières				16. La phrase hypothétique et autres emplois du subjonctif			
7. Passé composé, imparfait et plus-que-parfait				17. Les adverbes			
8. Futur, futur imminent et conditionnel				18. Prépositions et conjonctions, locutions *c'è, ci sono*			
9. Formes passive, impersonnelle, réfléchie et pronominale				19. Les discours direct et indirect			
10. Verbes irréguliers				20. Jeux de vocabulaire et exercices de récapitulation			

Total, tous chapitres confondus ....

Vous avez obtenu une majorité de...

Bravissimo ! Vous maîtrisez maintenant les bases de l'italien, vous êtes fin prêt pour passer au niveau supérieur !

Non c'è male... Mais vous pouvez encore progresser ! Refaites les exercices qui vous ont donné du fil à retordre en jetant un coup d'œil aux leçons !

Coraggio ! Vous êtes un peu rouillé... Reprenez l'ensemble de l'ouvrage en relisant bien les leçons avant de refaire les exercices.

Crédits : Illustrations / © MS.

Création et réalisation : MediaSarbacane

© 2013, Assimil
Imprimé en Roumanie par Master Print - juin 2023

Italien
Débutants

Federico Benedetti

À propos de ce cahier

Ce cahier est divisé en 20 chapitres, qui vous permettront d'acquérir au fur et mesure les bases de la langue italienne.

Chaque chapitre aborde une thématique distincte, en y intégrant différents points grammaticaux, comme par exemple la structure de la phrase, la négation, le futur, l'impératif ou encore les pronoms personnels. Des exercices ludiques vous aideront ensuite à les mettre en pratique et à les consolider. Le vocabulaire nécessaire à la compréhension et à la résolution des exercices est fourni dans des banques de mots.

Dans ces banques de mots, on a souligné la syllabe où tombe l'accent tonique, mais uniquement quand il ne tombe pas sur l'avant-dernière syllabe comme c'est le cas dans la plupart des mots italiens : vous pourrez ainsi vous familiariser avec une accentuation différente du français. Des exercices sur la phonétique vous aideront, à la fin de chaque chapitre, à mieux comprendre la relation entre l'orthographe et la prononciation.

Enfin, ce cahier vous permet d'effectuer votre autoévaluation : après chaque exercice, dessinez l'expression de vos icônes (☺ pour une majorité de bonnes réponses, 😐 pour environ la moitié et ☹ pour moins de la moitié). À la fin de chaque chapitre, reportez le nombre d'icônes relatives à tous ces exercices et, en fin d'ouvrage, faites les comptes en reportant les icônes des fins de chapitres dans le tableau général prévu à cet effet !

Sommaire

1. Articles, noms et adjectifs 3
2. Les verbes essere et avere au présent de l'indicatif – Les pronoms personnels sujets 10
3. Formes négative et interrogative – Nombres de 0 à 10 14
4. Noms altérés – Comparatifs et superlatifs 19
5. Prépositions – Présent de l'indicatif des verbes réguliers – Forme de politesse 24
6. Prépositions (suite) – Nombres de 11 à 60 29
7. Adjectifs et pronoms possessifs – Pronoms personnels compléments directs 36
8. Présent des principaux verbes irréguliers 41
9. Passé composé – Accord du participe passé – Pronoms personnels compléments indirects 45
10. Formes passive, réfléchie, impersonnelle 51
11. Démonstratifs – Indicateurs de position dans l'espace 56
12. L'impératif – Les expressions de politesse ... 62
13. Imparfait et plus-que-parfait – Pronoms personnels compléments 69
14. Les pronoms personnels groupés 75
15. Nombres (suite) 82
16. Exprimer le futur 89
17. Pronoms relatifs, interrogatifs et exclamatifs – Noms de villes 94
18. Verbes impersonnels – Gérondif 101
19. Prépositions, conjonctions, adverbes 107
20. Adjectifs et pronoms indéfinis – Exercices de révision 114
Solutions 120
Tableau d'autoévaluation 126

1 Articles, noms et adjectifs

vocabulaire : caractéristiques physiques et psychologiques, nationalités, objets

L'alphabet

L'alphabet italien comporte 21 lettres, prononcées de la façon suivante :

A	B	C	D	E	F	G
a	*bi*	*tchi*	*di*	*é*	*èffè*	*dji*
H	I	L	M	N	O	P
àcca	*i*	*èllè*	*èmmè*	*ènnè*	*o*	*pi*
Q	R	S	T	U	V	Z
kou	*èrrè*	*èssè*	*ti*	*ou*	*vi*	*dzéta*

Les mots qui contiennent d'autres lettres sont donc forcément étrangers ou d'origine étrangère, et se prononcent comme dans la langue d'origine : *download* (*télécharger*), *software* (*logiciel*), etc.

Les articles définis *(articoli determinativi)*

	masculin			féminin	
singulier	**il** devant une consonne (sauf s + consonne, gn-, ps-, z-) **il libro,** *le livre*	**lo** devant s + consonne, gn-, ps-, z. **lo zaino,** *le sac à dos*	**l'** devant une voyelle **l'italiano,** *l'Italien*	**la** devant une consonne **la moneta,** *la pièce*	**l'** devant une voyelle **l'italiana,** *l'Italienne*
pluriel	**i** **i libri,** *les livres*	**gli** **gli zaini,** *les sacs à dos* **gli italiani,** *les Italiens*		**le** **le monete,** *les pièces* **le italiane,** *les Italiennes*	

CHAPITRE 1 : ARTICLES, NOMS ET ADJECTIFS

Les articles indéfinis (articoli indeterminativi)

	masculin		féminin	
singulier	**un** devant une voyelle ou une consonne (sauf s + consonne, gn-, ps-, z-) **un libro,** *un livre* **un italiano,** *un Italien*	**uno** devant s + consonne, gn-, ps-, z. **uno zaino,** *un sac à dos*	**una** devant une consonne **una moneta,** *une pièce*	**un'** devant une voyelle **un'italiana,** *une Italienne*
pluriel	**dei** devant une consonne (sauf s + consonne, gn-, ps-, z- **dei libri,** *des livres*	**degli** devant une voyelle ou devant s + consonne, gn-, ps-, z. **degli zaini,** *des sacs à dos* **degli italiani,** *des Italiens*	**delle** **delle monete,** *des pièces* **delle italiane,** *des Italiennes*	

Banque de mots

Note : le genre, « m. » pour masculin et « f. » pour féminin, sera indiqué quand il est différent de celui de la traduction française

americano, *américain*
anello (m.), *bague*
automobile, *automobile*
borsa (f.), *sac*
libro, *livre*
italiano, *italien*
matita (f.), *crayon*
moneta, *pièce (de monnaie)*
occhiali (m.), *lunettes*
ombrello, *parapluie*
penna (f.), *stylo*
psicologo, *psychologue*
ragazzo, *garçon*
scaffale (m.), *étagère*
studente, *étudiant*
studentessa, *étudiante*
telefono, *téléphone*
uomo, *homme*
zaino, *sac à dos*

Masculin et féminin

Vous remarquerez que les noms italiens finissent souvent par **-o** au masculin singulier, par **-i** au masculin pluriel, par **-a** au féminin singulier, par **-e** au féminin pluriel. Tenez compte de cela en faisant les exercices suivants !

CHAPITRE 1 : ARTICLES, NOMS ET ADJECTIFS

1 Insérez à la bonne place chacun des articles contenus dans le sac.

a. ……… ombrello
b. ……… telefono
c. ……… zaino
d. ……… penna
e. ……… scaffali
f. ……… borse
g. ……… libri
h. ……… automobile

IL   LA
I   L'   L'
GLI   LO   LE

2 Reliez chaque article à son nom.

1. Un
2. Uno
3. Una
4. Un'
5. Dei
6. Degli
7. Delle

a. psicologo
b. matita
c. italiana
d. uomo
e. studenti
f. ragazze
g. libri

3 Écrivez à côté des articles définis et indéfinis le nom italien de l'illustration qui convient.

a. Il/Un ....
b. La/Una ....
c. Lo/Uno ....
d. L'/Un ....
e. I/Dei ....
f. Gli/Degli ....
g. Le/Delle ....

Banque de mots

amico, *ami*
australiano, *australien*
bambino, *enfant*
chiave, *clé*
collega, *collègue*
computer, *ordinateur*
danese, *danois*
donna, *femme*
fazzoletto, *mouchoir*
francese, *français*
inglese, *anglais*
irlandese, *irlandais*
mouse (m.), *souris*
olandese, *hollandais*
portafoglio, *porte-feuille*
quaderno, *cahier*
spagnolo, *espagnol*
straniero, *étranger*
tablet (m.), *tablette électronique*

CHAPITRE 1 : ARTICLES, NOMS ET ADJECTIFS

 Pour chaque nom, entourez le bon article.

1. psicologo → **a.** il / **b.** la / **c.** lo
2. amica → **a.** un / **b.** un' / **c.** una
3. francese → **a.** il / **b.** lo / **c.** un'
4. bambini → **a.** degli / **b.** dei / **c.** del
5. olandesi → **a.** gli / **b.** la / **c.** i
6. studentesse → **a.** la / **b.** delle / **c.** uno

Le nom

- La plupart des noms communs et des adjectifs qualificatifs italiens se comportent comme **ragazzo**, *garçon* (voir le tableau ci-dessous).

	masculin	féminin
singulier	ragazz**o**, *garçon*	ragazz**a**, *fille*
pluriel	ragazz**i**, *garçons*	ragazz**e**, *filles*

- Une seconde classe importante est formée des noms et adjectifs se terminant en **-e** au singulier, comme **francese**, *français*.

	masculin	féminin
singulier	francese	francese
pluriel	francesi	francesi

- Il existe pourtant des exceptions et des particularités.

– Si un mot se termine en **-co** ou en **-go** au masculin et en **-ca** ou en **-ga** au féminin, au pluriel on ajoute un **h** après le **c** ou le **g** pour conserver le son [k] ou [g] (voir aussi la phonétique aux chapitres 2 et 4).

Exemples : **ricco – ricchi,** *riche – riches* ; **amica – amiche,** *amie – amies* ; **lungo – lunghi,** *long – longs*

– Retenez quelques exceptions importantes :
  - **l'amico – gli amici,** *l'ami – les amis*
  - **lo psicologo – gli psicologi,** *le psychologue – les psychologues*
  - **il greco – i greci,** *le Grec – les Grecs*

– Remarquez aussi le masculin en **-a** : **il collega – i colleghi,** *le collègue – les collègues*, qui est régulier au féminin (**la collega – le colleghe,** *la collègue – les collègues*).

CHAPITRE 1 : ARTICLES, NOMS ET ADJECTIFS

5 Écrivez à côté de chaque nom l'article correct, choisi parmi ceux de la liste ci-dessous.

IL   LO   DEGLI   UN'   DELLE   UNA   DEI

a. .... portafoglio
b. .... fazzoletti
c. .... donna
d. .... amiche
e. .... spagnolo
f. .... stranieri
g. .... australiana

6 Écrivez le pluriel des noms et articles suivants.

singulier	→ pluriel
1. Il ragazzo	....
2. L'anello	....
3. Lo scaffale	....
4. L'automobile	....
5. La chiave	....

singulier	→ pluriel
6. Una donna	....
7. Uno straniero	....
8. Un'amica	....
9. Un'olandese	....
10. Un inglese	....

7 Tournez au féminin les noms et articles masculins suivants.

masculin	→ féminin
1. Il bambino	....
2. Lo spagnolo	....
3. L'americano	....
4. Un amico	....
5. Uno psicologo	....

masculin	→ féminin
6. Dei danesi	....
7. Degli irlandesi	....
8. Un uomo	....
9. Un collega	....

8 Dans la grille de mots croisés ci-dessous, écrivez les mots correspondant aux images ; verticalement, vous trouverez le nom d'un objet familier.

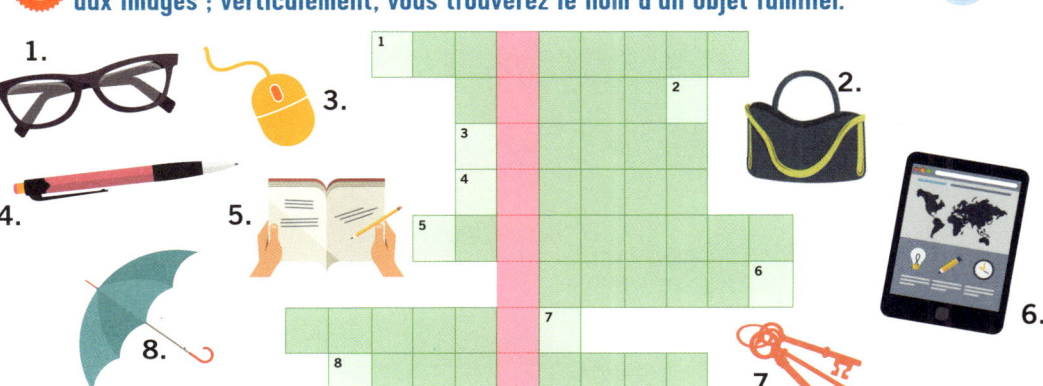

CHAPITRE 1 : ARTICLES, NOMS ET ADJECTIFS

L'adjectif qualificatif

Nous avons vu que les adjectifs suivent la même morphologie que les noms. Bien sûr, quand un nom est associé à un adjectif, il n'auront pas forcément la même terminaison et ils pourront donc appartenir à deux classes différentes :

un ragazzo forte – dei ragazzi forti, *un garçon fort – des garçons forts*
una ragazza forte – delle ragazze forti, *une fille forte – des filles fortes*

 Complétez le tableau.

masculin	féminin
1. un uomo ricco	....
2. uno studente straniero	....
3.	un'amica portoghese
4.	una bambina tranquilla
5. un ragazzo simpatico	....

Banque de mots
alto, *grand*
bello, *beau*
brasiliano, *brésilien*
colore (m.), *couleur*
gentile, *gentil*
grande, *grand*
greco, *grec*
interessante, *intéressant*
leggero, *léger*
mostra, *exposition*
noioso, *ennuyeux*
nuovo, *nouveau*
pesante, *lourd*
piccolo, *petit*
portoghese, *portugais*
povero, *pauvre*
ricco, *riche*
simpatico, *sympathique*
sottile, *fin*
tranquillo, *tranquille*
vecchio, *vieux*
vivace, *vif*

 Complétez le tableau.

singulier	pluriel
1. una donna gentile	....
2.	dei colori vivaci
3. una bella mostra	....
4. lo zaino nuovo	....
5.	gli amici greci
6. la borsa pesante	....
7. l'uomo alto	....

Banque de mots
antipatico, *antipathique*
brutto, *laid*
corto, *court*
divertente, *amusant*
film, *film*
grasso, *gros*
intelligente, *intelligent*
largo, *large*
lungo, *long*
magro, *mince*
stretto, *étroit*

CHAPITRE 1 : ARTICLES, NOMS ET ADJECTIFS

  Des trois adjectifs a, b et c associés à chaque nom, seuls deux sont corrects ; barrez le mauvais.

1. un'amica   a. simpatica   b. gentile   c. italiano
2. la ragazza   a. alta   b. povere   c. brasiliana
3. un quaderno   a. sottile   b. grande   c. piccoli
4. dei libri   a. interessanti   b. noiose   c. nuovi
5. le monete   a. leggere   b. vecchie   c. inglese

 Placez le numéro des adjectifs suivants dans les bonnes enveloppes selon leur genre (masculin, féminin ou même forme au masculin et au féminin).

1. gentile 2. intelligente 3. simpatica 4. magra
5. grasso 6. grande 7. stretto 8. larga 9. pesante
10. interessante 11. straniera 12. povero

13 Séparez les adjectifs les uns des autres en traçant une barre transversale entre eux.

bassoaltostrettolargograssomagropiccolograndebellobrutto
simpaticoantipaticovecchionuovodivertentenoiosolungocorto

14 Associez correctement article, nom et adjectif.

1. Una   2. Le   3. I   4. Lo   5. Un
a. mostre   b. film   c. collega   d. zaino   e. bambini
A. piccolo   B. interessanti   C. divertente   D. antipatica   E. vivaci

1 – ..... – .....   2 – ..... – .....   3 – ..... – .....   4 – ..... – .....   5 – ..... – .....

Bravo, vous êtes venu(e) à bout du premier chapitre ! Il est maintenant temps de compter les icônes et de reporter le résultat en page 128 pour l'évaluation finale.

Les verbes *essere* et *avere* au présent de l'indicatif – Les pronoms personnels sujets

vocabulaire : sentiments et sensations

Essere (être)

(io) sono	je suis
(tu) sei	tu es
(lui, lei) è	il, elle est
(noi) siamo	nous sommes
(voi) siete	vous êtes
(loro) sono	ils, elles sont

Banque de mots
- **arrabbiato,** *fâché*
- **caldo,** *chaud*
- **caro,** *cher*
- **contento,** *content*
- **emozionato,** *ému*
- **fame,** *faim*
- **fantastico,** *fantastique*
- **felice,** *heureux*
- **freddo,** *froid*
- **insegnante,** *enseignant*
- **ospite,** *hôte*
- **paura,** *peur*
- **sete,** *soif*
- **sonno,** *sommeil*
- **spaventato,** *épouvanté*
- **triste,** *triste*

❶ Complétez par les pronoms personnels sujets corrects.
Exemple : …… è italiano. → **Lui è italiano.**

a. …… siete fantastici!
b. …… sono spaventato.
c. …… siamo arrabbiati.
d. …… è felice.
e. …… sei un amico.
f. …… sono tristi.

❷ Tournez au pluriel les phrases suivantes.
Exemple : L'ombrello è grande. → **Gli ombrelli sono grandi.**

a. Il bambino è vivace. ……………………………………………………
b. La studentessa è emozionata. ……………………………………………
c. Il ragazzo è arrabbiato. ……………………………………………………
d. Lei è una cara amica. ……………………………………………………
e. L'insegnante è gentile. ……………………………………………………

CHAPITRE 2 : *ESSERE* ET *AVERE* – LES PRONOMS PERSONNELS SUJETS

3 Complétez les phrases suivantes avec les formes du verbe *essere* proposées dans la bulle.

1. Gabriele .... uno studente italiano.
2. Emma e Chiara .... delle care amiche.
3. Tu .... Sara?
4. Tu e Matteo .... dei ragazzi simpatici.
5. Io e Giorgia .... contente.
6. .... la nuova collega.

a. siete
b. sono
c. è
d. Sono
e. sei
f. siamo

Avere (avoir)

(io) ho	j'ai
(tu) hai	tu as
(lui, lei) ha	il, elle a
(noi) abbiamo	nous avons
(voi) avete	vous avez
(loro) hanno	ils, elles ont

N.B. : La lettre **h** au début des trois premières et de la dernière personne ne se prononce pas.

4 Complétez avec le sujet correct, en choisissant parmi ceux en dessous.

1. .... ho paura.
2. .... hai caldo.
3. .... ha sonno.
4. .... abbiamo sete.
5. .... avete freddo.
6. .... hanno fame.

a. Tu
b. Gli ospiti francesi
c. Bianca
d. Tu e Michele
e. Io
f. Io e Zoe

5 Associez chaque élément de gauche avec un élément de droite pour former des phrases.

1. Tu	a. è bravo.
2. Lo psicologo	b. hai fretta.
3. Io	c. sono sorpreso.
4. Gli amici stranieri	d. siete stanchi.
5. Tu e i colleghi	e. sono preoccupati.

Banque de mots
annoiato, *ennuyé*
bravo, *bon* (au sens de capable, doué)
carino, *joli*
cioccolato, *chocolat*
fiore (m.), *fleur*
fretta, *hâte*
gelato (m.), *glace*
preoccupato, *préoccupé, inquiet*
sorpreso, *surpris*
stanco, *fatigué*

CHAPITRE 2 : *ESSERE* ET *AVERE* – LES PRONOMS PERSONNELS SUJETS

6 **Complétez avec le verbe avere conjugué correctement.**

a. Noi .... le chiavi e voi .... l'ombrello.

b. Il ragazzo .... il cioccolato, io .... il gelato e lei .... i fiori.

c. Tu .... il computer ed Elena e Lara .... i libri.

d. Marcello e Matteo .... paura!

e. Tu e Sara .... freddo.

f. Le ragazze .... fretta.

g. Io .... sonno!

h. Io e Teo .... fame e sete.

i. La zia .... caldo.

7 **Complétez avec le verbe essere conjugué correctement.**

a. Io e Adele .... stanche.

b. Tu .... carino.

c. Gli studenti .... annoiati.

d. Io .... emozionata!

e. Gabriele .... spaventato.

f. Tu e Sofia .... felici.

Banque de mots			
canadese, *canadien*	**ciabatta** (f.), *chausson*	**cinque,** *cinq*	**marito,** *mari*
	cinese, *chinois*	**Francia,** *France*	**palloncino,** *ballon*
		macchina, *voiture*	**scuola,** *école*

8 **Complétez ces phrases par les formes conjuguées proposées à côté. Chaque forme ne peut être utilisée qu'une fois.**

1. I bambini .... paura.
2. Tu e Carlo .... colleghi.
3. Io e Riccardo .... italiani.
4. Lea e Gaia .... studentesse straniere.
5. Mark .... inglese.
6. Tu e Marta .... le ciabatte.
7. .... freddo.
8. Bianca .... un fiore.
9. Tu .... intelligente.

a. sei
b. ha
c. hanno
d. siamo
e. è
f. Ho
g. siete
h. avete
i. sono

Les pronoms personnels sujets

Les pronoms personnels sujets sont presque toujours omis (c'est pour cela que nous les avons placés entre parenthèses dans les tableaux de conjugaison des verbes **essere** et **avere** ci-dessus) : *Je suis italien* → **Sono italiano**. Ils sont exprimés dans deux cas :

- si l'on veut accentuer l'importance du sujet. Exemple : **Io sono italiano** → *Moi, je suis italien* ;

- en cas d'opposition entre le sujet et une autre personne. Exemple : **Io sono italiano, e tu?** → Je suis italien, et toi ?

CHAPITRE 2 : *ESSERE* ET *AVERE* – LES PRONOMS PERSONNELS SUJETS

9 Insérez le pronom sujet opportun.

1. …… sono italiana, non lei!
2. …… avete fretta, noi no!
3. …… sono studenti, e voi?
4. …… ha la macchina, suo marito no.
5. …… abbiamo fame, e tu?
6. …… siete inglesi, …… sono australiani!

Phonétique : les sons [k] et [tch]

La consonne **c** se prononce différemment selon les voyelles qui la suivent, ou si elle est suivie ou pas de la lettre **h**, comme dans le tableau suivant.

Orthographe	Prononciation	Mots d'exemple
c + a, o, u	ka, ko, kou	caldo, il collega, la scuola
c + i, e	tchi, tché	cinque, felice
c + i + a, o, u	tcha, tcho, tchou	il cioccolato, la ciabatta
c + h + i, e	ki, ké	la chiave, stanche

10 Insérez chacun des mots de la liste ci-dessous dans la bonne case, selon qu'ils contiennent le son [k] ou le son [tch].

a. cinese b. stanco c. chiave
d. ciabatta e. canadese f. palloncino
g. computer h. Francia

[k]	[tch]
……………………	……………………
……………………	……………………
……………………	……………………

11 Placez un X dans la colonne correspondant au son présent dans le mot de chaque ligne.

Son	[k]	[tch]
1. francese		
2. stanchi		
3. cane		
4. cinque		

Son	[k]	[tch]
5. carino		
6. simpatico		
7. caldo		
8. felice		

Bravo, vous êtes venu(e) à bout du deuxième chapitre ! Il est maintenant temps de compter les icônes et de reporter le résultat en page 128 pour l'évaluation finale.

Formes négative et interrogative – Nombres de 0 à 10

vocabulaire : les vêtements, les couleurs, le visage

Banque de mots
- **belga,** *belge*
- **biondo,** *blond*
- **bocca,** *bouche*
- **capello,** *cheveu*
- **chiaro,** *clair*
- **collo,** *cou*
- **faccia** (f.), *visage*
- **finlandese,** *finlandais*
- **grosso,** *gros*
- **guancia,** *joue*
- **lentiggine,** *tache de rousseur*
- **liscio,** *lisse et droit* (se dit des cheveux)
- **mento,** *menton*
- **naso,** *nez*
- **no,** *non*
- **occhio,** *œil*
- **ondulato,** *ondulé*
- **orecchia,** *oreille*
- **polacco,** *polonais*
- **riccio,** *frisé*
- **rosso,** *rouge* et *roux*
- **scuro,** *foncé*

Formes négative et interrogative

- On construit la forme négative simplement en plaçant la conjonction **non** devant le verbe.
- On construit la forme interrogative en plaçant un point d'interrogation à la fin de la phrase affirmative ; à l'oral, on lui donnera une intonation interrogative (légèrement « ascendante »).

1 Lisez et complétez par les formes interrogative et négative du verbe **essere** conjugué selon le sujet indiqué, comme dans l'exemple.

Exemple : (Tu) **Sei** inglese? – No, (io) **non sono** inglese. **Sono** irlandese.

1. (Tu) …… danese? – No, (io) ….. ……. danese, …… finlandese.
2. (Lei) …… spagnola? – No, (lei) ….. ……. spagnola, …… greca.
3. (Lui) …… francese? – No, (lui) ….. ……. francese, ……. belga.
4. (Loro) …… brasiliani? – No, (loro) ….. ……. brasiliani, ……… portoghesi.
5. (Tu) …… greco? – No, (io) …… ………… greco, ……. italiano.
6. (Voi) …… polacchi? – No, (noi) …… ………… polacchi, ………. francesi.

Banque de mots
- **berretto,** *bonnet*
- **calza,** *chaussette*
- **camicia,** *chemise*
- **canottiera** (f.), *débardeur*
- **cappello,** *chapeau*
- **cappotto,** *manteau*
- **cintura,** *ceinture*
- **cravatta,** *cravate*
- **dritto,** *droit*
- **giacca,** *veste*
- **giubbotto,** *blouson*
- **gonna,** *jupe*
- **guanto,** *gant*
- **jeans,** *jean* (toujours pluriel)
- **maglietta** (f.), *t-shirt*
- **maglione,** *pull*
- **pantaloni,** *pantalon* (toujours pluriel)
- **sandalo** (m.), *sandale*
- **scarpa,** *chaussure*
- **sciarpa,** *écharpe*
- **tacco,** *talon (de chaussure)*
- **vestito,** *vêtement* et *robe*

CHAPITRE 3 : FORMES NÉGATIVE ET INTERROGATIVE – NOMBRES DE 0 À 10

2 Complétez les mots croisés avec les parties du visage indiquées.

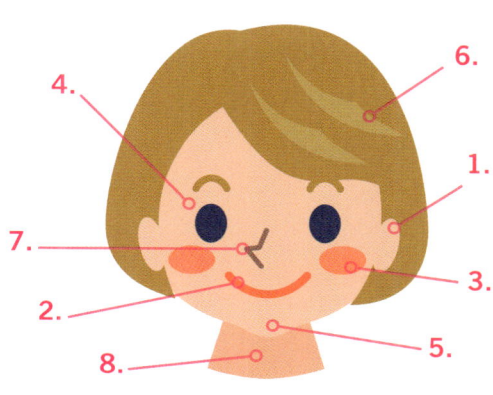

3 Complétez les phrases suivantes avec le verbe **avere** à la forme négative.

Exemple : Tu …… ………… la bocca grande. → Tu **non hai** la bocca grande.

a. Io e mio marito …… ………… gli occhi scuri.

b. Tu e Aurora …… ………… i capelli lunghi e ondulati.

c. Enrico e Pietro …… ………… gli occhi chiari e le lentiggini.

d. Tu …… ………… il naso grosso.

e. Giovanni …… ………… i capelli ricci.

f. Io …… ………… le orecchie piccole.

g. No, non è Elisa. Lei …… ………… i capelli biondi e lisci.

h. No, noi …… ………… un ombrello.

i. I miei amici …… ………… una brutta faccia.

j. No, non sono Massimo e Leo. Loro …… ………… i capelli rossi.

4 Entourez les vingt mots liés à l'habillement.

A B C A I G O N N A O S E P P I O D C A L Z E L E M I C O N I U R E E S P A N T A L O N I O N I E G U A N T I P
P I C R A V A T T A T I G A S E L I A D D A S A N D A L I O C C O T U R A P E L I S C I A R P A I E G I A C C A
T I V O L C A P P O T T O P A R I G I U B B O T T O A E C A S O V E S T I T O P A R C O J E A N S L A V I T E S O
S A R O P A S C A R P E R E T A C I N T U R A C A R A C A M I C I A C O N S U E T A B E R R E T T O S I B A R
C A P P E L L O P A V O B I F E L P A C I T M A G L I O N E P A P O V A L U C O B A M A G L I E T T A B L I A

CHAPITRE 3 : FORMES NÉGATIVE ET INTERROGATIVE – NOMBRES DE 0 À 10

Les nombres de 0 à 10

0 zero **2** due **4** quattro **6** sei **8** otto **10** dieci
1 uno **3** tre **5** cinque **7** sette **9** nove

5 Écrivez en lettres les résultats des additions.

a. 5 + 5 = ... **c.** 4 + 5 = ... **e.** 3 + 3 = ... **g.** 2 + 2 = ...

b. 1 + 0 = ... **d.** 2 + 1 = ... **f.** 4 + 4 = ...

Banque de mots
abito, *habit*
arancione, *orange* (couleur)
azzurro, *bleu clair*
Belgio (m.), *Belgique*
bianco, *blanc*
blu, *bleu*
braccialetto, *bracelet*
castano, *châtain*
elegante, *élégant*
felpa (f.), *sweat-shirt*
giaccone (m.), *grosse veste*
giallo, *jaune*
giornalista, *journaliste*
grigio, *gris*
largo, *large*
magro, *mince, maigre*
marrone, *marron* (couleur)
nero, *noir*
paio (m.), *paire*
rosa, *rose*
stivale (m.), *botte*
verde, *vert*
viola, *violet*

6 Complétez les phrases suivantes par les verbes **essere** ou **avere** aux formes interrogative ou négative, comme dans l'exemple ci-dessous.

Ex. : – Tu (avere) ... una maglietta gialla?
– No, ... una maglietta gialla.

– Tu **hai** una maglietta gialla? – No, **non ho** una maglietta gialla.

a. – Teo e Marco (avere) .... una felpa e un giaccone pesante?
– No, ... una felpa e un giaccone pesante.

b. – Elisa (avere) .... un cappotto lungo e gli stivali?

– No, ... un cappotto lungo e gli stivali.

c. – Marco e Maria (essere) .... biondi?

– No, ... biondi.

d. – Tu (avere) .... un abito corto e dei braccialetti?

– No, ... un abito corto e dei braccialetti.

e. – Tu e Alessandro (essere) .... cari amici?

– No, ... cari amici.

f. – Tu e Fabio (avere) .... due cravatte?

– No, ... due cravatte.

g. – (Io/essere) .... elegante?

– No, ... elegante!

h. – Eleonora (essere) .... castana?

– No, ... castana.

CHAPITRE 3 : FORMES NÉGATIVE ET INTERROGATIVE – NOMBRES DE 0 À 10

7 Associez le mot à l'image correspondante.

a. abito **b.** gonna **c.** felpa **d.** giacca **e.** giubbotto **f.** cappotto **g.** pantaloni

1. 2. 3. 4. 5. 6. 7.

8 Replacez dans le bon ordre les lettres des anagrammes suivants pour obtenir des noms de couleurs.

a. ARSO ....
b. ZORZURA ....
c. DREVE ....
d. CIBONA ....
e. RENO ....
f. LOLIGA ....
g. SORSO ....
h. ULB ....
i. LAVIO ....
j. ORECANINA ....
k. RIGOGI ....
l. NOMERRA ....

9 Écrivez à l'intérieur de l'étiquette correspondante les noms des vêtements dessinés ici.

Quelques pluriels particuliers

Remarquez que le pluriel du mot masculin **il paio**, *la paire*, est **le paia**, féminin en **-a**. Quelques autres mots se comportent ainsi, comme **l'uovo**, **le uova**, *l'œuf*, **il dito**, **le dita**, *le doigt*, **il centinaio**, **le centinaia**, *la centaine*, **il migliaio**, **le migliaia**, *le millier*.

CHAPITRE 3 : FORMES NÉGATIVE ET INTERROGATIVE – NOMBRES DE 0 À 10

Phonétique : les sons [g] et [dj]

- La consonne **g** se prononce différemment selon les voyelles qui la suivent, ou si elle est suivie ou pas de la lettre **h**, comme dans le tableau suivant.

Orthographe	Prononciation	Mots d'exemple
g + a, o, u	ga, go, gou	il belga, la gonna, la guancia
g + i, e	dji, djé	grigi, il gelato
g + i + a, o, u	dja, djo, djou	la giacca, grigio, il giubbotto
g + i + e	djé	grigie
g + h + i, e	gui, gué	larghi, larghe

10. Placez un X dans la colonne correspondant au son présent dans les mots indiqués.

Son	[g]	[dj]
1. giallo		
2. gonna		
3. guanti		
4. giubbotto		
5. giaccone		

Son	[g]	[dj]
6. giacca		
7. largo		
8. grigio		
9. elegante		
10. lentiggini		

Bravo, vous êtes venu(e) à bout du troisième chapitre ! Il est maintenant temps de compter les icônes et de reporter le résultat en page 128 pour l'évaluation finale.

4
Noms altérés – Comparatifs et superlatifs

vocabulaire : nourriture

Les noms altérés

- Il est possible d'« altérer » le sens d'un nom commun en lui ajoutant un suffixe (à la place de la voyelle finale du mot). Voici le tableau des différentes altérations et de leurs suffixes.

Diminutifs	Augmentatifs	Péjoratifs	Diminutifs ayant le sens de « gracieux »
-ino	-one	-accio	-etto
il cucchiaio, *la cuillère* → **il cucchiaino**, *la petite cuillère*	il naso, *le nez* → **il nasone**, *le grand nez*	il tavolo, *la table* → **il tavolaccio**, *la vilaine table*	la casa, *la maison* → **la casetta**, *la jolie petite maison*

Banque de mots

aceto, *vinaigre*
bicchiere, *verre (à boire)*
carne, *viande*
coltello, *couteau*
cucchiaio (m.), *cuillère*
dolce, *doux, sucré* et *dessert*
forchetta, *fourchette*
fresco, *frais*
frutta (f. sing.), *fruits*
insalata, *salade*
minestra, *entrée, soupe*
olio (m.), *huile*
panino, *sandwich*
pasta (sing.), *pâtes*
patata, *pomme de terre*
pepe, *poivre*
pesce, *poisson*
piatto, *plat* et *assiette*
pollo, *poulet*
sale, *sel*
tavolo (m.), *table*
torta (f.), *gâteau*
verdura (f. sing.), *légumes*
zucchero, *sucre*

1 Écrivez dans les cases du tableau suivant les noms altérés correspondant à chacun des mots de la colonne de gauche, comme dans l'exemple.

	Diminutif	Augmentatif	Péjoratif
Ex. : bicchiere	bicchierino	bicchierone	bicchieraccio
1. tavolo	....	....	....
2. piatto	....	....	....
3. forchetta	....	....	....
4. coltello	....	....	....

CHAPITRE 4 : NOMS ALTÉRÉS – COMPARATIFS ET SUPERLATIFS

2 Soulignez ou entourez les quinze noms de mets ou d'aliments.

ODOMINESTRACOTOPASTALUSOPICARNEPOLAPOLLOSERPESCE
ATRINSALATAMARAVERDURAVOLMARAPATATECOLFRUTTAMEPA
OCICOSITORTALECIACETOLPORSAADOPEPELICOROLIOPRSALEROL
DODUZUCCHEROESRKFINAPALI

3 Placez les noms altérés suivants sur les plateaux correspondant à leur classe d'altération.

1. minestrina 2. pescetto 3. piattone 4. dolcetto 5. paninaccio 6. gelatone 7. tortina
8. coltellaccio 9. cucchiaione 10. carnaccia 11. polletto 12. insalatina

a. Diminutifs **b. Augmentatifs** **c. Diminutifs,** sens de gracieux **d. Péjoratifs**

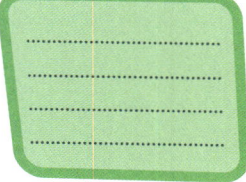  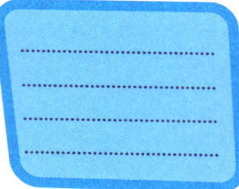 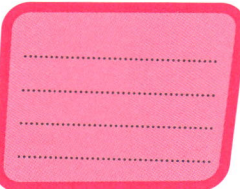

Les degrés de l'adjectif : les comparatifs

- Les adjectifs qualificatifs subissent eux aussi des variations selon le degré d'intensité de la qualité indiquée. Voici le tableau des comparatifs de supériorité et d'infériorité : comme vous le voyez, l'adjectif est précédé d'adverbes (**più** et **meno**) et le second terme de comparaison est introduit par la préposition **di**.

Comparatif de supériorité	Comparatif d'infériorité
Carlo è più ricco di Luigi = *Carlo est plus riche que Luigi.*	**Luigi è meno ricco di Carlo** = *Luigi est moins riche que Carlo.*

- Si le second terme de comparaison est un nom commun précédé d'un article défini, ce dernier fusionne avec la préposition **di** en formant un article contracté, selon le tableau suivant (les formes sont les mêmes que le pluriel de l'article défini, voir chapitre 1).

	il	lo	l'	la	i	gli	le
di	del	dello	dell'	della	dei	degli	delle

Ex. : **Il pesce è più magro della carne** → *Le poisson est plus maigre que la viande.*
La carne è più grassa del pesce → *La viande est plus grasse que le poisson.*

CHAPITRE 4 : NOMS ALTÉRÉS – COMPARATIFS ET SUPERLATIFS

Second terme de comparaison introduit par *che*

Si le second terme de comparaison est un adjectif ou s'il est précédé d'une préposition, il est introduit par la conjonction **che** à la place de **di**.

Exemples : **Carlo è più ricco che bello** = *Carlo est plus riche que beau.*
A Roma il caffè è più buono che a Parigi = *À Rome, le café est meilleur qu'à Paris.*

Banque de mots
buono, *bon*
cena (f.), *dîner*
colazione (f.), *petit déjeuner*
comodo, *confortable*
famoso, *célèbre*
formaggio, *fromage*
fritto, *frit*
lavoro, *travail*
pasto, *repas*
pranzo, *déjeuner*
prosciutto, *jambon*
riso, *riz*
salato, *salé*
tenero, *tendre*
tovaglia, *nappe*
veloce, *rapide*

 Formez les comparatifs de supériorité comme dans les exemples.

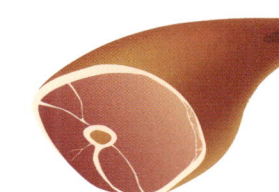

Ex. : I piatti verdi **sono più** grandi **dei** piatti gialli.
La tovaglia bianca è **più** bella **che** comoda.

a. La cena è .... leggera .... pranzo.
b. La colazione è .... veloce .... cena.
c. Questa torta è .... bella .... buona.

 Formez les comparatifs d'infériorité comme dans les exemples.

Ex. : Il mio lavoro è **meno** interessante **del** tuo.
Questo lavoro è **meno** interessante per me **che** per te.

a. Le patatine fritte sono .... leggere .... insalata.
b. La frutta è .... dolce .... torta.
c. I bicchieri verdi non sono .... eleganti .... bicchieri blu.

Comparatif d'égalité

La conjonction **come** est placée entre l'adjectif et le second terme de comparaison.
Exemple : **Carlo è ricco come Luisa** → *Carlo est aussi riche que Luisa.*

CHAPITRE 4 : NOMS ALTÉRÉS – COMPARATIFS ET SUPERLATIFS

 Formez les comparatifs d'égalité comme dans l'exemple.

Ex. : I pesce è … la carne. **(buono)** → Il pesce è **buono come** la carne.
a. La minestra è ……………………… la pasta. (calda)
b. Il formaggio è ……………………… il prosciutto. (salato)
c. Il riso è ……………………… la pasta. (buono)

Les superlatifs : le superlatif relatif

- L'adjectif est précédé de **il più** ou **il meno** : **La colazione è il più importante dei pasti** → *Le petit déjeuner est le plus important des repas.*
- Le nom auquel l'adjectif se réfère peut le précéder, sans répétition de l'article : **La colazione è il pasto più importante** → *Le petit déjeuner est le repas le plus important.*

 Formez le superlatif relatif selon le signe + ou −, comme dans les exemples.

Ex. : Sandro è … collega … (simpatico) **+** → Sandro è **il collega più simpatico.**
Anna è … delle colleghe (simpatica). **−** → Anna è **la meno simpatica** delle colleghe.
a. La pasta è …………………………… (famoso) dei piatti italiani. **+**
b. Il pollo è ……………………… carne ……………………………… (tenera). **+**
c. La torta è …………………………… (leggero) dei dessert. **−**

Le superlatif absolu

On ajoute à l'adjectif le suffixe **-issimo** (pluriel **-issimi,** féminin singulier **-issima,** au pluriel **-issime**) ou bien l'adjectif est précédé de **molto**.

Carlo è ricchissimo ou **Carlo è molto ricco** → *Carlo est très riche.*

 Formez le superlatif absolu comme dans l'exemple.

Ex. : Il pollo è … (salato)! Il pollo è **salatissimo!** (molto salato)
a. La carne è ……………………… (tenera).
b. Gli spaghetti sono ……………………… (buoni).
c. La minestra è ……………………… (calda).

CHAPITRE 4 : NOMS ALTÉRÉS – COMPARATIFS ET SUPERLATIFS

Banque de mots
acqua, *eau*
discesa, *descente*
dissetante, *désaltérant*
pane, *pain*
peperoncino, *piment*
piccante, *piquant*
primo (m.), *entrée (plat)*
sci, *ski*
sciocco, *sot*
sciroppo, *sirop*
spezia, *épice*
uscita, *sortie*
vino, *vin*

 Formez des phrases en associant un élément de chacune des trois colonnes ci-dessous, puis copiez les phrases ainsi formées sur les pointillés.

1. L'acqua è	a. più salato	A. la pasta.
2. Il risotto è	b. la più piccante	B. del vino.
3. Il peperoncino rosso è	c. più dissetante	C. che dolce.
4. Il pane è	d. un primo come	D. delle spezie.

1. ....
2. ....
3. ....
4. ....

Phonétique : le son [ch] (comme le français *charade*)

Le groupe de consonnes **sc-** suivi de la voyelle **-i** ou de la voyelle **-e** se prononce [ch].

Exemples : **lo sci** [chi], *le ski*. **Il pesce** [péché], *le poisson*.

Si le groupe **sci-** est suivi des consonnes **-a, -e, -o, -u**, cela se prononce [cha], [ché], [cho], [chou].

Exemples : **la coscia**, *la cuisse*. **La scienza**, *la science*. **Lo sciocco**, *le sot*. **Il prosciutto**, *le jambon*.

10 **Soulignez seulement les mots qui contiennent le son [ch].**

1. pesce 2. scivolo 3. vassoio 4. sciroppo 5. forchetta 6. asciugamano 7. uscita 8. sciocco 9. pesche 10. albicocche 11. coscia 12. amiche 13. bistecche 14. occhio 15. prosciutto 16. pesciolino

Bravo, vous êtes venu(e) à bout du chapitre 4 ! Il est maintenant temps de compter les icônes et de reporter le résultat en page 128 pour l'évaluation finale.

Prépositions – Présent de l'indicatif des verbes réguliers – Forme de politesse

vocabulaire : temps libre

Quelques prépositions

- Voici quelques prépositions d'usage fréquent ; vous trouverez le tableau complet au chapitre 19.

a *à*	di *de, en*	in *en, dans*	per *pour*
Abito a Roma, *J'habite à Rome.* **Gioco a calcio,** *Je joue au football.*	**La macchina di Carlo,** *La voiture de Carlo.* **Sono di Milano,** *Je suis de Milan.* **Un cucchiaio di legno,** *une cuillère en bois.*	**Abito in Italia,** *J'habite en Italie.* **Nuoto in piscina,** *Je nage dans la piscine.* **Nel tempo libero, suono la batteria,** *Dans mon temps libre, je joue de la batterie.*	**Scio per la prima volta,** *Je skie pour la première fois.* **Parto per l'Italia,** *Je pars pour l'Italie.*
Formes contractées (avec l'article défini)			
a + il = al a + lo = allo a + l' = all' a + la = alla a + i = ai a + gli = agli a + le = alle	di + il = del di + lo = dello di + l' = dell' di + la = della di + i = dei di + gli = degli di + le = delle	in + il = nel in + lo = nello in + l' = nell' in + la = nella in + i = nei in + gli = negli in + le = nelle	Pas d'article contracté, la préposition et l'article restent séparés (voir les exemples ci-dessus).

Banque de mots
ascoltare, *écouter*
ballare, *danser*
batteria, *batterie*
cantare, *chanter*
correre, *courir*
costruire, *construire*
dipingere, *peindre*
disegnare, *dessiner*
dormire, *dormir*
eccetera, *etc.*
figlio, *fils*
giocare, *jouer*
leggere, *lire*
libero, *libre*
musica, *musique*
nuotare, *nager*
oggetto, *objet*
pallavolo (f.), *volley-ball*
piscina, *piscine*
scatola, *boîte*
scolpire, *sculpter*
suonare, *jouer (d'un instrument de musique)*
tempo, *temps*

CHAPITRE 5 : PRÉPOSITIONS – PRÉSENT DE L'INDICATIF DES VERBES RÉGULIERS – FORME DE POLITESSE

Le présent de l'indicatif des trois conjugaisons régulières

	Verbes en **-are**	Verbes en **-ere**	Verbes en **-ire** 1er groupe	Verbes en **-ire** 2e groupe
	cantare, *chanter*	**ripetere**, *répéter*	**finire**, *finir*	**partire**, *partir*
io	cant**o**	ripet**o**	fin**isco**	part**o**
tu	cant**i**	ripet**i**	fin**isci**	part**i**
lui, lei	cant**a**	ripet**e**	fin**isce**	part**e**
noi	cant**iamo**	ripet**iamo**	fin**iamo**	part**iamo**
voi	cant**ate**	ripet**ete**	fin**ite**	part**ite**
loro	cant**ano**	ripet**ono**	fin**iscono**	part**ono**

❶ Associez chaque radical à la désinence correspondante et écrivez les paires en dessous.

1. Lui legg- 2. Io scolp- 3. Loro ball- 4. Tu cant- 5. Lei disegn- 6. Voi dorm-

a. -isco   b. -i   c. -a   d. -e   e. -ite   f. -ano

1. .... 3. .... 5. ....
2. .... 4. .... 6. ....

❷ Complétez le tableau.

	1. Suonare	2. Correre	3. Dormire
Io	suon......	corr......	dorm......
Tu	suon......	corr......	dorm......
Lui/lei	suon......	corr......	dorm......
Noi	suon......	corr......	dorm......
Voi	suon......	corr......	dorm......
Loro	suon......	corr......	dorm......

❸ Complétez les phrases avec les formes verbales suivantes.

1. ascolta 2. costruisco 3. giocano 4. dipingete 5. suoni 6. nuotiamo

a. Nel tempo libero io .... piccoli oggetti, scatole, eccetera.
b. Noi .... in piscina.
c. Marco .... musica.
d. Tu ed Elena ....
e. I miei figli .... a pallavolo.
f. Tu .... la batteria!

CHAPITRE 5 : PRÉPOSITIONS – PRÉSENT DE L'INDICATIF DES VERBES RÉGULIERS – FORME DE POLITESSE

Banque de mots
calcio, *football*
campagna, *campagne*
capire, *comprendre*
cucinare, *cuisiner*
disegno, *dessin*
montagna, *montagne*
pallacanestro (f.), *basket-ball*
passeggiare, *se promener*
poesia, *poème*
praticare, *pratiquer*
sassofono, *saxophone*
sciare, *skier*
scrivere, *écrire*
tango, *tango*
viaggio, *voyage*
yoga, *yoga*

4 Conjuguez les verbes comme dans l'exemple.

Exemple : Loro cucinano
→ Noi **cuciniamo**

a. Lei canta
→ Io ....

b. Lui disegna
→ Voi ....

c. Voi giocate
→ Lei ....

d. Io parto
→ Tu ....

e. Lui suona
→ Loro ....

5 Conjuguez le verbe à la personne indiquée entre parenthèses.

a. Ballare (tu) ....
b. Sciare (loro) ....
c. Correre (io) ....
d. Dipingere (voi) ....
e. Dormire (lui) ....
f. Scolpire (noi) ....
g. Capire (io) ....
h. Praticare (lei) ....

6 Associez les sujets aux actions correspondantes.

1. I bambini .... ⬜
2. Tu .... ⬜
3. Io e i miei amici ...... ⬜
4. Io .... ⬜
5. Emanuele e Giulia ... ⬜
6. Michele .... ⬜
7. Emma .... ⬜

⬜ a. scrivo poesie.
⬜ b. finisce il disegno.
⬜ c. disegnano.
⬜ d. ballano il tango.
⬜ e. parti per la montagna.
⬜ f. passeggiamo in campagna.
⬜ g. gioca a calcio.

Banque de mots
acquerello (m.), *aquarelle*
all'aperto, *en plein air*
antico, *ancien*
aperto, *ouvert*
bar, *café (endroit)*
bere, *boire*
camminare, *marcher*
cioccolata (f.), *chocolat*
collezionare, *collectionner*
mettere, *mettre*
ora, *maintenant*
pescare, *pêcher*
prendere, *prendre*
racconto, *récit* ou *conte*
sole, *soleil*

CHAPITRE 5 : PRÉPOSITIONS – PRÉSENT DE L'INDICATIF DES VERBES RÉGULIERS – FORME DE POLITESSE

 Complétez par la forme verbale correcte.

1. Noi (camminare) ………………… in montagna.
2. Io (finire) ………………… il lavoro.
3. Tu e Simone (leggere) ………………… .
4. Mio marito (collezionare) ………………… libri antichi.
5. Tu (dipingere) ………………… bellissimi acquerelli.
6. Sara e Teo (ballare) ………………… .
7. Voi (passeggiare) ………………… all'aperto.
8. Noi (dormire) ………………… !
9. Lui (scolpire) ………………… statuine di legno.

 Trouvez les erreurs et corrigez-les le cas échéant.

Nel tempo libero in inverno io e le mie amiche
1. *mettiamo* …………… vestiti pesanti e
2. *passeggiano* …………… per ore.
3. *Bevono* …………… cioccolata calda in un bar e 4. *chiacchierate* …………… .
A casa io 5. *cucino* …………… e
6. *scrive* …………… racconti.
In estate io 7. *prende* …………… il sole e mio marito 8. *pesca* …………… .

Banque de mots			
abbonamento, *abonnement*	**cuffia** (f.), *casque (pour écouter), bonnet de bain*	**perché,** *pourquoi* et *parce que*	**sbagliare,** *se tromper*
ascolto (m.), *écoute*	**estate** (f.), *été*	**portare,** *porter* et *apporter*	**sport,** *sport*
casco, *casque (moto, vélo)*	**movimento,** *mouvement*	**primo,** *premier*	**vasca** (f.), *bassin*
costume, *maillot (de bain)*	**obbligatorio,** *obligatoire*	**regolamento,** *règlement*	**volta,** *fois*
	passo, *pas*	**ritmo,** *rythme*	

La forme de politesse

On utilise la troisième personne du singulier, avec le sujet féminin **Lei**. Cela dérive d'une ancienne forme correspondant à « Votre Seigneurie ».

Pour **parli italiano?** (*parles-tu italien ?*), la forme de politesse correspondante est donc **parla italiano?** (*parlez-vous italien ?*).

CHAPITRE 5 : PRÉPOSITIONS – PRÉSENT DE L'INDICATIF DES VERBES RÉGULIERS – FORME DE POLITESSE

9 Remplacez la forme de politesse par la forme de tutoiement.

Exemple : Lei è nuova in piscina! → tu sei nuova in piscina
- **a.** Ha l'abbonamento? ....
- **b.** Lei non porta la cuffia! È' obbligatoria! ....
- **c.** Lei non legge il regolamento! ....
- **d.** Nuota molto bene. Brava! ....
- **e.** Pratica molti sport? ....

10 Transformez la forme de tutoiement en forme de politesse avec **Lei**.
- **a.** Tu balli per la prima volta? ....
- **b.** Hai delle scarpe eleganti! ....
- **c.** Conosci i passi del tango? ....
- **d.** Tu non ascolti il ritmo. ....
- **e.** Sbagli tutti i movimenti! ....
- **f.** Perché non giochi a calcio? ....

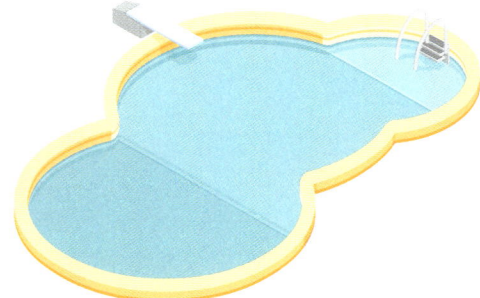

Phonétique : le son [sk]

- **Sca, sco, scu,** se prononcent [ska], [sko], [skou].
- **Schi** et **sche** se prononcent [ski] et [ské].

11 Entourez les mots contenant le son [sk].

a. SCATOLA b. COSTUME c. SCURO d. VASCA e. PISCINA f. FRESCHE g. ASCOLTO h. SCI i. SCARPA j. SCURO k. PASTA l. CAPISCO m. SPORT n. FINISCO o. PROSCIUTTO p. CASCO q. ESTATE

Bravo, vous êtes venu(e) à bout du chapitre 5 ! Il est maintenant temps de compter les icônes et de reporter le résultat en page 128 pour l'évaluation finale.

Prépositions (suite) – Nombres de 11 à 60

vocabulaire : heure, calendrier, repas

Quelques prépositions

Voici quelques prépositions d'usage fréquent ; vous trouverez le tableau complet dans le chapitre 19.

da, *de*	con, *avec*
Sens de provenance : Partiamo da Milano, *Nous partons de Milan.* **Sens de durée : Sono qui da mezzogiorno**, *Je suis ici depuis midi.* **Lavora dal lunedì al venerdì**, *Il travaille du lundi au vendredi.* **« Chez » : Siamo da Luigi**, *Nous sommes chez Luigi.*	**Lavoro con il computer**, *Je travaille avec l'ordinateur.* **Novembre è un mese con trenta giorni**, *Novembre est un mois avec trente jours.*
Formes contractées (avec l'article défini)	
da + il = dal / da + lo = dallo da + l' = dall' / da + la = dalla da + i = dai / da + gli = dagli da + le = dalle	con + il = col / con + lo = collo con + l' = coll' / con + i = coi con + gli = cogli / con + le = colle Ces formes, quoique correctes, sont assez rares et le plus souvent la préposition **con** et l'article restent séparés (voir l'exemple ci-dessus).

❶ Barrez la préposition incorrecte :

1. Sono al cinema **da** / **con** mio marito.
2. Porto la macchina **dal** / **con il** meccanico.
3. La primavera va **da** / **con** marzo a giugno.
4. Sono a casa **da** / **con** un'ora.
5. Non siamo al ristorante, ma siamo a cena **dalla** / **con la** nonna.
6. Faccio ginnastica **con gli** / **dagli** attrezzi.
7. Alice viene **da** / **con** Venezia.

CHAPITRE 6 : PRÉPOSITIONS (SUITE) – NOMBRES DE 11 À 60

Banque de mots
attrezzo, *outil*
aperitivo, *apéritif*
artistico, *artistique*
chiudere, *fermer*
danza, *danse*
ginnastica, *gymnastique*
giorno, *jour*
o, *ou*
palestra (f.), *gymnase*
quando, *quand*
settimana, *semaine*
ora, *heure*

Les nombres de 11 à 20

11 undici   **13** tredici   **15** quindici   **17** diciassette   **19** diciannove
12 dodici   **14** quattordici   **16** sedici   **18** diciotto   **20** venti

La formation des nombres au-delà de 20

- On ajoute simplement en un seul mot l'unité à la dizaine : 35 → **trentacinque**
- Par contre, si l'unité est **uno** ou **otto**, la dizaine perd la voyelle finale : 21 → **ventuno**, 68 → **sessantotto**.
- Les nombres se terminant par **-tre** prennent un accent sur le **e** de **tre** : 53 → **cinquantatré**.

Les dizaines jusqu'à 60

10 dieci
20 venti
30 trenta
40 quaranta
50 cinquanta
60 sessanta

 Associez à chaque addition ou soustraction son résultat.

a. 30 + 11 =   • 1. quindici
b. 20 + 25 =   • 2. sessanta
c. 30 + 30 =   • 3. quarantuno
d. 40 + 18 =   • 4. cinquantotto
e. 55 – 20 =   • 5. ventidue
f. 30 – 15 =   • 6. trentacinque
g. 29 – 2 =   • 7. ventisette
h. 24 – 2 =   • 8. quarantacinque

L'heure

Pour demander l'heure : **Che ore sono?** ou **Che ora è?** *Quelle heure est-il ?*

On répond par : **Sono le…** *Il est…* Dans des contextes officiels ou très formels, l'heure sera précédée de **le ore** : **Sono le ore…** *Il est…*

CHAPITRE 6 : PRÉPOSITIONS (SUITE) – NOMBRES DE 11 À 60

L'heure (suite)

 Sono le quindici e venticinque / Sono le tre e venticinque.

 È mezzogiorno / Sono le dodici.

 È la mezza / È mezzogiorno e mezza / Sono le dodici e trenta.

 È l'una / Sono le tredici.

 È mezzanotte / Sono le ventiquattro.

 Sono le dieci e un quarto / Sono le dieci e quindici.

 Sono le dieci e mezza / Sono le dieci e trenta.

 Sono le dieci e tre quarti / Sono le dieci e quarantacinque / Sono le undici meno un quarto.

 Sono le undici meno dieci / Sono le dieci e cinquanta.

 Comme en français, les heures après midi peuvent se dire de deux manières :

Sono le ventidue e dieci / Sono le dieci e dieci.
Parfois on peut spécifier : **Sono le dieci di sera.**
→ *Il est dix heures du soir.*

3 Complétez par l'heure indiquée par les horloges digitales.

Che ore sono? / Che ora è?

a. `05:00` Sono le ....

b. `11:30` Sono le .... / Sono le ....

c. `08:15` Sono le .... / Sono le .... e un ....

d. `10:45` Sono le .... / Sono le .... /
Sono le .... meno ....

e. `01:40` È .... / Sono le .... meno ....

f. `12:00` Sono le .... / È ....

g. `21:00` Sono le .... di sera / Sono le ....

CHAPITRE 6 : PRÉPOSITIONS (SUITE) – NOMBRES DE 11 À 60

4 Répondez aux questions concernant les horaires de l'hôtel Rivazzurra (le cas échéant, avec les 2 expressions possibles).

Hotel Rivazzurra
Colazione dalle ore 8.00 alle 9.15
Pranzo alle ore 13.00
Aperitivo dalle ore 18.00 alle 18.45
Cena alle ore 20.00

1. A che ora è la colazione? Dalle ore .... alle .... / ....
2. A che ora è il pranzo? Alle ore .... / all' ....
3. A che ora è l'aperitivo? Dalle ore .... / .... alle .... / .... / ....
4. A che ora è la cena? Alle ore .... / ....

Les parties de la journée (*le parti della giornata*)

| **la mattina,** *le matin* | **il pomeriggio,** *l'après-midi* | **la sera,** *le soir* | **la notte,** *la nuit* |

Les jours de la semaine (*i giorni della settimana*)

lunedì, *lundi*
martedì, *mardi*
mercoledì, *mercredi*
giovedì, *jeudi*
venerdì, *vendredi*
sabato, *samedi*
domenica, *dimanche*

Tous les noms de jours sont masculins sauf **domenica**, qui est féminin.

Un brutto lunedì di pioggia, *Un mauvais lundi de pluie.*

Una bella domenica di sole, *Un beau dimanche de soleil.*

Les mois de l'année (*i mesi dell'anno*)

gennaio, *janvier*
febbraio, *février*
marzo, *mars*
aprile, *avril*
maggio, *mai*
giugno, *juin*
luglio, *juillet*
agosto, *août*
settembre, *septembre*
ottobre, *octobre*
novembre, *novembre*
dicembre, *décembre*

Tous les noms de mois sont masculins.

Les quatre saisons (*le quattro stagioni*)

la primavera (f.), *le printemps*
l'estate (f.), *l'été*
l'autunno (m.), *l'automne*
l'inverno (m.), *l'hiver*

CHAPITRE 6 : PRÉPOSITIONS (SUITE) – NOMBRES DE 11 À 60

5 Complétez en écrivant à côté de chaque horaire la partie de la journée correspondante.

a. 21h30 : ....   c. 07h50 : ....
b. 16h45 : ....   d. 00h00 : ....

6 À partir des 7 anagrammes ci-dessous, écrivez les 7 jours de la semaine, en ajoutant l'accent là où c'est nécessaire.

1. VIDIEGO ....   5. BOASTA ....
2. DEMIRTA ....   6. LEDEMIRCO ....
3. MACIDENO ....   7. RENVIDE ....
4. DULINE ....

7 Observez le tableau des horaires de ce centre de bien-être et répondez aux questions en toutes lettres.

PALESTRA BENESSERE

ORE	LUNEDI	MARTEDI	MERCOLEDI	GIOVEDI	VENERDI	SABATO	DOMENICA
10:00		YOGA		YOGA		YOGA	
11:15	GINNASTICA DOLCE		GINNASTICA DOLCE				
17:30	GINNASTICA ARTISTICA				GINNASTICA ARTISTICA		
20:45	DANZA			DANZA			

a. A che ora è DANZA? Alle ....

b. In che giorni è YOGA? Il ...., il .... e il ....

c. Quando è GINNASTICA ARTISTICA? Di .... e di .... alle ....

d. GINNASTICA DOLCE è di mattina o di pomeriggio? Di ....

e. DANZA è di pomeriggio? No, è di ....

f. In che giorno della settimana chiude la palestra? La ....

Banque de mots
andare, *aller*
casa, *maison*
cominciare, *commencer*
fare, *faire*
foglia, *feuille* (d'un arbre)
giornata, *journée*
mamma, *maman*
oro, *or*
serata, *soirée*
sogno, *rêve* (**sogni d'oro,** littéralement *rêves d'or,* équivalent des *beaux rêves* en français)
solo, *seul* et *seulement*
sorgere, *surgir* (*se lever,* en parlant du soleil)
splendere, *briller*
studiare, *étudier*
sveglia (f.), *réveil*
tramontare, *se coucher* (en parlant du soleil)
vero, *vrai* (ou *n'est-ce pas* à la fin d'une interrogation)

CHAPITRE 6 : PRÉPOSITIONS (SUITE) – NOMBRES DE 11 À 60

Les formules de salutation

Ciao!	Arrivederci!	Buongiorno!	Buonasera!	Buonanotte!
Salut !	*Au revoir !*	*Bonjour !*	*Bonsoir !*	*Bonne nuit !*

8 Complétez avec la formule de salutation correcte.

a. ....! Bella serata, vero?
b. ....! La giornata comincia!
c. .... e sogni d'oro!
d. ....! Va a pranzo?
e. .... Marco. Come va?

f. Parto. ....!
g. È tardi, noi dormiamo. ....!
h. Io vado, ... mamma!

Quelques adverbes de temps très fréquents

a volte	dopo	mai	presto	prima	sempre	spesso	tardi
parfois	*après*	*jamais*	*tôt*	*avant*	*toujours*	*souvent*	*tard*

9 Complétez avec les lettres manquantes afin de former l'adverbe de temps le mieux adapté :

a. _o_o il lavoro andiamo a casa.
b. In estate il sole sorge _re_ _ o tramonta _ _r_i .
c. Sono stanco perché di notte non dormo _a_ .

d. Fa caldo e bevo _ _e_s_.
e. Domani cominciamo _ri_ _ perché abbiamo molto lavoro.
_ _o_t_ la sveglia non suona.
f. Facciamo _em_ _ _ colazione.

Banque de mots
albero, *arbre*
mese, *mois*
nevicare, *neiger*
perdere, *perdre*
piovere, *pleuvoir*
sbocciare, *éclore*

10 Indiquez à quelle saison ont lieu les phénomènes ci-dessous.

a. Sbocciano i fiori. ....
b. A volte nevica. ....
c. Piove spesso e gli alberi perdono le foglie. ....
d. Fa caldo. ....

CHAPITRE 6 : PRÉPOSITIONS (SUITE) – NOMBRES DE 11 À 60

11 Complétez avec les noms des mois.

a. I mesi con trenta giorni sono ....

b. I mesi con trentuno giorni sono ....

c. Il mese con ventotto (o ventinove) giorni è ....

12 Complétez avec l'expression correcte parmi celles ci-dessous.

a. **dal 21 giugno** b. **il 31** c. **il 21 marzo** d. **20 dicembre** e. **Oggi è**

1. La primavera comincia ....
2. L'estate va .... al 22 settembre.
3. L'autunno finisce il ....
4. Halloween è .... di ottobre.
5. Che giorno è oggi? .... mercoledì 7 febbraio.

Phonétique : le son [gli]

La prononciation très particulière de ce groupe de lettres est proche de [ill] en français dans des mots comme *mouillé*, *fille*, etc.

13 Observez les images et entourez seulement celles qui représentent des mots avec le son [gli], puis écrivez-les.

....
....
....
....

1. 2. 3. 4. 5.

Bravo, vous êtes venu(e) à bout du chapitre 6 ! Il est maintenant temps de compter les icônes et de reporter le résultat en page 128 pour l'évaluation finale.

7. Adjectifs et pronoms possessifs – Pronoms personnels compléments directs

vocabulaire : relations de parenté, animaux domestiques

Adjectifs et pronoms possessifs

- Les adjectifs et les pronoms possessifs ont les formes suivantes :

	masculin singulier	masculin pluriel	féminin singulier	féminin pluriel
1re personne du singulier	il mio	i miei	la mia	le mie
2e personne du singulier	il tuo	i tuoi	la tua	le tue
3e personne du singulier	il suo	i suoi	la sua	le sue
1re personne du pluriel	il nostro	i nostri	la nostra	le nostre
2e personne du pluriel	il vostro	i vostri	la vostra	le vostre
3e personne du pluriel	il loro	i loro	la loro	le loro

Il faut toujours mettre l'article devant le possessif, sauf quand le possessif précède un mot indiquant une relation de parenté au singulier. On dira donc **il mio amico**, *mon ami,* mais **mio padre**, *mon père,* **mia madre**, *ma mère,* etc. L'article revient s'il s'agit d'un pluriel (**i miei fratelli**, *mes frères,* **le mie sorelle**, *mes sœurs*), ou d'un nom altéré (voir chapitre 4) : **il mio fratellino**, *mon petit frère,* **la mia mamma**, *ma maman* et **il mio papà**, *mon papa* (on les considère comme des diminutifs gracieux).
On peut avoir également l'article indéfini directement devant le possessif : **un mio amico**, *un de mes amis.* On utilise les mêmes formes comme pronoms, donc **il mio** signifie aussi *le mien*.

CHAPITRE 7 : ADJECTIFS ET PRONOMS POSSESSIFS – PRONOMS PERSONNELS COMPLÉMENTS DIRECTS

Banque de mots
- **abitare,** *habiter*
- **amare,** *aimer*
- **arrivare,** *arriver*
- **bicicletta** (f.), *vélo*
- **cane,** *chien*
- **cognato,** *beau-frère*
- **cugino,** *cousin*
- **famiglia,** *famille*
- **fidanzato,** *fiancé*
- **fratello,** *frère*
- **gatto,** *chat*
- **madre,** *mère*
- **nipote,** *neveu* et *petit-fils*
- **nonno,** *grand-père*
- **padre,** *père*
- **papà,** *papa*
- **preferito,** *préféré*
- **preparare,** *préparer*
- **sorella,** *sœur*
- **suocero,** *beau-père*
- **zio,** *oncle*

1 Complétez avec l'adjectif possessif correct choisi dans la liste ci-dessous.

1. il suo 2. i nostri 3. la tua 4. il vostro 5. il loro 6. il tuo 7. la mia

a. È bellissima .... casa!
b. Lisa abita con .... fidanzato.
c. Noi ceniamo con .... figli.
d. I ragazzi amano .... cane.
e. Di che colore è .... gatto?
f. Lucia e Marco, questo è .... nipotino?
g. Io dormo con .... gattina.

2 Trouvez et soulignez les onze noms des relations de famille.

```
CUGINOTRALEOINIPOTEOSA
IAPADREMIFUNEFRATELLOP
ACHIRISORELLAAMAFALLAI
MADREGIGHISIROZIOACELU
OFAFIGLIOQUALOPOSOTIPAL
GAROLLINONNOCEPUTOBON
AVISUOCEROEPOCOGNATOLI
```

3 Complétez avec l'adjectif possessif correct choisi dans la liste ci-dessous.

1. tua 2. il mio 3. nostri 4. suo 5. I miei 6. i loro 7. il vostro 8. la mia

a. .... suoceri sono a pranzo e io preparo .... piatti preferiti.
b. I .... parenti preferiti sono gli zii.
c. La mia mamma e .... papà arrivano oggi.
d. Ti presento .... famiglia.
e. Signori buongiorno! Luca è .... nipotino?
f. .... sorella è più tranquilla della mia!
g. Anna e .... fratello arrivano oggi.

4 Complétez le tableau suivant.

Singulier	Pluriel
Tua sorella	Le tue sorelle
1.	I suoi cugini
Il loro cane	2. ....
3.	Le nostre case
Vostra nipote	4. ....
5.	Le mie biciclette
Tuo zio	6. ....
7.	Le mie nonne
Suo cognato	8. ....

CHAPITRE 7 : ADJECTIFS ET PRONOMS POSSESSIFS – PRONOMS PERSONNELS COMPLÉMENTS DIRECTS

Banque de mots
accompagnare, *accompagner*
adesso, *maintenant*
asilo nido (m.), *crèche*
collana (f.), *collier*
connessione, *connexion*
giardino, *jardin*
giocattolo, *jouet*
invitare, *inviter*
lavare, *laver*
moto, *moto*
orecchino (m.), *boucle d'oreille*
parente, *parent*
preferire, *préférer*
prestare, *prêter*
provare, *essayer*
rotto, *cassé*
sp<u>e</u>gnere, *éteindre*
sporco, *sale*

 Complétez avec l'adjectif possessif correct.

1. Voi e .... zii camminate spesso in montagna.
2. Giovanni e Pietro prestano .... biciclette ai .... cugini.
3. Marianna a volte mette i vestiti di .... sorella.
4. Oggi lavo .... cane.
5. Invitiamo .... nonni a cena.
6. Metti sempre .... cappello.

 Complétez le tableau suivant.

Singulier	Pluriel
Una mia amica	Delle mie amiche
1.	Dei vostri studenti
Una sua collega	2. ....
3.	Dei nostri insegnanti
Un tuo parente	4. ....

L'expression de la propriété

On utilise le possessif également pour demander à qui appartient quelque chose, et pour la réponse :

Sono vostri i giocattoli? No, non sono nostri, sono loro. → *Sont-ils à vous, les jouets ? Non, ils ne sont pas à nous, ils sont à eux.*

Dans ce cas, comme vous le voyez, on n'utilise pas d'article devant le possessif.

 Répondez en utilisant le pronom possessif correct, comme dans l'exemple.

Exemple : È tuo lo zaino? (no – suo) → *No, non è mio, è suo.*

a. È sua la moto? (no – mia)
....
b. Signora, sono suoi gli spaghetti? (sì – miei)
....
c. Sono vostre le chiavi? (no – loro)
....
d. È di Elena il braccialetto? (sì – suo)
....
e. Sono tuoi gli orecchini? (no – suoi)
....
f. È la vostra macchina? (sì – nostra)
....

CHAPITRE 7 : ADJECTIFS ET PRONOMS POSSESSIFS – PRONOMS PERSONNELS COMPLÉMENTS DIRECTS

8 **Complétez avec le pronom possessif correct choisi dans la liste ci-dessous et trouvez l'intrus.**

1. i miei **2.** la tua **3.** il vostro **4.** il mio **5.** la sua **6.** le vostre **7.** il tuo **8.** il suo

a. Le nostre biciclette sono rotte, prendiamo ....

b. Il mio computer non ha la connessione, provo ....

c. Non ho una collana, metto ....

d. Il mio caffè è freddo, e .... signora?

e. Mio fratello ha molti giocattoli, ma gioca con ....

f. Il suo giardino è piccolo, preferisco ....

g. Il nostro cane è molto vivace, e ....?

INTRUS : ....

Le pronom personnel complément d'objet direct

- Les adjectifs et les pronoms possessifs ont les formes suivantes :

pronom sujet	complément d'objet direct
io	**mi,** *me* **Mi guardi** ➜ *Tu me regardes.*
tu	**ti,** *te* **Ti guardo** ➜ *Je te regarde.*
lui, lei	**lo,** *le* (masc.), **la,** *la* (fém. et forme de politesse) **Lo preparo** ➜ *Je le prépare* **La mangiamo** ➜ *Nous la mangeons* **La accompagno, signore** ➜ *Je vous accompagne, monsieur*
noi	**ci,** *nous* **Ci accompagnano** ➜ *Ils nous accompagnent*
voi	**vi,** *vous* **Vi accompagnamo** ➜ *Nous vous accompagnons*
loro	**li** (masc.), **le** (fém.), *les* **Li preferisco** ➜ *Je les préfère (eux).* **Le preferisco** ➜ *Je les préfère (elles).*

Ces pronoms précèdent toujours le verbe. Puisque la personne de politesse est la 3e personne du singulier au féminin (**Lei**), ce sont les pronoms personnels compléments correspondant à cette personne qui sont utilisés pour ce cas.

CHAPITRE 7 : ADJECTIFS ET PRONOMS POSSESSIFS – PRONOMS PERSONNELS COMPLÉMENTS DIRECTS

9 Complétez avec le pronom complément d'objet direct correct.

a. La pasta è buonissima. Mio marito ………… prepara spesso.

b. Nostro zio ………… accompagna sempre al lavoro.

c. A volte ………… guardo mentre lavori.

d. Sono qui, ………… vedi?

e. Arrivate oggi? ………… invito a casa mia.

f. I miei nipotini sono all'asilo nido. Alle quattro ………… vado a prendere.

g. Le biciclette sono in garage. ………… prendete?

Phonétique : les doubles consonnes

On prononce les doubles consonnes en prolongeant leur son. On entend très bien quand elles sont dans un mot. Il faut toutefois bien apprendre l'orthographe des nouveaux mots, parce qu'il n'y a pas de règles précises pour savoir s'il y a une double consonne ou pas.

10 Dans la liste ci-dessous, les mots à double consonne sont écrits avec une seule ; corrigez-en l'orthographe. Attention, ce n'est pas le cas de tous !

a. ombrelo ………………………………

b. sorela ………………………………

c. viso ………………………………

d. sole ………………………………

e. colana ………………………………

f. bracialeto ………………………………

g. gato ………………………………

h. quatro ………………………………

i. amico ………………………………

j. cognato ………………………………

k. colega ………………………………

l. nipote ………………………………

m. maglieta ………………………………

n. giaca ………………………………

o. naso ………………………………

p. boca ………………………………

Bravo, vous êtes venu(e) à bout du chapitre 7 ! Il est maintenant temps de compter les icônes et de reporter le résultat en page 128 pour l'évaluation finale.

Présent des principaux verbes irréguliers

vocabulaire : magasins, courses

Le présent de l'indicatif des principaux verbes irréguliers en *-are*

	ANDARE *aller*	**DARE** *donner*	**FARE** *faire*	**STARE** *rester, être*
(io)	vado	do	faccio	sto
(tu)	vai	dai	fai	stai
(lui, lei)	va	dà	fa	sta
(noi)	andiamo	diamo	facciamo	stiamo
(voi)	andate	date	fate	state
(loro)	vanno	danno	fanno	stanno

Retenez que **stare** est utilisé dans les expressions idiomatiques indiquant un état, aussi bien d'âme que de santé : **Come stai?**, *Comment vas-tu ?* **Sto bene, grazie**, *Je vais bien, merci.*

Banque de mots

aiutare, *aider*
allora, *alors*
andare, *aller*
centro commerciale, *centre commercial*
dare, *donner*
dire, *dire*
dove, *où*
dovere, *devoir*
fare, *faire*
grazie mille, *merci beaucoup*
lontano, *loin*
niente, *rien*
parcheggio, *parking*
per favore, *s'il vous plaît* et *s'il te plaît*
potere, *pouvoir*
quando, *quand*
salire, *monter*
sapere, *savoir*
scala mobile (f.), *escalier roulant*
stare, *rester*
uscire, *sortir*
venire, *venir*
volere, *vouloir*

❶ Traduisez.

a. Tu vas ....
b. Nous donnons ....
c. Elles font ....
d. Tu donnes ....
e. Je fais ....
f. Nous restons ....

❷ Conjuguez le verbe à la personne indiquée entre parenthèses.

a. Andare (loro) ....
b. Dare (tu) ....
c. Fare (noi) ....
d. Stare (lui) ....
e. Andare (voi) ....
f. Fare (io) ....

CHAPITRE 8 : PRÉSENT DES PRINCIPAUX VERBES IRRÉGULIERS

Le présent de l'indicatif des principaux verbes irréguliers en -ere

	BERE *boire*	DOVERE *devoir*	POTERE *pouvoir*	SAPERE *savoir*	VOLERE *vouloir*
(io)	bevo	devo	posso	so	voglio
(tu)	bevi	devi	puoi	sai	vuoi
(lui, lei)	beve	deve	può	sa	vuole
(noi)	beviamo	dobbiamo	possiamo	sappiamo	vogliamo
(voi)	bevete	dovete	potete	sapete	volete
(loro)	bevono	devono	possono	sanno	vogliono

3 Traduisez.

a. Nous pouvons ....
b. Ils ne savent pas ....
c. Tu dois ....
d. Je ne veux pas ....
e. Elle boit ....
f. Vous voulez ....

4 Complétez les phrases suivantes.

a. Io (bere) .... l'acqua.
b. Tu (potere) .... aiutare la tua mamma.
c. Tu e Marco (dovere) .... lavorare.
d. Io e Sandro (volere) .... una casa nuova.
e. Leo (sapere) .... molte cose.

Le présent de l'indicatif des principaux verbes irréguliers en -ire

	DIRE *dire*	SALIRE *monter*	USCIRE *sortir*	VENIRE *venir*
(io)	dico	salgo	esco	vengo
(tu)	dici	sali	esci	vieni
(lui, lei)	dice	sale	esce	viene
(noi)	diciamo	saliamo	usciamo	veniamo
(voi)	dite	salite	uscite	venite
(loro)	dicono	salgono	escono	vengono

5 Traduisez.

a. Je ne viens pas. ....
b. Elles sortent. ....
c. Nous disons. ....
d. Ils montent. ....
e. Tu sors. ....

CHAPITRE 8 : PRÉSENT DES PRINCIPAUX VERBES IRRÉGULIERS

6 Complétez le dialogue entre une personne qui demande un renseignement et une autre qui lui répond avec la forme de politesse.

– Buongiorno. **1.** (*venire*) .... da lontano, **2.** non (*sapere*) .... dov'è il centro commerciale.

– Quando Lei **3.** (*uscire*) .... dal parcheggio, **4.** (*salire*) .... le scale mobili e vede il centro commerciale.

– Allora, **5.** (*uscire*) .... dal parcheggio e **6.** (*salire*) .... le scale. Grazie mille!

– Di niente. Mi **7.** (*dire*) .... da dove **8.** (*venire*) ....?

– Da Tarquinia. Arrivederci.

Banque de mots

anche, *aussi*
busta, *enveloppe*
caffè, *café (la boisson)*
cameriere, *serveur*
commesso, *vendeur*
comprare, *acheter*
conto (m.), *addition (dans le commerce)*
dire di sì / dire di no, *dire oui / dire non*
ecco, *voici et voilà*
fornaio, *boulanger*
fruttivendolo, *marchand de fruits*
gelataio, *marchand de glaces*
giornalaio, *marchand de journaux*
giornale, *journal*
lavanderia, *laverie*
panificio (m.), *boulangerie*
parrucchiere, *coiffeur*
pasticceria, *pâtisserie*
piega (f.), *pli et brushing (cheveux)*
Quant'è? *Cela fait combien ?*
resto (m.), *la monnaie (que l'on rend)*
spesa (f. sing.), *les courses*
supermercato, *supermarché*
tabaccheria (f.), *bureau de tabac*

---

7 Répondez aux questions en choisissant un mot dans la liste (attention : **da**, *chez*, voir chapitre 6).

a. fruttivendolo **b.** gelataio **c.** lavanderia **d.** supermercato **e.** tabaccheria
f. pasticceria **g.** giornalaio **h.** parrucchiere **i.** bar **j.** panificio

1. Dove posso comprare un gelato?
   Dal ....
2. Dove posso comprare del pane?
   Al ....
3. Dove posso comprare una torta?
   In ....
4. Dove posso comprare della verdura?
   Dal ....
5. Dove posso comprare un giornale?
   Dal ....
6. Dove posso comprare una busta?
   In ....
7. Dove posso prendere un caffè?
   Al ....
8. Dove posso fare la piega ai capelli?
   Dal ....
9. Dove posso far lavare una camicia?
   In ....
10. Dove posso comprare del formaggio?
    Al ....

CHAPITRE 8 : PRÉSENT DES PRINCIPAUX VERBES IRRÉGULIERS

8 Complétez les phrases en conjuguant le verbe entre parenthèses.

a. Voi (dire) .... di sì, noi (dire) .... di no.

b. I nonni (fare) .... la spesa.

c. La commessa (dare) .... il resto.

d. Noi (uscire) .... adesso dal supermercato.

e. I camerieri (fare) .... il conto.

f. Il fornaio (fare) .... il pane.

9 Traduisez.

a. Je vais chez le boulanger.

b. Ils ne sortent jamais.

c. Nous buvons un verre de vin.

d. Il veut sortir avec nous.

e. Vous ne dites rien.

10 Complétez le dialogue avec le verbe entre parenthèses conjugué selon le sens de la phrase.

Al Panificio "Pane d'oro"

– Ciao ragazzi! Come **1.** (*stare*) ....?

– **2.** (*Stare*) .... bene, grazie. E Lei, come **3.** (*stare*) ....?

– **4.** (*Stare*) .... bene anch'io. Cosa **5.** (*volere*) .... di buono?

– Prendiamo del pane e una torta. Oggi **6.** (*uscire*) .... con i nostri amici e **7.** (*fare*) .... un bel pic-nic.

– E non **8.** (*bere*) .... niente?

– Ah sì. Prendiamo tre bottiglie d'acqua. Noi **9.** (*bere*) .... solo acqua. Quant'è?

– Voi **10.** (*prendere*) .... le borse e io **11.** (*fare*) .... il conto. Sono quattro euro e quarantacinque.

– Ecco. Arrivederci!

Bravo, vous êtes venu(e) à bout du chapitre 8 ! Il est maintenant temps de compter les icônes et de reporter le résultat en page 128 pour l'évaluation finale.

TITRE PREMIER CHAPITRE

9
Passé composé – Accord du participe passé – Pronoms personnels compléments indirects

vocabulaire : métiers

Féminins particuliers

De nombreuses professions ont un féminin irrégulier.

- Les masculins en **-tore** font le féminin en **-trice** : **l'attore**, *l'acteur,* **l'attrice** ; **il direttore**, *le directeur,* **la direttrice**, etc. Exception : **il dottore**, *le docteur,* devient **la dottoressa**.
- Certains font le féminin en **-essa** : **il professore**, le professeur, **la professoressa** ; **il vigile**, *l'agent de la circulation,* **la vigilessa**, etc. Outre les professions, se comportent ainsi les titres de noblesse (**il conte**, *le comte,* **la contessa**) et quelques noms d'animaux (**il leone**, *le lion,* **la leonessa**).

Banque de mots

barista, *barman*	**curare**, *soigner*	**meccanico**, *mécanicien*	**riparare**, *réparer*
carta (f.), *papier*	**direttore**, *directeur*	**medico**, *médecin*	**traffico**, *trafic (circulation)*
conoscere, *connaître*	**dirigere**, *diriger*	**notizia**, *nouvelle*	**tutto**, *tout*
controllare, *contrôler*	**dottore**, *docteur*	**paziente**, *patient*	**ufficio**, *bureau*
cuoco, *cuisinier*	**impiegato**, *employé*	**professore**, *professeur*	**vigile**, *agent de la circulation*
	infermiere, *infirmier*		
	insegnare, *enseigner*		

❶ Associez chacun des métiers de la liste ci-dessous à sa définition, puis mettez-les au féminin.

a. infermiere **b.** vigile **c.** professore **d.** meccanico **e.** barista
f. direttore **g.** impiegato **h.** dottore **i.** cuoco

1. Insegna : .... **4.** Lavora nel bar : .... **7.** Ripara le macchine : ...

2. Dirige il traffico : .... **5.** Cura i malati : .... **8.** Cucina : ....

3. Dirige degli uffici : ...... **6.** Aiuta il medico : .... **9.** Lavora in ufficio : ....

CHAPITRE 9 : PASSÉ COMPOSÉ – ACCORD DU PARTICIPE PASSÉ – PRONOMS PERSONNELS COMPLÉMENTS INDIRECTS

Le participe passé

Très utile pour la conjugaison des temps composés, le participe passé des trois groupes réguliers se forme de la façon suivante :

Désinence de l'infinitif	-are	-ere	ire
Désinence du participe passé	-ato	-uto	-ito

Exemples : **parlare → parlato ; vendere → venduto ; finire → finito.**

Malheureusement, la plupart des verbes sont irréguliers au participe passé… Voici les plus fréquents :
- en **-are** : **fare**, *faire* → **fatto**
- en **-ere** : **bere**, *boire* → **bevuto** ; **prendere**, *prendre* → **preso** ; **scrivere**, *écrire* → **scritto** ; **vedere**, *voir* → **visto** ; **vivere**, *vivre* → **vissuto** ; **scegliere**, *choisir* → **scelto**.
- en **-ire** : **aprire**, *ouvrir* → **aperto** ; **dire**, *dire* → **detto** ; **venire**, *venir* → **venuto**.

Le passé composé

Comme en français, il est formé du verbe auxiliaire **essere** ou **avere** suivi du participe passé du verbe à conjuguer.

Verbe **parlare** : **ho parlato, hai parlato, ha parlato, abbiamo parlato, avete parlato, hanno parlato.**

2 Complétez avec la forme correcte du passé composé des verbes réguliers indiqués entre parenthèses.

a. La barista (preparare) ………………………… il caffè.

b. Il direttore (controllare) ………………………… il lavoro degli impiegati.

c. Tu e i tuoi colleghi (finire) ………………………… il lavoro.

d. I medici (curare) ………………………… i pazienti.

e. Gli studenti (capire) ………………………… la lezione.

f. Marco, (portare) ………………………… la macchina dal meccanico?

g. (Io/andare) ………………………… con la nonna dal medico.

h. Tu e tuo fratello (arrivare) ………………………… alla stazione.

CHAPITRE 9 : PASSÉ COMPOSÉ – ACCORD DU PARTICIPE PASSÉ – PRONOMS PERSONNELS COMPLÉMENTS INDIRECTS

3 Complétez avec la forme correcte du passé composé des verbes irréguliers indiqués entre parenthèses.

a. Io e i miei colleghi (dovere) .... lavorare tutto il giorno.
b. Voi (dare) .... le carte all'impiegata.
c. Io (sapere) .... la notizia dalla mia professoressa.
d. Tu (volere) .... la bicicletta.
e. Le mie figlie (scegliere) .... il menù.
f. Il dottore (dire) .... di mangiare verdura.
g. Paolo e Marco (venire) .... al cinema con noi.

Banque de mots
albergo, *hôtel*
bravo, *bon (capable)*
compleanno, *anniversaire (d'une personne)*
documento, *papier (par ex. d'identité)*
durante, *pendant*
febbre, *fièvre*
foto, *photo*
gola, *gorge*
ieri, *hier*
latte, *lait*
lista, *liste*
male, *mal*
medicina (f.), *médicament*
miele, *miel*
modulo, *formulaire*
multa, *contravention*
pagare, *payer*
regalare, *offrir*
ricetta, *ordonnance*
riposo, *repos*
ristorante, *restaurant*
spedire, *envoyer*
spray, *spray*
telefonare, *téléphoner*
visitare, *visiter*

Le choix de l'auxiliaire : *essere* ou *avere* ?

Dans la plupart des cas, on utilise **avere** pour les verbes transitifs (pouvant être suivis d'un COD) et **essere** pour les verbes intransitifs (d'état, de mouvement, etc.). Il existe cependant des exceptions : **camminare**, *marcher*, s'utilise avec **avere** (ho camminato, j'ai marché), tout comme **piacere**, *plaire*, avec **essere** (mi è piaciuto, cela m'a plu), etc.
Attention : Le verbe **essere** a comme auxiliaire lui-même : *J'ai été* = **Sono stato.**

4 Complétez le dialogue suivant au passé composé.

– Buongiorno dottoressa. **1.** (Io/venire) .... da Lei perché ieri **2.** (uscire) ...., **3.** (prendere) .... freddo e durante la notte **4.** (stare) .... male. Di notte **5.** (avere) .... la febbre.
– **6.** (Lei/prendere) .... delle medicine?
– No, niente. Non **7.** (andare) .... in farmacia. **8.** (bere) .... latte caldo e miele.
– Bene, le **9.** (guardare) .... la gola. È rossa, ma basta uno spray e un giorno di riposo. Le **10.** (fare) .... la ricetta. Arrivederci.

CHAPITRE 9 : PASSÉ COMPOSÉ – ACCORD DU PARTICIPE PASSÉ – PRONOMS PERSONNELS COMPLÉMENTS INDIRECTS

5 Mettez chaque numéro de phrase dans la bonne enveloppe.

1. .... andato al ristorante.
2. .... bevuto tutta l'acqua.
3. .... stato in ufficio tutto ieri.
4. .... uscito tardi.
5. Non .... potuto aiutare i miei amici.
6. .... venuto al bar con voi.

a. HO
b. SONO

Les pronoms personnels compléments d'objet indirect

pronom sujet	complément d'objet indirect
io	**mi**, *me* **Mi parli**, *Tu me parles.*
tu	**ti**, *te* **Ti parlo**, *Je te parle.*
lui, lei	**gli**, *le* (masc.), **le**, *la* (fém. et forme de politesse) **Gli dico**, *Je lui dis (à lui).* **Le insegnamo**, *Nous lui apprenons (à elle).* **Le piace, signore?**, *Cela vous plaît, monsieur ?*
noi	**ci**, *nous* **Ci spiegano**, *Ils nous expliquent.*
voi	**vi**, *vous* **Vi raccontiamo**, *Nous vous racontons.*
loro	**gli**, *leur* (masc. et fém.) **Gli do**, *Je leur donne (à eux).* **Gli do**, *Je leur donne (à elles).*

Ces pronoms précèdent toujours le verbe.

Puisque la personne de politesse est la 3e personne du singulier au féminin (**Lei**), ce sont les pronoms personnels compléments correspondant à cette personne qui sont utilisés pour ce cas.

6 Complétez chaque phrase avec l'un des pronoms personnels de la liste ci-dessous.

a. gli **b.** le **c.** gli **d.** ti **e.** vi **f.** ci **g.** mi

1. Il suo fidanzato .... ha telefonato ieri.
2. .... ho scritto una mail. L'hai vista?
3. Siamo studenti. I professori .... hanno dato la lista dei libri.
4. Sono arrabbiato! La vigilessa .... ha fatto la multa.
5. Per il compleanno di Marco .... abbiamo regalato un tablet.
6. Vengono i miei amici. .... ho preparato una bella cena.
7. Giovanni e Michele, il barista .... ha portato il caffè!

CHAPITRE 9 : PASSÉ COMPOSÉ – ACCORD DU PARTICIPE PASSÉ – PRONOMS PERSONNELS COMPLÉMENTS INDIRECTS

L'accord du participe passé

Si le verbe auxiliaire est **essere**, le participe passé s'accorde avec le sujet, alors qu'avec **avere** il reste invariable.

Luisa è andata al ristorante e ha mangiato una pizza, *Luisa est allée au restaurant et a mangé une pizza.*

Quand le verbe au passé composé conjugué avec **avere** est précédé du complément d'objet direct, par exemple sous la forme d'un pronom personnel complément, le participe passé s'accorde avec lui.

Luisa e Carla, non le ho viste, *Luisa et Carla, je ne les ai pas vues.*

7. Accordez le participe passé avec le sujet de la phrase.

a. Noi sorelle siamo andat_____ a casa presto.
b. Elena è uscit_____ dall'ufficio tardi.
c. Marco è andat_____ in albergo.
d. I ragazzi sono venut_____ al bar.
e. Sono stat_____ al ristorante con mia moglie.
f. Voi studentesse siete partit_____ ieri.
g. Siete stat_____ bravi.

8. Complétez avec le pronom et le passé composé comme dans l'exemple.

Exemple : Le zie, **le abbiamo accompagnate** (noi/accompagnare) in albergo.

a. I panini, ... (lui/mangiare).
b. La mail, ... (spedire/io) ieri.
c. Il computer, ... (riparare/io).
d. La macchina, ... (portare/noi) dal meccanico.
e. Le multe, ... (pagare/io) ieri.
f. Il pranzo, ... (preparare/tu)?

9. Associez sujet et verbe au complément d'objet direct.

1. Il vigile ha fatto
2. La cuoca ha cucinato
3. Il meccanico ha riparato
4. Il barista ha portato
5. Il dottore ha visitato
6. L'impiegato ha preparato

a. il pollo.
b. i pazienti.
c. i caffè.
d. la moto.
e. i documenti.
f. la multa.

CHAPITRE 9 : PASSÉ COMPOSÉ – ACCORD DU PARTICIPE PASSÉ – PRONOMS PERSONNELS COMPLÉMENTS INDIRECTS

10 Complétez avec les pronoms personnels compléments d'objet indirect.

a. **(A lui)** .... hai detto di portare i documenti?
b. L'impiegato **(a lei)** .... ha dato il modulo?
c. **(A loro)** .... ho regalato un telefono.
d. **(A te)** .... ho mandato una mail.
e. **(A me)** .... hai fatto una foto?
f. **(A noi)** .... hai preparato la lista della spesa?
g. Il meccanico **(a voi)** .... ha riparato la macchina.

Phonétique : la lettre q

Elle est toujours suivie de la voyelle **u** qui se prononce toujours, en général suivie à son tour d'une autre voyelle : **quattro** [*kouàttro*].
Le son est donc le même qu'avec les lettres **c + u**. Il n'y a pas de véritable règle pour savoir si l'on utilise **qu** ou **cu** : il faut retenir l'orthographe des mots quand on les apprend…

11 Complétez par cu ou qu selon le mot.

a. ....attro
b. Tar.......inia
c. ....cchiaio
d. ....aranta
e. preoc.......pato.
f. ac.......a
g. ....adro
h. ....cinare
i. ....oco
j. ....rare

Bravo, vous êtes venu(e) à bout du chapitre 9 ! Il est maintenant temps de compter les icônes et de reporter le résultat en page 128 pour l'évaluation finale.

Formes passive, réfléchie, impersonnelle

vocabulaire : activités de la journée

Banque de mots

accarezzare, *caresser*
addormentare, *endormir*
allenare, *entraîner*
alzare, *lever*
ditta, *entreprise*
impegnare, *engager*
letto, *lit*
mondo, *monde*
paese, *pays*
persona, *personne*
pettinare, *coiffer* et *peigner*
rilassare, *relaxer*
stancare, *fatiguer*
stazione, *gare*
svegliare, *réveiller*
svestire, *déshabiller*
vacanza (f.sing.), *vacances*
vegetariano, *végétarien*
vestire, *habiller*

La forme passive

- **Au présent :** présent de l'indicatif du verbe auxiliaire **essere** + participe passé du verbe qui exprime l'action passive.

Exemple : **La lingua italiana è parlata in Italia** = *La langue italienne est parlée en Italie.*

- **Au passé composé :** passé composé du verbe auxiliaire **essere** + participe passé du verbe qui exprime l'action passive.

Exemple : **La lingua latina è stata parlata all'epoca romana** = *La langue latine a été parlée à l'époque romaine.*

Comme en français, le participe passé est toujours accordé avec le sujet.

Le complément d'agent est introduit par la préposition **da** éventuellement contractée si elle est suivie d'un article.

Exemple : **La lingua italiana è parlata dagli italiani** = *La langue italienne est parlée par les Italiens.*

 Complétez à la forme passive (présent de l'indicatif).

Exemple : In Italia la pasta (mangiare) **è mangiata** da tutti.
a. L'inglese (studiare) .... in tutti i paesi.
b. I capelli (pettinare) .... dal parrucchiere.
c. L'*italian style* (amare) .... in tutto il mondo.
d. I piatti vegetariani (preparare) .... in molti ristoranti.

 Complétez à la forme passive (passé composé).

Exemple : Il suo libro (leggere) **è stato letto** da molte persone.
a. Il lavoro (finire) .... ieri.
b. Il film (vedere) .... in molti paesi.
c. La macchina (riparare) .... dal meccanico.
d. L'albergo (pagare) .... dalla ditta.

CHAPITRE 10 : FORMES PASSIVE, RÉFLÉCHIE, IMPERSONNELLE

3 Transformez la forme active en passive.

Exemple : La collega ha accompagnato a casa Lara. → **Lara è stata accompagnata a casa dalla collega.**

a. Molte persone scelgono le vacanze al mare. → ....

b. I bambini accarezzano il gatto. → ....

c. Gli zii hanno preparato la cena. → ....

d. Mara ha accompagnato alla stazione i parenti. → ....

4 Transformez la forme passive en active.

Exemple : La macchina è stata lavata dal papà. → **Il papà ha lavato la macchina.**

a. Gli studenti sono aiutati dai professori. → ....

b. La pizza è amata dagli Italiani. → ....

c. Laura è stata visitata dal medico. → ....

d. La cena è stata pagata dal direttore. → ....

La forme réfléchie

Le verbe est précédé par les pronoms **mi, ti, si, ci, vi, si.**

Exemple : **alzarsi,** *se lever.* **Mi alzo,** *je me lève.* **Ti alzi,** *tu te lèves.* **Si alza,** *il, elle se lève.* **Ci alziamo,** *nous nous levons.* **Vi alzate,** *vous vous levez.* **Si alzano,** *ils, elles se lèvent.*

Dans les temps composés, l'auxiliaire est toujours **essere**.

5 Reportez la lettre de chacune des actions ci-dessous en face de la partie de la journée où elle se déroule.

a. Mi addormento. **b.** Mi sveglio. **c.** Mi svesto. **d.** Mi impegno nel lavoro. **e.** Mi vesto. **f.** Mi alleno in palestra. **g.** Mi pettino. **h.** Mi lavo e mi metto a letto. **i.** Mi rilasso al parco. **j.** Mi alzo.

1. **MATTINO** ....

2. **POMERIGGIO** ....

3. **SERA** ....

CHAPITRE 10 : FORMES PASSIVE, RÉFLÉCHIE, IMPERSONNELLE

6. Complétez les formes réfléchies suivantes avec le pronom approprié.

a. Di sera .... addormento presto.
b. Tu non .... pettini mai.
c. Tu e Sara .... rilassate al cinema.
d. Mia sorella .... è allenata tutti i giorni.
e. Domenica .... siamo svegliati molto tardi.
f. I miei colleghi .... sono impegnati molto.
g. Mio marito .... è stancato molto al lavoro.

Banque de mots

barba, *barbe*	lago, *lac*	pulire, *nettoyer*	rovesciare, *renverser*	tagliare, *couper*
cadere, *tomber*	massaggiare, *masser*	rompere, *casser* (participe passé : **rotto**)	rovinare, *abîmer*	tingere, *teindre*
ciuffo (m.), *mèche*	pausa, *pause*		sporcare, *salir*	tombino (m.), *bouche d'égout*
dente (m.), *dent*	piede, *pied*		tacco, *talon (de chaussure)*	unghia (f.), *ongle*
	pigiama, *pijama*			

Forme pronominale et « faux réfléchi »

Les mêmes pronoms sont utilisés quand la forme pronominale est suivie d'un complément d'objet direct. Exemple : **Mi metto le scarpe** = *Je mets mes chaussures*.

Il s'agit bien sûr d'un « faux réfléchi », cependant le participe passé des temps composés s'accorde toujours avec le sujet. Exemples : **Luisa si è messa le scarpe** = *Luisa a mis ses chaussures* ; **i bambini si sono messi le scarpe** = *les enfants ont mis leurs chaussures*.

7. Associez les verbes pronominaux suivants au complément d'objet direct approprié.

1. Maria e Lara si pettinano
2. Voi vi siete messi
3. Io mi massaggio
4. Edoardo si è fatto
5. Noi ci siamo preparati

a. i piedi.
b. la barba.
c. un caffè.
d. i lunghi capelli.
e. le scarpe basse.

8. Complétez en accordant le participe passé.

a. Mi sono tint____ i capelli.
b. Michele si è lavat____ le mani.
c. Voi sorelle vi siete tagliat____ le unghie?
d. Ci siamo fatt____ la barba.
e. Francesca e Sofia si sono mess____ i tacchi alti.
f. Lorenzo si è preparat____ la cena.
g. La bambina si è vestit____ da sola.
h. Tu e Alessandro, vi sei pettinat____ il ciuffo?

CHAPITRE 10 : FORMES PASSIVE, RÉFLÉCHIE, IMPERSONNELLE

9. Complétez avec la forme pronominale du verbe entre parenthèses au présent de l'indicatif.

Exemple : Di mattina (io/svegliare) **mi sveglio** presto.

a. Prima di uscire (tu/lavare) .... i denti e (pettinare) ....

b. Per andare al lavoro (lei/vestire) .... con abiti eleganti.

c. In ufficio (lui/impegnare) .... molto.

d. Nel pomeriggio le ragazze (allenare) .... in palestra.

e. Dopo lo sport (lui/lavare) .... sempre i capelli.

f. Di sera (noi/rilassare) .... in casa.

g. (Voi/addormentare) .... tardi.

h. Di notte (lei/mettere) .... il pigiama.

10. Mettez au passé composé les phrases de l'exercice précédent.

Exemple : Di mattina **mi sveglio** presto. → Di mattina **mi sono svegliato** presto.

a. ....

b. ....

c. ....

d. ....

e. ....

f. ....

g. ....

h. ....

Si impersonnel

Il correspond au « on » français et il est donc toujours suivi du verbe à la troisième personne.
Exemple : **In estate si va al mare,** *En été, on va à la mer.*
Cependant, si le verbe est à son tour suivi d'un COD, c'est avec celui-ci que le verbe s'accorde.
Exemple : **Si mangiano torte,** *On mange des tartes*
Le français *on se* est exprimé par **ci si** :
Ci si pettina, *On se coiffe* ; **Ci si pettinano i capelli,** *On coiffe ses cheveux.*

CHAPITRE 10 : FORMES PASSIVE, RÉFLÉCHIE, IMPERSONNELLE

 Transformez les phrases personnelles en impersonnelles comme dans l'exemple.

Exemple : Sul percorso **le persone corrono** tutti i giorni. ➜ Sul percorso **si corre** tutti i giorni.

a. Al parco le persone passeggiano. ....

b. Nella pausa pranzo le persone mangiano poco. ....

c. In palestra le persone si levano le scarpe. ....

d. La domenica a volte le persone vanno al lago. ....

e. Al mattino le persone fanno quasi sempre colazione. ....

f. In ufficio le persone bevono molti caffè. ....

g. A pranzo le persone preparano spesso gli spaghetti. ....

h. Il sabato sera le persone prendono l'aperitivo. ....

 Complétez le dialogue à l'aide des phrases ci-dessous.

a. mi sono fatta **b.** mi sono svegliata **c.** mi sono pulita **d.** sono stata aiutata
e. si sono sporcati **f.** è stato rovesciato **g.** si è rotto **h.** si è rovinato **i.** si viene

– Cosa hai fatto ieri Silvia?
– **1.** .... tardi e ho corso per arrivare al lavoro. Ma sono caduta,
2. .... male e i miei vestiti
3. ....
Il direttore ha detto
4. " .... al lavoro così?"
5. .... dalle colleghe e
6. ....
In ufficio un bicchiere di caffè
7. .... sulle mie carte e il mio lavoro
8. ....
Poi un tacco della scarpa
9. .... e mi sono cadute le chiavi di casa in un tombino! Bellissima giornata…

Bravo, vous êtes venu(e) à bout du chapitre 10 ! Il est maintenant temps de compter les icônes et de reporter le résultat en page 128 pour l'évaluation finale.

11. Démonstratifs – Indicateurs de position dans l'espace

vocabulaire : maison, ameublement

Adjectifs démonstratifs

Singulier						
	Masculin				Féminin	
(près de la personne qui parle)	questo				questa	
(loin de la personne qui parle)	quello (devant **s** + consonne, **gn-**, **ps**)	quell' (devant voyelle)	quel (devant consonne, sauf **s** + cons., **gn-**, **ps**)		quella (devant consonne)	quell' (devant voyelle)

Pluriel			
	Masculin		Féminin
(près de la personne qui parle)	questi		queste
(loin de la personne qui parle)	quei (pluriel de **quel**)	quegli (pluriel de **quello** et de **quell'**)	quelle

Si je dis **questo bambino**, je parle de *cet enfant-ci*, qui est près de moi ; quand je dis **quel bambino** je désigne donc *cet enfant-là*, loin de moi.

La maison et l'ameublement
apparecchiare, *dresser (la table)*
appendere, *accrocher*
armadio (m.), *armoire*
camera da letto, *chambre à coucher*
cucina, *cuisine*
divano, *divan*
finestra, *fenêtre*
ingresso (m.), *entrée (maison)*
lampada, *lampe*
legno, *bois*
letto, *lit*
libreria, *étagère (à livres)*
mensola, *console*
muro, *mur*
pavimento, *plancher*
salotto, *salon*
scaffale, *étagère*
sedia, *chaise*
sgabello, *tabouret*
specchio, *miroir*
stanza, *pièce*
tavola, *table*
vaso, *vase* et *pot*

CHAPITRE 11 : DÉMONSTRATIFS – INDICATEURS DE POSITION DANS L'ESPACE

1 Complétez par l'adjectif démonstratif opportun, indiquant ce qui est près de la personne qui parle.

a. .... casa mi piace.
b. Metto .... vasi colorati sulla mensola.
c. Dipingiamo la camera da letto con .... colore.
d. .... bambina è mia figlia.
e. Ho comprato .... sedie blu per il salotto.

2 Complétez par l'adjectif démonstratif opportun, indiquant ce qui est loin de la personne qui parle.

a. .... armadio è troppo grande per la nostra camera.
b. .... divano giallo è il mio preferito.
c. Apparecchio la tavola con .... tovaglia e .... piatti.
d. Compriamo .... sgabello rosso e .... sedie nere.
e. .... oggetti sono un ricordo dei miei viaggi.

Quelques indicateurs de position dans l'espace

qui et **qua,** *ici*
lì et **là,** *là-bas*

vicino, *près*
lontano, *loin*
qui vicino, *près d'ici*
là vicino, *près de là-bas*
vicino a, *près de*
lontano da, *loin de*

sopra, *sur, au-dessus*
sotto, *sous, en dessous*
dentro a, *dedans*
fuori da, *en dehors de*
a destra, *à droite*
a sinistra, *à gauche*
al centro, *au centre*

in mezzo a, *au milieu de*
accanto a, *à côté de*
davanti a, *devant*
dietro a, *derrière*
di fianco a, *à côté de*
in fondo a, *au fond de*

3 Complétez par l'adjectif démonstratif opportun.

a. .... casa in fondo alla via è la mia.
b. Mettiamo .... tavolo (qui) accanto alla finestra.
c. Dipingiamo di verde i muri di .... stanza.
d. .... pavimenti (là) nel negozio sono di legno.
e. Con .... sgabelli gialli che hai visto in negozio arrediamo la cucina.
f. .... armadio là che avete comprato l'anno scorso è perfetto nella casa nuova.
g. Su .... mensole metto i libri.
h. Nell'ingresso ho appeso .... specchio che mi hai regalato anni fa.

CHAPITRE 11 : DÉMONSTRATIFS – INDICATEURS DE POSITION DANS L'ESPACE

La préposition *su*

Elle correspond à *sur* dans plusieurs sens.

- position dans l'espace : **Il libro è su quel tavolo** → *Le livre est sur cette table-là* ;
- argument, inhérence : **Ho letto un libro su Botticelli** → *J'ai lu un livre sur Botticelli.*

Formes contractées (avec l'article défini) :

su + il → sul		su + lo → sullo	
su + l' → sull'		su + la → sulla	
su + i → sui		su + gli → sugli	
su + le → sulle			

Banque de mots

bagno (m.), *salle de bains*
chiesa, *église*
coperta, *couverture*
cuscino, *coussin* et *oreiller*
decorazione, *décoration*
farmacia, *pharmacie*
gradino (m.), *marche*
mobile, *meuble*
occupare, *occuper*
parco, *parc*
poltrona (f.), *fauteuil*
porta, *porte*
tappeto, *tapis*
scala, *escalier* et *échelle*
scivolare, *glisser*
semaforo, *feu tricolore*
via, *rue*

4 Dans la description suivante de la pièce, remplacez les pointillés par l'indicateur de position le plus opportun, choisi dans la liste ci-dessous.

sopra – in mezzo – **sotto**
davanti – a sinistra

a. Il tappeto è .... alla stanza.

b. Il divano è .... alla libreria.

c. Il tavolino è .... il tappeto.

d. La lampada è .... del divano.

e. Il libro è .... il tavolo.

5 Complétez par les couples d'indicateurs de position choisis dans la liste ci-dessous.

qua/là – dentro/di fianco – qui vicino/accanto – vicino/lontano

a. .... mettiamo il divano e .... la poltrona.

b. Il parco è ....? – No, è ....

c. Casa tua è ....? – Sì, è .... al parco.

d. Sei .... la chiesa? – No sono .... alla chiesa.

CHAPITRE 11 : DÉMONSTRATIFS – INDICATEURS DE POSITION DANS L'ESPACE

6 Dans les dialogues suivants, remplacez les pointillés par les indicateurs de position les plus opportuns, choisis dans la liste ci-dessous.

fuori – dietro – al centro – a destra – là vicino – sotto – in fondo

a. Scusi, dov'è la farmacia? – La farmacia è .... al supermercato, ... a questa via.

b. Dov'è il bagno per favore? – È .... la scala.

c. Dov'è il gatto? – .... il divano.

d. Dove sei? – Sono .... dalla porta!

e. Dove devo girare al semaforo? – Devi girare ....

f. Dove metto il vaso con i fiori? – .... della tavola.

7 Complétez les phrases par l'article contracté correct, choisi dans la liste ci-dessous (quelques-uns pourront être utilisés plusieurs fois).

su – sul – sullo – sull' – sulla – sui – sugli – sulle

a. Ho messo un vaso di fiori .... finestra.

b. Attento a non scivolare .... scale.

c. Il libro di cucina è .... scaffale.

d. Abbiamo fatto delle decorazioni .... muro.

e. Il gatto è salito .... albero.

f. Il vaso è .... mensola.

g. Siamo seduti .... gradini.

h. Metto i cuscini .... questo letto.

i. Ho visto un film .... Napoleone.

Pronoms démonstratifs

Singulier		Pluriel	
Masculin	Féminin	Masculin	Féminin
questo	questa	questi	queste
quello	quella	quelli	quelle

Ils peuvent être suivis de **qui** ou **qua** et de **lì** ou **là** ; cela renforce le sens de position dans l'espace : **Preferisci questo qui o quello là?** → *Préfères-tu celui-ci ou celui-là ?*

Le pronom **ciò** correspond à *ceci* et à *cela*. De sens neutre, il s'accorde pourtant au masculin : **ciò è bello,** *cela est beau.*

CHAPITRE 11 : DÉMONSTRATIFS – INDICATEURS DE POSITION DANS L'ESPACE

8 Complétez avec les bons pronoms démonstratifs.

a. Preferisci questa poltrona o .... là?

b. Quali cuscini mettiamo sul divano? .... qui o .... là?

c. Tu mi dai quelle chiavi e io ti do .... (qua).

d. Quella stanza è occupata. Potete dormire in .... (qua).

e. Quali coperte preferisci sul letto, ... o .... ?

f. Non mi piace questo mobile, preferisco .... là.

g. Quel ragazzo non è gentile, ... invece sì.

Verbes irréguliers

RIMANERE, rester	VALERE, valoir
rimango	valgo
rimani	vali
rimane	vale
rimaniamo	valiamo
rimanete	valete
rimangono	valgono
Participe passé : rimasto	**Participe passé :** valso

Banque de mots
altro, *autre*
appartamento, *appartement*
artista, *artiste*
balcone, *balcon*
condominio, *immeuble* et *copropriété*
cosa, *chose*
fine settimana (f. invariable), *week-end*
gente (toujours f. sing.), *gens*
pena, *peine*
periodo (m.), *période*
piazza, *place*
sala (f.), *salon*
spettacolo, *spectacle*

9 Complétez par le verbe **rimanere** au présent de l'indicatif.

a. Cosa fai oggi? – .... in casa.

b. Oggi Annachiara .... al lavoro fino a tardi.

c. Noi .... qui.

d. Spesso Andrea .... a letto tutta la mattina.

e. I nostri amici .... a casa nostra una settimana.

10 Complétez par le verbe **valere** au présent de l'indicatif.

a. Questi orecchini .... poco.

b. Nello sport io non .... niente.

c. Tu .... molto come artista.

d. Non ne .... la pena!

e. Questi mobili antichi .... molto.

CHAPITRE 11 : DÉMONSTRATIFS – INDICATEURS DE POSITION DANS L'ESPACE

C'è, ci sono

Cette formule correspond à *il y a* et s'accorde avec ce qui la suit, qui est son sujet.

Exemples : **Sul tavolo c'è un libro** → *Sur la table il y a un livre* ;
Sulla sedia ci sono due libri → *Sur la chaise il y a deux livres.*

Étant formé du pronom **ci** (*y*) et du verbe **essere** à la troisième personne, **c'è** se conjugue aux différents temps et modes de la phrase, et le participe passé s'accorde avec le sujet aux temps composés.

Exemples : **Ci sono stati temporali** → *Il y a eu des orages* ;
Ci sono state belle giornate → *Il y a eu de belles journées.*

11 Dans le dialogue suivant, remplacez les points par **c'è ou ci sono**.

– Com'è la tua nuova casa?

– È un piccolo appartamento accanto a un parco. Nel condominio .... sei appartamenti. Nel mio .... anche un grande balcone. Nell'ingresso .... uno specchio antico, nella sala .... un divano giallo, una poltrona, una libreria e una lampada.

In cucina .... un tavolo verde e sulle mensole .... moltissimi oggetti. Sul balcone .... delle grandi piante.

12 Dans le dialogue suivant, remplacez les pointillés par **ci sono stati – ci sono state – c'è stato – c'è stata**.

– Com'è stato il tuo periodo in Italia?

– Nei primi tempi al lavoro .... giornate difficili perché non conosco bene la lingua, ma .... molta gente che mi ha aiutato. Per fortuna .... quasi sempre bel tempo e nei fine settimana .... molti spettacoli nelle piazze.

Bravo, vous êtes venu(e) à bout du chapitre 11 ! Il est maintenant temps de compter les icônes et de reporter le résultat en page 128 pour l'évaluation finale.

L'impératif – Les expressions de politesse

vocabulaire : ville

L'impératif

verbes en **-are**		verbes en **-ere**		verbes en **-ire**			
parlare		**credere**		**finire**		**partire**	
forme affirmative	forme négative	forme affirmative	forme négative	forme affirmative	forme négative	forme affirmative	forme négative
parl**a**	non <u>parlare</u>	cred**i**	non <u>credere</u>	fin**isci**	non <u>finire</u>	part**i**	non <u>partire</u>
parl**iamo**	non parl**iamo**	cred**iamo**	non cred**iamo**	fin**iamo**	non fin**iamo**	part**iamo**	non part**iamo**
parl**ate**	non parl**ate**	cred**ete**	non cred**ete**	fin**ite**	non fin**ite**	part**ite**	non part**ite**

Comme vous le voyez dans le tableau, l'impératif négatif de la deuxième personne du singulier est formé de l'infinitif précédé de **non** : **non parlare**, *ne parle pas*.

Les verbes irréguliers construisent leur impératif sur le radical du présent de l'indicatif. Par exemple l'impératif de **bere** est : **bevi, beviamo, bevete**.

Banque de mots
- **attenzione,** *attention*
- **centro storico,** *vieille ville (centre-ville ancien)*
- **divieto di sosta,** *stationnement interdit*
- **fino a,** *jusqu'à*
- **girare,** *tourner*
- **incrocio,** *carrefour*
- **fila,** *file*
- **mappa** (f.), *plan*
- **pagamento,** *paiement*
- **parcheggiare,** *garer*
- **parcometro,** *parcmètre*
- **problema,** *problème*
- **rallentare,** *ralentir*
- **rotatoria** (f.), *rond-point*
- **strada,** *route*
- **strisce pedonali** (f. pl.), *passage piéton*
- **targa,** *plaque (d'immatriculation)*
- **vicolo** (m.), *ruelle*
- **zona pedonale,** *zone piétonne*
- **vietare,** *interdire*

CHAPITRE 12 : L'IMPÉRATIF – LES EXPRESSIONS DE POLITESSE

1 Complétez par le verbe entre parenthèses conjugué à l'impératif et à la personne indiquée, comme dans l'exemple.

Exemple : **Andate (andare/voi)** dritto fino alla rotatoria!

a. .... **(guardare/voi)** il semaforo, è rosso!

b. Attenzione, non .... **(attraversare/tu)** la strada!

c. .... **(girare/tu)** a destra all'incrocio!

d. Non .... **(guidare/voi)** l'auto quando siete stanchi!

e. Non .... **(partire/noi)** proprio ora!

f. .... **(passare/tu)**, c'è verde!

g. .... **(chiedere/noi)** al vigile dov'è la via!

h. .... **(rallentare/tu)**, ci sono le strisce pedonali!

2 Traduisez.

a. Ne viens pas ! ....
b. Parlez ! ....
c. Allons ! ....
d. Tourne à droite ! ....
....

e. Ne gare pas ta voiture ici ! ....
....
f. Ralentissez ! ....
g. Ne parlons pas ! ....
h. Regarde le carrefour ! ....
....

Impératifs monosyllabiques

La deuxième personne du singulier de l'impératif des verbes suivants est monosyllabique et prend une apostrophe.

andare → va' / fare → fa' / dire → di' / dare → da' / stare → sta'

3 Complétez par l'impératif monosyllabique du verbe entre parenthèses, comme dans l'exemple.

Exemple : **Va'** (andare/tu) dritto fino al semaforo e poi gira a destra!

a. .... (fare/tu) presto!

b. .... (andare/tu) a casa e .... (stare/tu) attento al traffico!

c. .... (dare/tu) a tuo marito le chiavi!

d. .... (dire/tu) alla tua amica che non puoi uscire.

e. .... (stare/tu) tranquilla!

CHAPITRE 12 : L'IMPÉRATIF – LES EXPRESSIONS DE POLITESSE

L'impératif avec les pronoms personnels compléments

- À la forme affirmative, les pronoms personnels compléments (directs et indirects) s'accrochent à la fin de l'impératif et forment un seul mot avec lui, et la place de l'accent tonique ne change pas. Dans les exemples suivants, la lettre où tombe l'accent tonique est soulignée : **parlami**, *parle-moi* ; **accompagnaci**, *accompagne-nous*.

- À la forme négative, ces pronoms peuvent suivre cette règle ou rester avant le verbe. Exemples : **non parlarne** ou **non ne parlare**, *n'en parle pas* ; **non guardatelo** ou **non lo guardate**, *ne le regardez pas*.

- Quand le pronom personnel complément s'accroche à la fin d'un impératif monosyllabique, il redouble sa première consonne (et l'apostrophe disparaît).

Exemples : **fallo**, *fais-le* ; **fanne**, *fais-en*.
Cela est valable également pour la particule pronominale **ci** (= *y*) : **vacci**, *vas-y*.
En revanche, **gli** reste inchangé : **digli**, *dis-lui*.

Banque de mots
accomodarsi, *s'asseoir*
allacciare, *attacher (une ceinture)*
appuntamento, *rendez-vous*
banca, *banque*
biglietto, *billet et ticket*
caffetteria, *cafétéria*
dare una mano (a qualcuno), *donner un coup de main (à quelqu'un)*
levare, *enlever, ôter*
patente (f.), *permis de conduire*
periferia, *banlieue*
poliziotto, *policier*
sedersi, *s'asseoir*
sicurezza, *sécurité*
vicino, *voisin*

 Complétez par l'impératif du verbe entre parenthèses fusionné avec les pronoms compléments indiqués, comme dans l'exemple.

Exemple : È un grosso problema, ma non **parliamone** (parlare/noi/del problema) adesso!

a. .... (accompagnare/tu/me) a casa stasera!

b. .... (portare/noi/a lei) un regalo!

c. .... (dire/voi/a lui) qual è la strada più corta per arrivare in centro.

d. Ecco la vigilessa, ... (chiedere/noi/a lei) dov'è la via.

e. Non .... (ascoltare/tu/loro)!

f. Prendi l'ombrello e .... (portare/tu/l'ombrello) con te!

g. Ecco le chiavi, non .... (perdere/voi/le chiavi)!

CHAPITRE 12 : L'IMPÉRATIF – LES EXPRESSIONS DE POLITESSE

5 Complétez par un impératif monosyllabique associé à un pronom, choisi dans la liste ci-dessous.

a. **vacci** b. **fanne** c. **fagli** d. **fallo** e. **dammi** f. **danne** g. **dalla** h. **dillo** i. **dicci** j. **stacci**

1. Fa' un giro al parco ma .... ora!
2. Hai comprato del pane! .... un po' anche a loro!
3. Finalmente ti vediamo, ... come stai!
4. Qual è il problema? .... anche a me per favore.
5. Hai fatto i biglietti? .... altri due per favore!
6. Presto, ... una mano!
7. Fa' visitare la città a tuo cugino e .... vedere il centro storico!
8. Hai la mappa della città? .... a me!
9. Hai detto che stavi in casa, ... ora!
10. Volevi andare al cinema stasera, allora .... !

L'impératif des formes réfléchies et pronominales

Les pronoms personnels s'accrochent à la fin du verbe à l'impératif des verbes réfléchis et pronominaux également.

Exemples : **vestiti**, *habille-toi* ; **mettetevi le scarpe**, *mettez vos chaussures*.

6 Complétez par l'impératif du verbe réfléchi conjugué à la personne indiquée entre parenthèses, comme dans l'exemple.

A. È tardi! Presto, (alzarsi/tu) **alzati**,
1. (lavarsi/tu) ....
2. (pettinarsi/tu) ....
3. (mettersi/tu) .... un abito elegante e corri all'appuntamento!
4. (allacciarsi/tu) .... le scarpe!

B. Buongiorno signori, per favore
5. (mettersi/voi) .... in fila per fare il biglietto. Poi
6. (togliersi/voi) .... i cappotti e
7. (sedersi/voi) .... a vedere il video della mostra.

Les pronoms personnels compléments et l'infinitif

Comme avec l'impératif, les pronoms personnels compléments et ceux des formes réfléchies et pronominales s'accrochent à la fin de l'infinitif et forment un seul mot avec lui ; l'infinitif perd ainsi le **-e** final :

Sono contento di vederti → *Je suis content de te voir.*
Voglio parlargli → *Je veux lui parler.* **Devo vestirmi** → *Je dois m'habiller.*
Dovete lavarvi i denti → *Vous devez vous laver les dents.*

CHAPITRE 12 : L'IMPÉRATIF – LES EXPRESSIONS DE POLITESSE

7 Complétez par les verbes à l'infinitif associés au pronom personnel complément indiqué entre parenthèses, comme dans l'exemple.

Exemple : I vostri genitori vi hanno dato dei consigli, dovete (ascoltare/loro) **ascoltarli**!

a. Devi (allacciare/a te) .... la cintura di sicurezza quando guidi.

b. Sono venuto a (dare/a voi) .... una notizia.

c. Voglio (portarle/lei) .... al centro commerciale.

d. Saremo contenti di (accompagnare/lui) .... a casa.

e. Vogliamo (mostrare/a voi) .... la periferia della città.

f. Devo (preparare/me) .... per uscire.

g. Mi ha detto di (parlare/a te) ....

h. Il poliziotto chiede di (fare/a lui) .... vedere la patente.

i. Può (dare/a me) .... un biglietto dell'autobus per favore?

8 Complétez par la forme verbale opportune, en choisissant parmi celles de la liste ci-dessous.

a. entraci **b.** dammi **c.** ascoltami **d.** fa' **e.** va' **f.** mettiti **g.** accompagnala **h.** cambiarmi **i.** dimmi **j.** darmi

Sara : Marco, **1.** .... ! Devo andare in farmacia. Per favore, **2.** .... dov'è.

Marco : 3. .... dritto per il corso principale, arrivi nella piazza e lì trovi la farmacia.
4. .... dalla porta laterale nel vicolo a sinistra.

Sara : Va bene. **5.** .... le chiavi della bicicletta!

Marco : Ecco. **6.** .... i guanti e la sciarpa, fa freddo. Puoi **7.** .... la tua macchina allora?

Sara : Sì. Marta deve andare alla stazione, **8.** .... tu!

Marco : Certo. Vado a **9.** .... e parto!

Sara : 10. .... attenzione al traffico!

L'impératif de la forme de politesse

verbes en **-are**		verbes en **-ere**		verbes en **-ire**			
parlare		credere		finire		partire	
forme affirmative	forme négative	forme affirmative	forme négative	forme affirmative	forme négative	forme affirmative	forme négative
parl**i**	non parl**i**	cred**a**	non cred**a**	fin**isca**	non fin**isca**	part**a**	non part**a**

CHAPITRE 12 : L'IMPÉRATIF – LES EXPRESSIONS DE POLITESSE

L'impératif de la forme de politesse (suite)

Puisque morphologiquement il s'agit en réalité d'un subjonctif (**parli** correspondrait donc à quelque chose comme *que votre seigneurie parle…*), l'impératif de la forme de politesse ne suit pas les règles que nous venons de voir pour les pronoms personnels compléments, qui restent devant le verbe :

Gli parli ➔ *Parlez-lui.* **Non ci vada** ➔ *N'y allez pas.* **Ci dica tutto** ➔ *Dites-nous tout.*
Mi dia un documento d'identità ➔ *Donnez-moi un papier d'identité.*

L'impératif de la forme de politesse ne suit pas non plus les règles précédentes concernant les formes réfléchies et pronominales :

Si vesta ➔ *Habillez-vous.*

9 Complétez le dialogue suivant par l'impératif conjugué à la forme de politesse, associé au pronom personnel indiqué, comme dans l'exemple.

Exemples : Buongiorno signora, (dare a me) **mi dia** i documenti per favore.
Buongiorno, signora, prenda i suoi documenti e (dare i documenti) **li dia** al mio collega.

In strada.

– Buongiorno signor vigile.
– Buongiorno. **1.** (Dire a me) ....!
– Dov'è una banca qui vicino?
– Giri subito a sinistra, lì c'è una banca. **2.** (Andarci) .... a piedi perché è zona pedonale.
– Grazie. Dove posso mettere la macchina?

– Non **3.** (parcheggiare la macchina) .... qui, è vietato.
4. (Mettere la macchina) .... nel parcheggio a pagamento. Inserisca il numero della targa, faccia il biglietto e quando torna **5.** (dare il biglietto) .... all'uscita per il pagamento.

10 Complétez le dialogue suivant par l'impératif conjugué à la forme de politesse, associé au pronom personnel ou réfléchi indiqué, comme dans l'exemple.

Exemple : Buonasera signor Martini, (togliersi) **si tolga** la giacca e (dare la giacca) **la dia** a me.

Alla caffetteria.

– Signora, **1.** (accomodarsi) .... , **2.** (levarsi) .... il cappotto e **3.** (dare il cappotto) .... a me. Ecco, **4.** (sedersi) .... qui.

– Grazie. **5.** (Portare a me) .... una tazza di cioccolata calda, per favore.
– Certo. **6.** (Prendere la cioccolata) .... con la panna, è ottima!
– Perfetto!

CHAPITRE 12 : L'IMPÉRATIF – LES EXPRESSIONS DE POLITESSE

Formules de politesse

Voici quelques formules de politesse très utilisées dans la vie courante ; remarquez qu'au vouvoiement, le pronom réfléchi est celui de la troisième personne du singulier et que le pronom personnel est toujours au féminin.

Tutoiement	Vouvoiement
Scusa! *Excuse-moi !*	**Scusi!** *Excusez-moi !*
Accomodati! *Je t'en prie !*	**Si accomodi!** *Je vous en prie !* (non pas dans le sens de « de rien », mais dans le sens de « installez-vous, asseyez-vous… »)
Come stai? *Comment vas-tu ?*	**Come sta?** *Comment allez-vous ?*
Come ti chiami? *Comment t'appelles-tu ?*	**Come si chiama?** *Comment vous appelez-vous ?*
Di dove sei? *D'où es-tu ?*	**Di dov'è Lei?** *D'où êtes-vous ?*
Ti ringrazio. *Je te remercie.*	**La ringrazio.** *Je vous remercie.*
Arrivederci! *Au revoir !*	**Arrivederla!** *Au revoir !*

 Dans le dialogue suivant, passez du tutoiement au vouvoiement.

Incontro tra amici

Teo : Ciao, come stai?
Elia : Bene, grazie! Lei è la mia ragazza.
Teo : Ciao, come ti chiami?
Ida : Ciao, sono Ida.
Teo : Piacere. Di dove sei?
Ida : Sono di Viterbo.
Elia : Andiamo a bere qualcosa al bar, offro io.
Teo : Ti ringrazio, volentieri.
Ida : Con piacere!
Elia (a Ida) : Accomodati, c'è un tavolo libero qui.
Più tardi…
Teo : Scusaci, ma ora dobbiamo andare. Arrivederci!

Incontro tra conoscenti

1. Buongiorno, come sta?
   – Bene, grazie! Lei è la mia ragazza.
2. ……………………………………………… ?
   – Buongiorno, sono Ida.
   – Piacere.
3. ……………………………………………… ?
   – Sono di Viterbo.
   – Andiamo a bere qualcosa al bar, offro io.
4. ………………………………………………,
   volentieri.
   – Con piacere!
5. ………………………………………………
   c'è un tavolo libero qui.
6. ………………………………………………,
   ma ora dobbiamo andare. Arrivederci!

Bravo, vous êtes venu(e) à bout du chapitre 12 ! Il est maintenant temps de compter les icônes et de reporter le résultat en page 128 pour l'évaluation finale.

13
Imparfait et plus-que-parfait – Pronoms personnels compléments

vocabulaire : paysages, vacances

L'imparfait de l'indicatif

| verbes en -are
parlare | Verbes en -ere
credere | verbes en -ire
finire |
|---|---|---|
| parl**a**vo | cred**e**vo | fin**i**vo |
| parl**a**vi | cred**e**vi | fin**i**vi |
| parl**a**va | cred**e**va | fin**i**va |
| parlav**a**mo | credev**a**mo | finiv**a**mo |
| parlav**a**te | credev**a**te | finiv**a**te |
| parl**a**vano | cred**e**vano | fin**i**vano |

La voyelle soulignée est celle où tombe l'accent tonique.

À la différence du présent de l'indicatif et de l'impératif, à l'imparfait il n'y a pas deux formes distinctes pour le troisième groupe en **-ire** : **partire** a donc les mêmes désinences que **finire**.

Banque de mots
bosco, *bois*
fungo, *champignon*
guida (f.), *guide*
insieme, *ensemble*
museo, *musée*
percorso, *parcours*
proporre, *proposer*
raccogliere, *ramasser* et *cueillir*
rifugio, *refuge*
scorso, *dernier, passé*
seguire, *suivre*
spiaggia, *plage*
tramonto, *coucher de soleil*
vacanza (sing.), *vacances*
vendere, *vendre*
viaggiare, *voyager*

❶ Associez trois phrases à chaque lieu, puis complétez en conjuguant à l'imparfait le verbe entre parenthèses à la personne indiquée à côté du lieu correspondant.

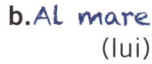 **a. In città**
(io)

 **b. Al mare**
(lui)

 **c. In montagna**
(noi)

1. …………………………………… (nuotare).
2. …………………………………… (visitare) i musei.
3. …………………………………… (passeggiare) nel centro storico.
4. …………………………………… (prendere) il sole.
5. …………………………………… (mangiare) al rifugio.
6. …………………………………… (camminare) nei boschi.
7. …………………………………… (guardare) il tramonto in spiaggia.
8. …………………………………… (fare) shopping.
9. …………………………………… (raccogliere) i funghi.

CHAPITRE 13 : IMPARFAIT ET PLUS-QUE-PARFAIT – PRONOMS PERSONNELS COMPLÉMENTS

2 Complétez en conjuguant le verbe entre parenthèses à l'imparfait.

a. Tu .... (guardare)
b. Loro .... (viaggiare)
c. Noi .... (partire)
d. Io .... (guidare)
e. Lei .... (vendere)
f. Lui .... (camminare)
g. Voi .... (credere)
h. Io .... (capire)

L'imparfait des verbes irréguliers

L'imparfait de l'indicatif est très « normatif » : même les verbes irréguliers sont en général réguliers à l'imparfait, qui est construit sur le radical de l'infinitif. Par exemple, l'imparfait de **potere** est **potevo, potevi,** etc. ; l'imparfait de **salire** est **salivo, salivi,** etc.

Il existe tout de même des verbes ayant un imparfait irrégulier, mais avec un radical qui reste inchangé à toutes les personnes, et des désinences régulières :

fare	dire	bere	proporre
facevo	dicevo	bevevo	proponevo
facevi	dicevi	bevevi	proponevi
faceva	diceva	beveva	proponeva
facevamo	dicevamo	bevevamo	proponevamo
facevate	divevate	bevevate	proponevate
facevano	dicevano	bevevano	proponevano

3 Complétez à l'imparfait.

a. Io e i miei fratelli, da piccoli, ... (fare) tutto insieme.
b. Io e mio marito .... (andare) sempre in vacanza al mare.
c. L'anno scorso tu e i tuoi amici .... (venire) spesso a casa nostra.
d. L'inverno scorso .... (io/uscire) tutte le sere.
e. Tempo fa mi .... (tu/dire) che .... (tu/preferire) le vacanze in montagna.
f. Alice l'estate scorsa in vacanza .... (leggere) tutti i giorni.
g. La guida durante il percorso ci .... (dire) di ascoltare con attenzione.
h. Noi .... (seguire) sempre la guida nei percorsi in alta montagna.

CHAPITRE 13 : IMPARFAIT ET PLUS-QUE-PARFAIT – PRONOMS PERSONNELS COMPLÉMENTS

L'imparfait de *essere* et *avere*

ero
eri
era
erav**a**mo
erav**a**te
erano

À l'imparfait les expressions **c'è** et **ci sono** (→ *il y a*) deviennent **c'era** et **c'erano** (→ *il y avait*).

Le verbe **avere**, lui, est régulier à l'imparfait de l'indicatif et suit donc la conjugaison des verbes en **-ere** : **avevo, avevi,** etc.

Banque de mots

comune, *commun*
estero, *étranger*
ferie (f.), *congés payés*
giro, *tour*
gita, *excursion*
impegno (m.), *occupation*
interesse, *intérêt*
luglio, *juillet*
Natale, *Noël*
nessuno, *personne*
neve, *neige*
particolare, *particulier*
ritardo, *retard*
riva (f.), *rivage*
scoppiare, *éclater*
stella, *étoile*
temporale, *orage*
turistico, *touristique*
valigia, *valise*

4 Complétez avec le verbe **essere** à l'imparfait.

a. In luglio e la mia famiglia .... in vacanza.
b. Mentre io lavoravo, tu .... in riva al mare!
c. Per Natale tu e Sofia .... sulla neve.
d. Quel giorno i miei amici .... sul lago.
e. In questa foto Elsa .... in un bellissimo bosco di montagna.
f. Quando hai telefonato (io) .... in giardino.
g. In viaggio con noi c'.................... anche mia figlia.
h. La settimana scorsa il mio collega .... in ferie.
i. Al mare c'.................... dei bellissimi tramonti.

5 Complétez avec **essere** ou **avere** à l'imparfait.

a. Io e mia sorella quando .... bambine .... gli stessi amici.
b. Quando Luca .... la fidanzata in un'altra città, ... spesso in viaggio.
c. A scuola voi due .... molto amici e .... molti interessi in comune.
d. L'anno scorso mio marito .... impegni di lavoro all'estero ed .... sempre lontano.

Le plus-que-parfait de l'indicatif *(il trapassato prossimo)*

Il est formé avec l'imparfait de l'auxiliaire (**essere** ou **avere**) + le participe passé du verbe.

Par exemple, le plus-que-parfait de **aprire** est :

avevo aperto, *j'avais ouvert*
avevi aperto
aveva aperto
avevamo aperto
avevate aperto
avevano aperto

Le plus-que-parfait de **venire** est :

ero venuto ou **ero venuta,** *j'étais venu* ou *j'étais venue*
eri venuto/a
era venuto/a
eravamo venuti ou **eravamo venute** (au féminin)
eravate venuti/e
erano venuti/e

Comme au passé composé, le participe passé s'accorde avec le sujet quand l'auxiliaire est **essere**.

Essere est son propre auxiliaire : **ero stato, eri stato,** etc. Exemple : **Mia sorella era stata contenta di quella vacanza** = *Ma sœur avait été contente de ces vacances.*

Au plus-que-parfait de l'indicatif, les expressions **c'è** et **ci sono** deviennent **c'era stato** et **c'erano stati** (= *il y avait eu*).

6 Complétez avec le plus-que-parfait.

a. (Io) .... (preparare) le valigie, ma alla fine non siamo partiti.

b. Giovanni ci .... (dire) che strada fare, ma ci siamo persi.

c. I nostri parenti .... (decidere) di visitare la città ma è scoppiato un temporale.

d. Quando siamo arrivati .... (voi/finire) da poco il giro turistico.

e. (Io) .... (uscire) da poco quando è uscito il sole.

f. L'altra volta .... (tu/mangiare) bene in quel ristorante.

g. Ricordo che la guida ci .... (accompagnare) in albergo a mezzogiorno.

h. Quella volta tu e Nicola .... (arrivare) in ritardo all'appuntamento.

i. Io .... (capire) un'altra cosa!

CHAPITRE 13 : IMPARFAIT ET PLUS-QUE-PARFAIT – PRONOMS PERSONNELS COMPLÉMENTS

 Complétez par c'era - c'erano - c'era stato - c'erano stati comme dans l'exemple.

Exemple : Ieri al mare **c'erano** anche i miei amici.

a. .... il sole stamattina in spiaggia?
b. L'altra volta non eravamo andati in gita perché .... brutto tempo.
c. In quell'hotel .... molti turisti prima di noi.
d. Ieri in montagna .... tanta gente sui sentieri.
e. Ieri sera .... le stelle.

Pronoms personnels compléments : formes fortes

Aux chapitres 7 et 9 nous avons vu les formes dites « faibles » des pronoms personnels compléments, ayant une nuance « neutre » : **ti vedo** → *je te vois* ; **ti parlo** → *je te parle*. Quand on veut attacher une importance particulière au pronom, on utilise la forme dite « forte », toujours placée après le verbe : **vedo te** → *c'est toi que je vois* ; **parlo a te** → *c'est à toi que je parle*.

Voici les formes fortes des pronoms personnels compléments (mêmes formes pour COD et autres compléments) :

**me / te / lui, lei
noi / voi / loro**

Dans les compléments autres que le COD, ils sont toujours précédés d'une préposition : **vengo con voi** → *je viens avec vous* ; **l'ho fatto per te** → *je l'ai fait pour toi*.

Ils sont souvent utilisés dans des oppositions : **parlo per te, non per lui** → *c'est pour toi que je parle, pas pour lui.*

Banque de mots

anc<u>o</u>ra, *ancre*
anc<u>o</u>ra, *encore*
cap<u>i</u>tano, *capitaine*
capit<u>a</u>re, *arriver* (pour un fait) et *tomber à propos, passer par là* (pour une personne)
informazione, *renseignement*
itinerario, *itinéraire*
s<u>e</u>guito (m.), *suite*

 Complétez avec les formes fortes des pronoms personnels comme dans l'exemple.

Exemple : **Segui me** (tu/seguire/me) quando non sai la strada, non lui.

a. Ehi! .... (io/parlare/a te)!
b. Lui .... (vedere/lei) e nessun'altra!
c. Oggi la guida .... (accompagnare/voi) e non altri turisti.
d. Per imparare .... (voi/guardare/lui) e non gli altri!
e. Marco, ... (dare/a me) le chiavi, che tu le perdi!
f. Lucia, ... (ascoltare/me), non ascoltare lui!
g. Sara io .... (capire/te) ma tu non (capire/me) ....!

CHAPITRE 13 : IMPARFAIT ET PLUS-QUE-PARFAIT – PRONOMS PERSONNELS COMPLÉMENTS

9 Traduisez.

a. C'est à moi que c'est arrivé, pas à toi ! ....

b. Je le fais pour vous, pas pour moi ! ....

c. Parle avec nous, pas avec eux ! ....

d. Ne me le dis pas à moi, dis-le à elle ! ....

Phonétique : attention à l'accent tonique

L'accent tonique, qui n'est jamais marqué dans l'orthographe des mots, est très important, puisque la signification d'un mot peut changer selon la syllabe accentuée : **<u>an</u>cora**, *ancre* ; **an<u>co</u>ra**, *encore*.

En outre, dans certaines formes verbales, la place de l'accent tonique est déterminante, puisque nous avons vu que quand les pronoms personnels compléments s'attachent par exemple à la fin de l'impératif, la place de l'accent tonique du verbe reste inchangée (chapitre 12). Par exemple :

petti<u>na</u>ti (participe passé du verbe **pettinare** au masculin pluriel), *coiffés* ; **pe<u>tt</u>inati** (deuxième personne du singulier de l'impératif + pronom réfléchi attaché au verbe), *coiffe-toi*.

10 Insérez les mots colorés à la place des pointillés et soulignez la syllabe qui porte l'accent tonique.

a. .... che usciamo! – Ma i miei capelli sono già .... **PETTINATI**

b. Per la gita mettete delle magliette .... e iniziate a .... le informazioni sull'itinerario. **LEGGERE**

c. Il marinaio ha gettato .... l' .... **ANCORA**

d. Il .... ha detto: "Sono cose che ....!" **CAPITANO**

e. I nostri turisti sono .... a fare lunghi percorsi a piedi. .... anche tu! **ABITUATI**

f. Ti ho .... tre volte di ...., adesso basta! **SEGUITO**

g. .... qui per caso, ma ho .... tutto. **CAPITO**

Bravo, vous êtes venu(e) à bout du chapitre 13 ! Il est maintenant temps de compter les icônes et de reporter le résultat en page 128 pour l'évaluation finale.

Les pronoms personnels groupés

vocabulaire : travail, outils

Les pronoms personnels groupés

Les formes faibles compléments indirects précèdent les formes faibles compléments directs et la construction se fait selon le tableau suivant :

mi +		→ **me lo, me la, me li, me le, me ne** Exemples : **Me lo dice** → *Il me le dit.* **Me ne parlate** → *Vous m'en parlez.*
ti +		→ **te lo, te la, te li, te le, te ne** Exemples : **Te le compriamo** → *Nous te les achetons.* **Te li ho proposti** → *Je te les ai proposés.*
gli, le +	lo, la, li, le, ne *(en)*	→ **glielo, gliela, glieli, gliele, gliene** Exemples : **Glieli raccontano** → *Ils les lui racontent.* **Gliene do due** → *Je lui en donne deux.*
ci +		→ **ce lo, ce la, ce li, ce le, ce ne** Exemples : **Ce la leggi** → *Tu nous la lis.* **Ce li vendono** → *Ils nous les vendent.*
vi +		→ **ve lo, ve la, ve li, ve le, ve ne** Exemples : **Ve le preparano** → *Ils vous les préparent.* **Ve ne prendono** → *Ils vous en prennent.*
gli (pluriel) +		→ **glielo, gliela, glieli, gliele, gliene** Exemples : **Glieli raccontano** → *Ils les leur racontent.* **Gliene do due** → *Je leur en donne deux.*

Remarques :

- Les formes **glielo, gliela,** etc. sont en un seul mot ; dans les autres, les deux pronoms restent séparés.
- Les composés avec le pronom indirect de la troisième personne du singulier et du pluriel (**glielo,** etc.) ont une seule forme pour le masculin et le féminin. **Gliene parlo** signifie donc *je lui en parle* (à lui ou à elle) et *je leur en parle* (à eux ou à elles).

CHAPITRE 14 : LES PRONOMS PERSONNELS GROUPÉS

Banque de mots
architetto, architecte
arredamento, ameublement
cacciavite, tournevis
chiodo, clou
esterno, extérieur
impianto, circuit
idea, idée
luce, lumière
montare, monter (installer)
prenotare, réserver
rivista, revue
segreto, secret
storia, histoire
tassista, chauffeur de taxi
zucchina, courgette

1 Observez la phrase suivante, puis formez des pronoms personnels groupés comme dans l'exemple.

Era un segreto, ma Marta .... ha detto.

Exemple : (a me) ➜ me lo
a. (a te) ....
b. (a lui/lei) ....
c. (a noi) ....
d. (a voi) ....
e. (a loro) ....

2 Faites de même avec la phrase suivante.

Le patatine fritte sono finite, ma adesso .... preparano delle altre.

Exemple : (a me) ➜ me ne
a. (a te) ....
b. (a lui/lei) ....
c. (a noi) ....
d. (a voi) ....
e. (a loro) ....

3 Complétez les phrases au passé composé et en utilisant les pronoms personnels corrects, comme dans l'exemple (attention à l'accord du participe passé avec le COD !).

Exemple : I bambini volevano ascoltare la storia e i nonni (leggere/a loro) **gliel'**hanno lett**a**.
a. L'architetto ha molte idee per la casa, (lui/proporre/a noi) .... due in particolare.
b. Ho telefonato in hotel e c'era solo una camera libera, quindi (io/prenotare/a voi) ....
c. A Marco servono i panini per il lavoro, (io/preparare/a lui) .... un po'.
d. Il fruttivendolo aveva delle bellissime zucchine e (vendere/a loro) .... tutte.
e. È arrivato l'elettricista per l'impianto di luci esterne, Lara (parlare/a te/di questo) .... ?

CHAPITRE 14 : LES PRONOMS PERSONNELS GROUPÉS

Le pronom *ci*

Bien que n'étant pas un pronom personnel, la particule pronominale **ci** (correspondant au *y* français) est souvent associée aux pronoms personnels.

- Elle suit les compléments indirects :
  Ti ci accompagnamo → *Nous t'y accompagnons.*

- Elle précède les compléments directs, en devenant **ce** :
  Ce li abbiamo messi → *Nous les y avons mis.*

- **Ci** devient **ce** également quand le pronom partitif **ne** se trouve devant le verbe dans les expressions **c'è** et **ci sono** (→ *il y a*) :
  Ce ne sono due → *Il y en a deux.* **Ce n'era uno solo** → *Il y en avait un seul.*

4 Complétez par **ci** ou **ce**.

a. Devi andare alla stazione? Faccio il tassista, se vuoi ti ……… porto io.
b. Sono finite le riviste d'arredamento? – No ……… ne sono ancora.
c. Vado a piedi in ufficio o mi ……… accompagnate voi?
d. Ci sono ancora chiodi? No, non ……… ne sono più.
e. Ci sono i cacciaviti per montare l'armadio? – Sì, ……… ne sono due.

L'impératif avec les pronoms personnels groupés

Les pronoms personnels groupés s'accrochent à la fin de l'impératif en formant un seul mot avec lui ; dans ce cas, même les formes où les deux pronoms sont séparés fusionnent. L'accent tonique de la forme verbale reste sur la syllabe où il se trouvait avant la fusion.

Exemples : **Portate questo a vostra sorella**, *Apportez ceci à votre sœur* → **portateglielo**, *apportez-le-lui.*

Mettiamo questo qui, *Mettons ceci ici* → **mettiamocelo**, *mettons-le ici.*

Racconta questo fatto a noi, *Raconte ce fait à nous* → **raccontacelo**, *raconte-nous-le.*

Comme nous l'avons vu au chapitre 12, l'impératif à la forme de politesse ne suit pas les règles ci-dessus :

Signore, ci racconti questo fatto, *Monsieur, racontez-nous ce fait* → **Signore, ce lo racconti**, *Monsieur, racontez-nous-le.*

Avec les impératifs monosyllabiques, la première consonne du pronom groupé est redoublée, sauf le **g-** de **glielo, gliela,** etc. : **diccelo**, *dis-le-nous* ; **fammelo**, *fais-le-moi* ; **daglieli**, *donne-les-lui.*

CHAPITRE 14 : LES PRONOMS PERSONNELS GROUPÉS

Banque de mots
aprire, *ouvrir*
bisturi, *bistouri*
cassetto, *tiroir*
fotocopia, *photocopie*
gesso (m.), *craie* et *plâtre*
idraulico, *plombier*
libreria, *librairie*
maestro, *maître*
martello, *marteau*
negozio, *magasin*
novità, *nouveauté*
operaio, *ouvrier*
pausa pranzo, *pause déjeuner*
raccontare, *raconter*
siringa, *seringue*
trapano (m.), *perceuse*
vite, *vis*

 Complétez avec l'impératif associé aux pronoms personnels groupés, comme dans l'exemple.

Exemple : All'elettricista servono le lampadine, **dagliele** (dare) tu!

a. All'idraulico serve il cacciavite, ... (portare) tu!

b. Alla maestra servono i gessi, ... (dare) voi!

c. Agli infermieri servono le siringhe, ... (preparare) noi!

d. Al medico serve il bisturi, ... (passare) voi!

e. All'impiegato serve una fotocopia del documento, ... (fare) tu per favore.

f. Il professore non sa il tuo nome, ... (dire)!

 Complétez les dialogues par l'impératif associé aux pronoms personnels groupés, comme dans l'exemple.

Exemple : Metto il portafoglio nella tua borsa, va bene? – Sì, **metticelo** (mettere / tu / il portafoglio / qui), grazie!

a. Posso mettere la mia borsa su questo tavolo? – Certo, ... (mettere / tu / la borsa / qui)!

b. Colleghi, vorrei raccontarvi cosa mi è capitato ieri prima di aprire l'ufficio. – Dai, ... (tu / raccontare / a noi / quello)!

c. Scusi direttore, metto i documenti nel cassetto del suo tavolo? – Sì grazie, anzi (Lei / mettere i documenti / qui) .... sopra.

d. Vi ho dato la lista degli appuntamenti? – No dottore, ... (Lei / dare la lista / a noi).

e. Ci serve il martello per montare la libreria! Giovanni, ... (tu / dare il martello / a noi)!

CHAPITRE 14 : LES PRONOMS PERSONNELS GROUPÉS

7 Complétez le dialogue par l'impératif associé aux pronoms personnels groupés comme dans la première phrase d'exemple.

– Sto montando la libreria nuova, Annalisa, mi servono gli attrezzi, **portameli** (portare/a me)!

– Ecco: trapano, cacciavite, martello, viti e chiodi. Li lascio sul tavolo?

– No, **1.** .... (mettere gli attrezzi / qui) sotto, sul pavimento!

– Ti serve aiuto?

– Sì, mi è caduta una vite, **2.** .... (tu / dare la vite / a me) per favore!

– Ecco la vite!

– **3.** .... (tu / fare vedere la vite / a me) vedere. Non è questa. Questa è troppo grande!

– Senti Andrea, chiamiamo il negozio e **4.** .... (noi / fare montare la libreria / a noi) dai loro operai!

L'infinitif avec les pronoms personnels groupés

Avec l'infinitif aussi les pronoms groupés fusionnent et s'accrochent à la fin du verbe, qui perd son **-e** final :

devo parlartene ➔ *je dois t'en parler* ;

vogliamo comprarglielo ➔ *nous voulons le lui acheter.*

8 Complétez le dialogue avec l'infinitif associé aux pronoms personnels groupés comme dans l'exemple.

Exemple : Ciao, mi è capitata una cosa. Voglio (raccontare / questa / a te) **raccontartela**!

– Colleghi, c'è una novità, dobbiamo **1.** (parlare / di questo / a voi) ....

– Potete **2.** (raccontare / questa / a noi) .... durante la pausa pranzo. Adesso facciamo presto che dobbiamo dare il lavoro finito al direttore. Dobbiamo **3.** (dare / questo / a lui) .... a mezzogiorno.

– A dopo. Prendiamo anche un aperitivo, possiamo **4.** (offrire / questo / a voi) ....!

CHAPITRE 14 : LES PRONOMS PERSONNELS GROUPÉS

Les pronoms réfléchis devant un pronom complément direct

Les pronoms réfléchis changent leur -i final en -e quand ils sont suivis d'un pronom personnel complément : **Si pettina i capelli,** *Il coiffe ses cheveux* → **Se li pettina,** *Il se les coiffe.* L'impératif et l'infinitif des verbes réfléchis fusionnent avec les pronoms ainsi groupés : **Voglio pettinarmeli,** *Je veux me les coiffer* → **Pettinateveli,** *Coiffez-vous-les.*

Banque de mots
asciugare, *essuyer* et *sécher*
aspettare, *attendre*
cambiare, *changer*
cameriere, *serveur*
disordine, *désordre*
laurearsi, *obtenir une maîtrise universitaire*
rappresentante, *représentant*
soldi, *sous (argent)*

9 Insérez dans le dialogue les infinitifs et les impératifs réfléchis avec pronoms groupés en les choisissant dans la liste ci-dessous, comme dans la phrase d'exemple (la lettre soulignée correspond à l'accent tonique).

**l<u>a</u>vateli – c<u>o</u>mpratele – c<u>a</u>mbiateli
compr<u>a</u>rmele – asciug<u>a</u>rmeli
f<u>a</u>rmela – lav<u>a</u>rmeli – asci<u>u</u>gateli
cambi<u>a</u>rmeli**

Virginia, stasera andiamo fuori a cena?
– Sì Teo, ma ho bisogno di scarpe nuove e dopo il lavoro devo andare a **compr<u>a</u>rmele**.
– **C<u>o</u>mpratele**! Ti aspetto.
– E ho gli stessi vestiti da stamattina, devo
  1. ....

– **2.** ....!
– Ho anche i capelli in disordine, voglio
  3. ....
– **4.** ....!
– Poi devo **5.** ....
– **6.** ....!
– Ma i capelli hanno bisogno di piega. Devo **7.** ....!
– Virginia, cosa dici di un risotto fatto in casa?

L'expression de la nécessité *(il faut)*

La troisième personne du singulier du verbe régulier **bisognare** précède le verbe à l'infinitif. Exemples : **Bisogna lavorare** → *Il faut travailler.* **Bisognava studiare molto** → *Il fallait étudier beaucoup.*

Ci vuole (particule pronominale **ci** + troisième personne du singulier ou du pluriel du verbe **volere**) précède un nom (si le nom est au pluriel, le verbe l'est aussi). Exemples : **Ci vuole una macchina** → *Il faut une voiture.* **Per fare quel lavoro, ci volevano tre persone** → *Pour faire ce travail, il fallait trois personnes.*

Si **ci** est suivi de **ne**, il devient **ce**. Exemple : **Ce ne vogliono quattro** → *Il en faut quatre.*

CHAPITRE 14 : LES PRONOMS PERSONNELS GROUPÉS

 Complétez ce dialogue entre étudiants en utilisant l'expression a, b ou c.

a. BISOGNA **b.** CI VOGLIONO **c.** CI VUOLE

– Per laurearsi **1.** .... studiare molto.

– E per pagare gli studi **2.** .... molti soldi e **3.** .... lavorare. Io faccio il cameriere in un bar.

– Io ho trovato un lavoro di rappresentante, ma **4.** .... la macchina.

– Nel bar dove lavoro serve personale, ai tavoli **5.** .... tre camerieri e ne manca uno.

– Allora vengo a presentarmi, per trovare un lavoro **6.** .... cercarlo!

Phonétique : attention à l'accent tonique (2)

Comme avec les pronoms simples, avec les pronoms groupés la place de l'accent tonique ne change pas quand ces pronoms s'accrochent à la fin d'un impératif ou d'un infinitif, formant avec lui un seul mot.

Exemples : **D<u>a</u>te questo a Gianni,** *Donnez ceci à Gianni* ➔ **d<u>a</u>teglielo,** *donnez-le-lui.*

Voglio raccont<u>a</u>re questa storia a te e a Maria, *Je veux raconter cette histoire à toi et à Maria* ➔ **voglio raccont<u>a</u>rvela,** *je veux vous la raconter.*

 Soulignez la syllabe sur laquelle tombe l'accent tonique dans les impératifs et infinitifs suivants (en gras), comme dans l'exemple.

Exemple : Cosa hai fatto ieri? **Racc<u>o</u>ntacelo!**

a. Avete un ombrello? **Portatemelo.**

b. Gli serve una fotocopia, **fategliela.**

c. Lo zio deve andare in stazione, **accompagnacelo.**

d. Cosa c'è? **Parlamene!**

e. Lui non lo sa, **diteglielo.**

f. Noi non abbiamo le chiavi, **datecele.**

Bravo, vous êtes venu(e) à bout du chapitre 14 ! Il est maintenant temps de compter les icônes et de reporter le résultat en page 128 pour l'évaluation finale.

15
Nombres (suite)

Les nombres après 60 : les dizaines

70 settanta   **80** ottanta   **90** novanta   **100** cento

Comme nous avons vu au chapitre 6, on ajoute l'unité à la dizaine en formant un seul mot : 87 → **ottantasette.**
Si l'unité est **uno** ou **otto**, la dizaine perd la voyelle finale : 91 → **novantuno**, 78 → **settantotto**.
Cette règle n'est pas valable avec les centaines : 101 → **centouno**, 208 → **duecentootto**.
Les nombres se terminant par **tre** prennent un accent : 93 → **novantatré**.

Les centaines

Pour les multiples de 100, l'unité précède **cento** en formant un seul mot :
200 → **duecento** ; 500 → **cinquecento**, etc.
Ensuite, dizaine et unité suivent en un seul mot également :
476 → **quattrocentosettantasei** ; 712 → **settecentododici**.

Milliers, millions et milliards

1 000 → **mille** / 1 964 → **millenovecentosessantaquattro**
En revanche, les multiples de 1 000 se forment avec **-mila** :
4 000 → **quattromila** / 30 547 → **trentamilacinquecentoquarantasette**
124 888 → **centoventiquattromilaottocentoottantotto**

1 000 000 → **un milione**
Dans les multiples, on utilise le pluriel et les mots ne fusionnent pas :
12 000 000 → **dodici milioni**
En revanche, la suite reste en un seul mot :
122 780 240 → **centoventidue milioni settecentoottantamiladuecentoquaranta.**

Même système pour les milliards :
4 822 678 000 → **quattro miliardi ottocentoventidue milioni seicentosettantottomila**

CHAPITRE 15 : NOMBRES (SUITE)

1 Écrivez en toutes lettres les numéros des portes.

a. 63 ....
....

b. 91 ....
....

c. 45 ....
....

d. 87 ....
....

e. 28 ....
....

f. 33 ....
....

g. 99 ....
....

h. 59 ....
....

i. 76 ....
....

j. 93 ....
....

2 Écrivez en toutes lettres les nombres ci-dessous.

a. 387 ....
....

b. 721 ....
....

c. 453 ....
....

d. 946 ....
....

e. 169 ....
....

f. 873 ....
....

g. 258 ....
....

h. 395 ....
....

i. 543 ....
....

j. 634 ....
....

CHAPITRE 15 : NOMBRES (SUITE)

3 Écrivez en toutes lettres les nombres suivants.

a. 9 316 ....

b. 2 000 ....

c. 14 874 ....

d. 4 720 ....

e. 21 293 ....

f. 150 000 ....

g. 3 825 ....

h. 259 000 ....

i. 854 231 ....

j. 1 544 ....

Les dates

– **Qual è la tua data di nascita?**
  → *Quelle est ta date de naissance ?*

– **Sono nata il dodici dicembre millenovecentosettantaquattro**
  → *Je suis née le 12 décembre 1974.*

– **In che anno ci sono state le ultime elezioni?** → *En quelle année y a-t-il eu les dernières élections ?*

– **Nel 2014** → *En 2014.*

Remarquez dans la phrase ci-dessus que l'on emploie toujours l'article contracté **nel** (**in + il**) avec les années.

Les prix

– **Quanto costa questa macchina?**
  → *Combien coûte cette voiture ?*

– **Costa venticinquemila euro**
  → *Elle coûte 25 000 euros.*

– **Quanto paghi di affitto per il tuo appartamento?** → *Combien payes-tu de loyer pour ton appartement ?*

– **Pago quattrocentotrenta euro al mese**
  → *Je paye 430 euros par mois.*

CHAPITRE 15 : NOMBRES (SUITE)

Banque de mots
bollettino (postale), *mandat postal*
bonifico (bancario), *virement (bancaire)*
caduta, *chute*
compilare, *remplir*
corso, *cours*
data, *date*
dato (m.), *donnée*
facoltà, *faculté*
firmare, *signer*
iscrivere, *inscrire*
nascita, *naissance*
personale, *personnel*
rata, *traite*
tassa, *impôt* et *taxe*
universitario, *universitaire*
zona, *zone*

 Écrivez en chiffres les dates et les prix en caractères gras.

a. – Mi dica la sua data di nascita per favore.
– **Nove luglio millenovecentosessantadue**. ....

b. – Dimmi la data della caduta del muro di Berlino.
– **Dicembre millenovecentonovantuno.** ....

c. – Quanto costa al mese un appartamento in zona universitaria?
– Il mio costa **trecentoventicinque** euro al mese. ....

d. – Quanto hai pagato il tuo corso di inglese all'estero?
– **Duemilatrecentoquarantatré** euro in tutto. ....

 Écrivez en toutes lettres les dates et les prix.

a. – Quando sei nato?
– Sono nato l' **8/5/1986.** ....
....
....

b. – Quanto paghi di tasse universitarie all'anno?
– Pago **2 350 €** all'anno. ....
....
....

c. – Qual è la data di nascita di Wolfgang Amadeus Mozart?
– Il **27/01/1756** ....
....
....

d. – Quando sei venuta a vivere in Italia?
– Nel **2005.** ....
....
....

CHAPITRE 15 : NOMBRES (SUITE)

6 Écrivez en toutes lettres les dates et les prix en gras.

– Buongiorno, dobbiamo iscriverci alla facoltà di lingue straniere.

– Bisogna compilare il modulo con i dati personali. Qual è la vostra data di nascita?

– Io sono nato il 31 marzo **1983** **1.** ....

e lei il 23 giugno **1997** **2.** ....

– Firmate qui e mettete la data di oggi : 10 settembre **2016**. **3.** ....

Adesso dovete pagare la prima rata di tasse di **535** euro **4.** ....
con il bollettino postale o con un bonifico bancario.

– Grazie, arrivederci. E domani dovremo pagare anche **229** euro **5.** ....
a testa per l'appartamento!

Les adjectifs numéraux ordinaux de 1 à 10

1er : primo   **3e** : terzo   **5e** : quinto   **7e** : settimo   **9e** : nono
2e : secondo   **4e** : quarto   **6e** : sesto   **8e** : ottavo   **10e** : decimo

Les adjectifs numéraux ordinaux se comportent comme les adjectifs ayant le féminin singulier en **-a**, le masculin pluriel en **-i**, le féminin pluriel en **-e**. Exemples : **la prima volta,** *la première fois* ; **i terzi martedì del mese,** *les troisièmes mardis du mois.*

Après 10, les numéraux ordinaux se forment en ajoutant le suffixe **-esimo** au numéral cardinal. Exemples : 15e = **quindicesimo** ; 144e = **centoquarantaquattresimo.**

Les numéraux ordinaux sont utilisés également pour les fractions. Exemple : **i due terzi della popolazione,** *les deux tiers de la population.*

Retenez ces adjectifs utiles :
→ **ultimo,** *dernier* ; → **penultimo,** *avant-dernier* ; → **terzultimo,** *antépénultième.*

En remontant, on ajoutera donc **-ultimo** au nombre ordinal qui perd sa dernière voyelle : **quartultimo,** *quatrième avant le dernier*, etc.

Banque de mots
argento, *argent (le métal)*
cliente, *client*
coda, *queue (file)*
complimenti (m.), *félicitations*
esame, *examen*
gara, *compétition*
graduatoria, *liste d'aptitude et classement*
medaglia, *médaille*
perciò, *pour cela*
posta, *poste*
premio, *prix*
vincere, *gagner*

CHAPITRE 15 : NOMBRES (SUITE)

7 Complétez le tableau suivant en écrivant en toutes lettres les nombres ordinaux, comme dans l'exemple.

6ᵉ	sesto
a. 7ᵉ	....
b. 9ᵉ	....
c. 12ᵉ	....
d. 16ᵉ	....
e. 20ᵉ	....

f. 23ᵉ	....
g. 34ᵉ	....
h. 41ᵉ	....
i. 56ᵉ	....
j. 67ᵉ	....

8 Complétez les phrases suivantes en formant l'adjectif ordinal indiqué entre parenthèses comme dans l'exemple.

Exemple : Elisa ha vinto la medaglia d'argento, è arrivata (2) **seconda**!

a. Ieri dal medico ero l'**(11)** .... in coda.

b. Stiamo aspettando in coda in posta, siamo i **(35)** ....

c. Nella graduatoria Sara è la **(154)** ....

d. Alla gara di nuoto Pietro è arrivato **(1)** ....!

e. All'università solo un **(5)** .... degli studenti ha superato quell'esame!

f. I tre **(4)** .... dei nostri clienti sono ritornati da noi.

g. Alice a scuola è in **(3)** .... fila.

h. Ho calcolato che solo un **(8)** .... dei miei colleghi lavora qui da più di un anno.

i. Ma non hai ancora capito? È la **(10)** .... volta che te lo dico!

j. Complimenti, il vostro è il **(100)** .... biglietto acquistato, perciò avete vinto un premio.

k. Io sono arrivato ultimo e Lisa prima di me, cioè ....

l. Prima del penultimo viene il ....

CHAPITRE 15 : NOMBRES (SUITE)

9 Écrivez en toutes lettres les fractions suivantes comme dans l'exemple.

Exemple : 3/5 → tre quinti

a. 6/12 ....
b. 4/6 ....
c. 7/9 ....
d. 2/10 ....
e. 4/7 ....

Verbe irrégulier

Tradurre, *tradurre*
traduco
traduci
traduce
traduciamo
traducete
traducono

Participe passé : **tradotto**
Imparfait : **traducevo, traduceva,** etc.
(désinences régulières sur radical **traduc-**).

D'autres verbes se conjuguent selon ce modèle : **condurre,** *conduire* / **ridurre,** *réduire* / **produrre,** *produire* / **dedurre,** *déduire,* etc.

10 Traduisez.

a. nous déduisions ....
b. il avait produit ....
c. ils conduisent ....
d. je réduis ....
e. vous traduisiez ....
f. tu as traduit ....

Bravo, vous êtes venu(e) à bout du chapitre 15 ! Il est maintenant temps de compter les icônes et de reporter le résultat en page 128 pour l'évaluation finale.

16 Exprimer le futur

vocabulaire : fêtes, traditions

Le futur simple

verbes en -are parlare	verbes en -ere pr**e**ndere	verbes en -ire finire
parlerò	prenderò	finirò
parlerai	prenderai	finirai
parlerà	prenderà	finirà
parleremo	prenderemo	finiremo
parlerete	prenderete	finirete
parleranno	prenderanno	finiranno

Banque de mots
- a**e**reo, *avion*
- Carnevale, *carnaval*
- Capodanno, *jour de l'An*
- Epifania, *jour des rois*
- Ferragosto, *15 août*
- finalmente, *enfin*
- navigare, *naviguer*
- negare, *nier*
- Pasqua (f. sing.), *pâques*
- Pasquetta (f. sing.), *lundi de Pâques*
- parenti, *parents/proches (gens de la famille)*
- piegare, *plier*
- t**o**mbola, *tombola*
- tovagliolo (m.), *serviette*

 Complétez par le verbe entre parenthèses conjugué au futur simple.

a. Per Natale io e Francesca .... (preparare) il pranzo per tutti!
b. Per Carnevale tu .... (partire) per Venezia.
c. Il giorno di Pasquetta la nostra nipotina .... (correre) sui prati.
d. Ho pensato che per Pasqua .... (visitare) Roma.
e. Dopo Natale le nostre ferie .... (finire).
f. Tu e tuo marito .... (prendere) l'aereo dopo Ferragosto.

Le futur des verbes en -*care* et en -*gare*

De la même façon qu'au présent de l'indicatif, où les verbes en **-care** et en **-gare** prennent un **h** avant les désinences commençant par **-i** pour garder les sons [k] et [g], les mêmes verbes au futur prennent un **h** devant le suffixe **-er-**. Le futur du verbe **cercare** (*chercher*) est donc **cercherò, cercherai, cercherà, cercheremo, cercherete, cercheranno** ; celui du verbe **pagare** (*payer*) **pagherò, pagherai, pagherà, pagheremo, pagherete, pagheranno**.

CHAPITRE 16 : EXPRIMER LE FUTUR

2 Complétez par le verbe en -care ou en -gare entre parenthèses conjugué au futur simple.

a. Dopo il pranzo di Natale i ragazzi .... (giocare) a tombola.

b. Io e Michele .... (navigare) per ore per arrivare in Sardegna.

c. Dopo la cena tu .... (piegare) le tovaglie e i tovaglioli.

d. Mi .... (sporcare) tantissimo per preparare la torta.

e. Loro ve lo chiederanno, ma voi .... (negare).

Le futur des principaux verbes irréguliers

Vous trouvez ci-dessous la première personne du singulier du futur des principaux irréguliers. À partir de cette racine irrégulière, les désinences sont régulières (voir le tableau en page 89).

andare – andrò	**dovere – dovrò**	**tenere – terrò**
dare – darò	**essere – sarò**	**vedere – vedrò**
fare – farò	**potere – potrò**	**vivere – vivrò**
stare – starò	**proporre – proporrò**	**volere – vorrò**
avere – avrò	**rimanere – rimarrò**	**venire – verrò**
bere – berrò	**sapere – saprò**	

3 Complétez par le verbe irrégulier entre parenthèses conjugué au futur simple.

a. Per l'Epifania i miei cugini .... (venire) a cena a casa mia.

b. Ci .... (essere) anche tu in gita con noi a Pasquetta?

c. L'anno prossimo per Carnevale Anna .... (andare) a Venezia.

d. Per Natale tu e Nicola .... (vedere) finalmente i vostri parenti.

e. Durante le feste io .... (dovere) lavorare.

f. A Ferragosto io e il mio fidanzato .... (fare) una piccola vacanza al mare.

g. Per Capodanno io .... (rimanere) a casa con pochi amici.

CHAPITRE 16 : EXPRIMER LE FUTUR

4 Complétez la grille avec les noms des fêtes symbolisées par les illustrations à côté.

		E	P						A	
		C	A				V			
			S							
	P		Q							
			U							
			E				G			
			T							
	N		T							
			A		O				O	

Banque de mots
aeroporto, *aéroport*
bollito, *pot-au-feu*
moglie, *femme, épouse*
panettone, *gâteau de Noël*
posto (m.), *place, endroit*
regalo, *cadeau*
tornare, *retourner, revenir*
uovo, *œuf*

5 Complétez le dialogue suivant par le verbe régulier ou irrégulier entre parenthèses conjugué au futur simple.

– Ciao Elena, tu **1.** .... (fare) un viaggio per le vacanze di Natale?

– No, **2.** .... (stare) a casa. E tu?

– Io il 24 dicembre **3.** .... (andare) a trovare i miei parenti in Sicilia e **4.** .... (restare) là fino all'Epifania. Per Capodanno i miei amici **5.** .... (cercare) un posto per fare una bella festa di fine anno. Penso che **6.** .... (essere) una bella vacanza!

6 Placez dans la bonne colonne les verbes de la liste suivante.

a. sarà b. vado
c. prendiamo d. potrete
e. vanno f. dovrà
g. vorranno h. puoi
i. saprete j. faccio

OGGI	DOMANI

CHAPITRE 16 : EXPRIMER LE FUTUR

Le futur antérieur

Comme en français, il est formé du futur de **essere** ou de **avere** et du participe passé du verbe à conjuguer : **avrai mangiato** → *tu auras mangé* ; **saremo partiti** → *nous serons partis*.

Souvenez-vous que l'auxiliaire de **essere** est **essere** lui-même : **saranno state** → *elles auront été*.

Attention, comme d'habitude, au bon choix de l'auxiliaire et à l'accord du participe passé avec le sujet quand l'auxiliaire est **essere**.

7 Complétez par le verbe entre parenthèses conjugué au futur antérieur.

a. Partirò per le ferie di Ferragosto quando .... (finire) di lavorare.
b. Mangerete il panettone dopo che .... (andare) a fare un giro.
c. Vi telefoneremo quando .... (arrivare) all'aeroporto.
d. Aprirai l'uovo di Pasqua quando .... (mangiare) la verdura.
e. Emma vi racconterà la sua gita di Pasquetta quando .... (tornare) a casa.
f. I nostri amici arriveranno quando .... (comprare) tutti i regali di Natale.
g. Quando Alice .... (essere) a Venezia vi dirà com'è là il Carnevale.

Le futur imminent

Le verbe **stare** précède la préposition **per** et l'infinitif :
stare per + infinitif → *être sur le point de, aller + infinitif.*
Exemple : **Sto per partire** → *Je suis sur le point de partir, je vais (bientôt) partir.*
Cette expression peut être utilisée au passé également :
Stavamo per fare una sciocchezza → *Nous étions sur le point de faire une sottise, nous allions faire une sottise.*

8 Traduisez.

a. tu parleras ....
b. ils verront ....
c. ils viendront ....
d. il va bientôt arriver ....
....
e. tu auras fait ....
f. j'aurai dû ....
g. vous serez ....
h. nous devrons ....

CHAPITRE 16 : EXPRIMER LE FUTUR

9 Mettez au futur imminent les phrases suivantes au présent ou à l'imparfait, selon les exemples.

Exemples : Partivo per la Francia. → **Stavo per partire per la Francia.**
Prendo la macchina di tuo fratello. → **Sto per prendere la macchina di tuo fratello.**

a. Apriamo i regali di Natale. ....
....
b. Salgo sull'aereo. ....
....
c. Arriva. ....
d. Ti telefonava. ....

e. Venivo a prenderti. ....
....
f. Partono per le vacanze di Pasqua. ......
....
g. La nonna prepara il bollito per il pranzo di Natale. ....
....
....

10 Complétez le dialogue suivant par l'un des verbes de la liste ci-dessous, selon le sens de la phrase.

a. avremo finito **b.** resteremo **c.** stavo per telefonarti! **d.** chiederò
e. cercheremo **f.** andranno **g.** verremo **h.** sarete

– Ciao, Carlo! **1.** .... Volevo sapere se tu e tua moglie
2. .... con noi al lago a Ferragosto.

– Adesso non lo so. **3.** .... di venire.
Se **4.** .... i lavori nella casa nuova
5. ...., altrimenti i nostri figli
6. .... via con i nonni e noi **7.** .... a casa.

– Allora te lo **8.** .... di nuovo la settimana prossima!

Bravo, vous êtes venu(e) à bout du chapitre 16 ! Il est maintenant temps de compter les icônes et de reporter le résultat en page 128 pour l'évaluation finale.

17. Pronoms relatifs, interrogatifs et exclamatifs – Noms de villes

Pronoms relatifs

Il existe deux formes, l'une courte, plus usuelle, et l'autre longue, assez rare mais qu'il est utile de connaître.

	forme courte	forme longue
Sujet et COD	che	**il quale** (masc. sing.)
Autres compléments	cui (précédé d'une préposition)	**la quale** (fém. sing.) **i quali** (masc. plur.) **le quali** (fém. plur.) Forme valable pour tous les cas, éventuellement précédée d'une préposition qui fusionne avec l'article en formant un article contracté.

Exemples :
La persona che parla, *la personne qui parle.* **La persona che vedi,** *la personne que tu vois.*
La persona a cui abbiamo parlato, *la personne à qui nous avons parlé.*
La persona per cui sono venuto, *la personne pour laquelle je suis venu.*
La persona con cui siamo venuti, *la personne avec laquelle nous sommes venus.*
La persona di cui ti abbiamo parlato, *la personne dont nous t'avons parlé.*

La forme longue, quoique assez rare et utilisée surtout à l'écrit, peut toujours remplacer la forme courte, surtout dans les autres compléments. Les phrases ci-dessus peuvent donc être :
La persona alla quale abbiamo parlato. La persona per la quale sono venuto.
La persona con la quale siamo venuti. La persona della quale ti abbiamo parlato.

Banque de mots
abbronzato, *bronzé*
Antartide, *Antarctique*
agenda (f.), *agenda*
assumere, *embaucher*
Ferrara, *Ferrare*
forma, *forme*
Genova, *Gênes*
indirizzo (m.), *adresse*
mela, *pomme*
motivo, *motif*
nutrirsi, *se nourrir*
Padova, *Padoue*
Pisa, *Pise*
paese, *village*
sedersi, *s'asseoir*
squillare, *sonner (téléphone)*
torre, *tour*
Toscana, *Toscane*
Venezia, *Venise*
Sicilia, *Sicile*

CHAPITRE 17 : PRONOMS RELATIFS, INTERROGATIFS ET EXCLAMATIFS – NOMS DE VILLES

1 Reliez les deux propositions en utilisant le pronom relatif sujet **che** comme dans l'exemple.

Bevi l'aperitivo. L'aperitivo è sul tavolo. → **Bevi l'aperitivo che è sul tavolo.**

a. Mettiti la gonna lunga. La gonna lunga ti sta bene. ....
....
....

b. Prendi il libro. Il libro è sul letto. ....
....
....
....

c. Dipingo i muri di verde. Il verde è il mio colore preferito. ....
....
....

d. Mangio la mela. La mela è sul tavolo. .
....
....
....

e. Rispondi al telefono. Il telefono squilla. ....
....
....

f. Scrivilo sull'agenda. L'agenda è nella borsa. ....
....
....

2 Complétez par le pronom relatif correct choisi dans la liste ci-dessous.

a. **a cui** b. **che** c. **di cui** d. **che** e. **in cui** f. **che** g. **con cui** h. **che**

1. Prima abitavo nella casa .... vedi in fondo alla via.
2. Alice è la ragazza di Padova .... ti hanno parlato.
3. Il colore............... preferisco è il viola.
4. Lui è il ragazzo .... esco.
5. Ti darò l'indirizzo .... ho inviato la mail.
6. Domenica andrò a Siena, ... è la città .... sono nato.
7. Quella .... vedete nella foto è la torre di Pisa, la torre che pende.

3 Complétez par le pronom relatif correct (**cui** précédé d'une préposition ou **che**).

a. La ragazza .... vivevo a Firenze si chiamava Veronica.
b. La città .... vivete è bellissima.
c. Il libro .... ho letto sulla Sicilia è molto interessante.
d. Non conosco il motivo .... siete qui.
e. La sedia .... sei seduto è molto antica.
f. La persona .... vedi davanti all'entrata è il mio insegnante di musica.
g. Il paesino .... ti ho parlato si trova in Toscana.
h. La città italiana .... mi piace di più è Venezia.

CHAPITRE 17 : PRONOMS RELATIFS, INTERROGATIFS ET EXCLAMATIFS – NOMS DE VILLES

Les pronoms démonstratifs et relatifs « couplés »

- Pour traduire le français *ce qui,* on utilise **quello che** ou **ciò che**. Pour traduire le français *celui qui, ceux qui, celle qui, celles qui,* **quello che, quelli che, quella che, quelle che. Quello che si sente dire,** *ce que l'on entend dire.*
- Il existe aussi la forme neutre **ciò**, invariable : **Ciò che voglio dirle,** *ce que je veux vous dire.*
- Le pronom relatif peut être **che** mais aussi **cui** précédé d'une préposition : **Ciò di cui abbiamo bisogno,** *ce dont nous avons besoin.*

4 Transformez les phrases en utilisant un couple pronom démonstratif + pronom relatif comme dans les exemples ci-dessous.

Exemples : Le signore sono state in quel negozio. Le signore si sono lamentate.
→ **Quelle che sono state in quel negozio si sono lamentate.**
Le persone hanno le ferie. Le persone si riposano. → **Quelli che hanno le ferie si riposano.**

a. Le persone sanno l'inglese. Le persone trovano lavoro.
....

b. Le ragazze si sono presentate. Le ragazze sono state assunte.
....

c. Le persone hanno visitato Verona. Le persone sono state contente.
....

d. Le persone sono state al mare. Le persone sono abbronzate.
....

e. Le persone andranno in palestra. Le persone saranno in forma.
....

5 Complétez les phrases par un couple pronom démonstratif + pronom relatif choisi dans la liste, comme dans l'exemple ci-dessous. Certains couples peuvent être utilisés plusieurs fois et certaines phrases admettent deux solutions.

Exemple : **Ciò per cui** sono qui è molto importante, ou : **Quello per cui** sono qui è molto importante.

a. **ciò che** b. **quello che** c. **quella che** d. **ciò di cui** e. **quello di cui**
f. **ciò per cui** g. **quello per cui**

1. Ti ho detto tutto .... sapevo su Ferrara.

2. La mia casa è .... ha la porta rossa.

3. Mi dirà presto .... gli hai raccontato.

4. Ti dirò tutto .... abbiamo parlato.

5. Il mio lavoro è .... vivo.

6. Qui a Genova abbiamo visto .... siamo venuti.

7. .... parlava il professore era interessante.

CHAPITRE 17 : PRONOMS RELATIFS, INTERROGATIFS ET EXCLAMATIFS – NOMS DE VILLES

Les pronoms et adjectifs interrogatifs

che? (adjectif et pronom invariable)	quale? (masculin et féminin singulier), quali? (masculin et féminin pluriel) (équivalent à che, mais ils s'accordent en genre et en nombre), qual (masculin et féminin singulier, devant la voyelle -e des voix du verbe essere)	quanto (masc. sing.), quanta (fém. sing.), quanti (masc. plur.), quante (fém. plur.) correspond à combien	chi (pronom seulement, toujours référé à une personne)
Che città italiane hai visitato? *Quelles villes italiennes as-tu visitées ?* **Che vuoi?** *Que veux-tu ?* Locution **che cosa? Che cosa vuoi?** *Qu'est-ce que tu veux ?* On l'utilise toute seule aussi : **che cosa? cosa?** (devient **cos'…?** devant voyelle) *Quoi ? Qu'est-ce que…?*	**Quali città italiane hai visitato?** *Quelles villes italiennes as-tu visitées ?* – **Posso vedere le scarpe nere che sono in vetrina?** – **Quali?** – *Je peux voir les chaussures noires qui sont dans la vitrine ?* – *Lesquelles ?*	**Quanti figli ha?** *Combien d'enfants avez-vous ?* En tant que pronom neutre non accompagné d'un nom : **Quanto costano questi occhiali?** *Combien coûtent ces lunettes ?*	**Pronto, chi parla?** *Allô, qui est à l'appareil ?*

Tous ces pronoms et adjectifs peuvent, selon le sens de la phrase, être introduits par une préposition.

Exemples : **In che città abita?** *Dans quelle ville habitez-vous ?*
Con chi sei venuto? *Avec qui es-tu venu ?*
Da quante persone è composta la tua famiglia? *De combien de personnes est composée ta famille ?*

Banque de mots
anniversario, *anniversaire (de mariage, par exemple)*
agenzia, *agence*
bisogno, *besoin*
Bologna, *Bologne*
capitale, *capitale*
chiedere, *demander*
domanda, *question*
famoso, *célèbre*
lettera, *lettre*
Perugia, *Pérouse*
pigliare, *prendre*
poeta, *poète*
ringraziare, *remercier*
Ravenna, *Ravenne*
Roma, *Rome*
spendere, *dépenser*
Trento, *Trente*

CHAPITRE 17 : PRONOMS RELATIFS, INTERROGATIFS ET EXCLAMATIFS – NOMS DE VILLES

6 Complétez par le pronom interrogatif correct, comme dans l'exemple.

Exemple : ....è questo? → **Cos**'è questo?

a. .... hai invitato a cena?

b. Di questi colori, ... preferisci?

c. .... è quell'oggetto?

d. .... costa la tua macchina?

e. .... fai stasera?

f. .... avete pagato in pizzeria?

g. A .... telefonavi?

h. Con .... uscivi l'anno scorso?

i. .... regalerai a Valentina per il vostro anniversario?

j. .... dolci hai mangiato?

7 Complétez par le pronom interrogatif correct, choisi dans la liste ci-dessous. Il y aura parfois plusieurs réponses possibles.

a. **qual** b. **che cosa** c. **quanto** d. **quanti** e. **cosa**
f. **quali** g. **cosa** h. **chi** i. **cosa**

– Perchè sei in ritardo?

– Ho incontrato Anna che mi ha fatto molte domande sui miei viaggi!

– **1.** .... ti ha chiesto?

– Mi ha chiesto: "**2.** .... capitali hai visitato? **3.** .... è la tua preferita? Con **4.** .... ci sei andato?

5. .... hai speso per il viaggio?
6. .... hai visto durante la visita? In **7.** .... musei sei stato? **8.** .... giorni ci sei rimasto? **9.** .... facevi la sera?"
Non finiva più di chiedermi delle cose!

– Perchè non le hai detto di andare in un'agenzia di viaggi?

Chi interrogatif et *chi* relatif

Le pronom **chi** est équivalent à **quello che** et ne se réfère qu'aux personnes. Il s'accorde toujours au masculin singulier, même si parfois, dans des généralisations, il a une signification plurielle :

La gente ascolta chi dà buoni consigli → *Les gens écoutent ceux qui donnent de bons conseils.*

Chi è stato in Italia ne parla molto bene → *Les gens qui ont été en Italie en parlent très bien.*

Avec cette signification, **chi** est très souvent utilisé dans les proverbes (comme en français) :

Chi vivrà vedrà → *Qui vivra verra.* **Ride bene chi ride ultimo** → *Rira bien qui rira le dernier.*

Chi est également utilisé comme pronom interrogatif : **Chi le ha detto questo?** → *Qui vous a dit cela ?*

CHAPITRE 17 : PRONOMS RELATIFS, INTERROGATIFS ET EXCLAMATIFS – NOMS DE VILLES

8 Remplacez par **chi** les pronoms « couplés », comme dans les exemples.
Le cas échéant, vous changerez la troisième personne du pluriel en singulier.

Quale persona te lo ha detto? → **Chi te lo ha detto?**
Quelli che hanno visto il film hanno detto che è divertente.
→ **Chi ha visto il film ha detto che è divertente.**

a. Studio l'italiano, ma non capisco quelli che parlano in fretta. ....
....
....

b. Quelli che parlano troppo non ascoltano molto. ....
....
....

c. Con quale persona andrai a Roma? ....
....
....

d. Non sapevamo a quale persona chiedere l'indirizzo. ....
....
....

e. Aiutiamo quelli che hanno bisogno di noi.
....
....
....

f. Quello che ha scritto questa lettera è un caro amico di Cagliari. ....
....
....

g. Quelli che volevano vedere la mostra a Bologna dovevano prenotare. ....
....
....

h. Quelli che dormono non pigliano pesci (proverbio). ....
....
....

9 Dans les phrases suivantes, entourez les mots que l'on peut remplacer par **chi**, comme dans les exemples ci-dessous.

Exemples : Alice ascolta sempre (quello che) le parla.
Non so di (quale persona) sono le chiavi.

a. Mia sorella non ascolta mai quello che parla.

b. Dimmi con quale persona eri ieri a Ravenna.

c. Da quale persona l'hai saputo?

d. A quale persona l'avete raccontato?

e. Mi piace quello che parla poco.

f. Non so per quale persona lavori.

g. Ringrazierò quello che mi aiuterà.

h. Quello che ha scritto questa poesia è un famoso poeta.

i. Quello che ha fatto questo lavoro è stato molto bravo.

CHAPITRE 17 : PRONOMS RELATIFS, INTERROGATIFS ET EXCLAMATIFS – NOMS DE VILLES

Les pronoms et adjectifs exclamatifs

Les adjectifs et pronoms exclamatifs ont les mêmes formes que les interrogatifs :
Che bella macchina! → *Quelle belle voiture !*
Quanta gente! → *Que de monde !*
Questo cappello costa trecento euro. – Quanto! → *Ce chapeau coûte trois cents euros. – Quel prix !* (littéralement : *Combien !*)

10 Complétez par le pronom ou adjectif exclamatif correct, choisi dans la liste ci-dessous. Les éléments peuvent être utilisés plusieurs fois.

a. che **b.** quante **c.** quanti **d.** quanta **e.** quanto **f.** chi

1. Ieri ho lavorato tantissimo, ... stanca che ero!
2. .... bel quadro!
3. .... ragazze simpatiche!
4. .... divertente questo film!
5. La sua macchina costa ventimila euro. .... soldi!
6. Non vedo l'ora di partire per Perugia. – A .... lo dici!
7. .... vedo? Barbara insieme a Diego!
8. .... neve quest'anno a Trento!
9. Ho aspettato due ore dal dottore! – .... tempo!

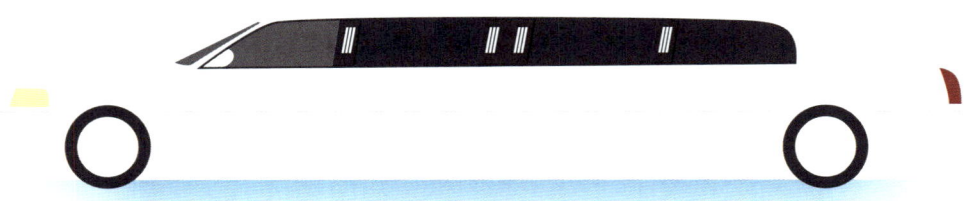

Bravo, vous êtes venu(e) à bout du chapitre 17 ! Il est maintenant temps de compter les icônes et de reporter le résultat en page 128 pour l'évaluation finale.

Verbes impersonnels – Gérondif

vocabulaire : météo

Les verbes impersonnels

Ils n'ont que la troisième personne du singulier. Ils ne sont jamais précédés d'un pronom sujet. Ils indiquent :

- Les phénomènes météorologiques comme **nevicare**, *neiger* ; **piovere**, *pleuvoir* ; **fare freddo, fare caldo**, *faire froid, faire chaud*, etc.

Exemples : **nevica** → *il neige* ; **pioverà** → *il pleuvra* ; **faceva freddo** → *il faisait froid*.

- Nécessité (**bisognare**, *falloir*) ; opportunité (**conviene**, *il vaut mieux*) ; événement (**succedere**, *arriver*).

Exemples : **Bisognerà fare attenzione** → *Il faudra faire attention* ; **ci conviene andare piano** → *il vaut mieux que nous allions doucement* ; **mi succede raramente di dormire al pomeriggio** → *il m'arrive rarement de dormir l'après-midi*.

Le verbe **essere** suivi d'un adjectif ou d'un adverbe est souvent utilisé dans des phrases impersonnelles :

Exemples : **è meglio coprirsi bene** → *il vaut mieux bien se couvrir* ; **sarà bello andare al mare domenica** → *ce sera beau d'aller à la mer dimanche*.

Aux temps composés, l'auxiliaire des verbes impersonnels est toujours **essere**, sauf pour **fare** qui utilise **avere**.

Exemples : **ieri è nevicato** → *hier il a neigé* ; **l'anno scorso non ha fatto freddo** → *l'année dernière il n'a pas fait froid*.

Remarquez la construction du verbe **convenire** avec les pronoms personnels compléments (forme faible) : **non ti conviene uscire con questo tempaccio** → *il vaut mieux pour toi ne pas sortir par ce mauvais temps*.

Banque de mots

candido, *candide (blanc)*
convenire, *valoir mieux, être préférable*
doccia, *douche*
meglio, *mieux*
farcela, *y arriver (ce la faccio = j'y arrive)*
immagine, *image*
incontrare, *rencontrer*
mentre, *pendant que*
nuvola (f.), *nuage*
paesaggio, *paysage*
peggio, *pis, pire*
piangere, *pleurer*
succedere, *arriver (d'un événement)*
superare, *dépasser, surmonter*
vento, *vent*

CHAPITRE 18 : VERBES IMPERSONNELS – GÉRONDIF

1 Placez la bonne légende à côté de chaque image.

a. farà bello b. fa freddo c. nevicherà d. pioveva e. fa brutto f. faceva caldo

IERI

1. ....

2. ....

OGGI

3. ....

4. ....

DOMANI

5. ....

6. ....

2 Complétez par **bisogna, conviene** ou **succede** conjugués au temps correspondant au sens de la phrase.

a. Piove, ... prendere l'ombrello!

b. Quando abitavo là, a volte mi .... di chiudermi fuori!

c. Ti .... telefonarle prima di andare a casa sua.

d. Domani farà freddo, ... vestirsi pesanti per andare fuori.

e. Non .... comprare in questo negozio, è molto caro!

f. Quando ero studente mi .... spesso di studiare di notte.

g. L'anno scorso .... sempre aiutarlo perché da solo non ce la faceva.

h. Anche a te .... di addormentarti al cinema?

3 Complétez par les formes impersonnelles de la liste ci-dessous.

a. sarà meglio b. era bello c. è peggio d. era nevicato e. è piovuto f. conveniva g. conviene

1. Se non studi .... perché non supererai il tuo esame.

2. In montagna .... e il paesaggio era candido.

3. Ci .... lavorare oggi che fa brutto e uscire domani.

4. Stamattina .... e sono rimasta in casa.

5. Ieri Matteo ha detto che gli .... prendere il treno per andare da sua sorella.

6. Domani .... uscire presto per essere puntuali.

7. .... stare insieme quando eravamo in vacanza.

CHAPITRE 18 : VERBES IMPERSONNELS – GÉRONDIF

Le gérondif

verbes en -are / parlare	verbes en -ere / prendere	verbes en -ire / finire
parl*ando*	prend*endo*	fin*endo*

Il indique :
- la simultanéité temporelle. Exemple : **Leggendo, ascolto musica** → *En lisant, j'écoute de la musique* ;
- la cause. Exemple : **Mangiando troppo, è ingrassato** → *Il a grossi en mangeant trop* ;
- le moyen. Exemple : **Sbagliando si impara** → *C'est en se trompant que l'on apprend.*

4 Complétez par le gérondif du verbe entre parenthèses.

a. .... (camminare) guardavo il paesaggio.
b. Canta .... (fare) la doccia.
c. A lezione si impara .... (ascoltare).
d. La zia cucina .... (guardare) la TV.
e. Mi parlava .... (piangere).
f. .... (studiare) tanto si è laureato in tre anni.
g. .... (parlare) con te il tempo mi passerà in fretta.
h. Ha imparato l'italiano .... (ascoltare) la gente.

5 Associez les deux moitiés de phrases pour obtenir un énoncé ayant un sens logique.

1. Camminando sotto il sole
2. Uscendo senza ombrello
3. Piantando un chiodo
4. Bevendo il caffè
5. Studiando tanto
6. Rispondendo a molti annunci

a. troverai un lavoro.
b. si laureeranno presto.
c. si è bagnato tutto.
d. si è rotto un dito.
e. mi sono sporcato la camicia.
f. gli è venuta sete.

Stare + gérondif

Le verbe **stare** suivi du gérondif est utilisé pour le présent progressif :
Carlo sta dormendo → *Carlo est en train de dormir.*
Cette formule est possible à tous les temps simples :
Stavo leggendo, quando ho sentito un gran rumore → *J'étais en train de lire, quand j'ai entendu un grand bruit.*

CHAPITRE 18 : VERBES IMPERSONNELS – GÉRONDIF

6 Construisez le présent progressif (stare + gérondif) des verbes entre parenthèses.

a. Silvia .... (scrivere) un libro.

b. I miei figli .... (giocare) a pallacanestro.

c. Fuori .... (piovere).

d. Federico .... (studiare) il pianoforte.

e. Elisa .... (arredare) la casa nuova.

f. Le mie amiche .... (preparare) una festa per il mio compleanno.

g. Io e mia moglie .... (partire) per le vacanze.

h. Tu e tuo fratello .... (ascoltare) musica classica.

i. Sono caduta mentre .... (correre).

j. Li abbiamo incontrati mentre .... (passeggiare) nel parco.

7 Construisez le présent progressif (stare + gérondif) des verbes entre parenthèses en utilisant l'imparfait du verbe stare.

a. Tu e Ada .... (uscire) quando loro sono arrivati.

b. Mio marito .... (tornare) a casa quando li ha incontrati.

c. Quando tu ti sei alzato io .... (dormire).

d. Mentre i nostri amici ci aspettavano tu e Andrea .... (prendere) un caffè.

e. Mentre lavoravo ho visto che fuori .... (nevicare).

Le gérondif avec les pronoms personnels simples et groupés

Ces pronoms s'attachent à la fin du gérondif en formant un seul mot avec lui. L'accent tonique reste sur la syllabe où il était avant la fusion.

Exemples : **Parlandogli, lo guardava negli occhi** ➜ *En lui parlant, il le regardait dans les yeux* ; **te lo porterò andandoci** ➜ *je te l'apporterai en y allant*.

CHAPITRE 18 : VERBES IMPERSONNELS – GÉRONDIF

 Transformez les phrases selon l'exemple suivant.

Exemple : Mentre lo accompagneremo a casa gli parleremo.
→ **Accompagnandolo** a casa gli parleremo.

a. Mentre gli scrivevo lo pensavo. ....
....

b. Mentre la guardava negli occhi le spiegava cosa era successo. ....
....

c. Mentre gli legge la storia gli mostra le immagini del libro. ....
....

d. Mentre la salutavamo le abbiamo dato un regalo. ....
....

e. Mentre gli parlava sorrideva. ....
....

f. Vedrò dov'è quando ci andrò. ....
....

g. Quando ci passerai lo saluterai. ....
....

C'è et ci sono : tableau récapitulatif

Dans ce tableau, vous trouverez les formes de **c'è** et de **ci sono** aux différents temps étudiés jusqu'ici.

	présent		passé composé		imparfait	
singulier	**c'è**	*il y a*	**c'è stato** (masc.), **c'è stata** (fém.)	*il y a eu*	**c'era**	*il y avait*
pluriel	**ci sono**		**ci sono stati** (masc.), **ci sono state** (fém.)		**c'erano**	

	plus-que-parfait		futur		futur antérieur	
singulier	**c'era stato** (masc.), **c'era stata** (fém.)	*il y avait eu*	**ci sarà**	*il y aura*	**ci sarà stato** (masc.), **ci sarà stata** (fém.)	*il y aura eu*
pluriel	**c'erano stati** (masc.), **c'erano state** (fém.)		**ci saranno**		**ci saranno stati** (masc.), **ci saranno state** (fém.)	

CHAPITRE 18 : VERBES IMPERSONNELS – GÉRONDIF

9 Complétez par **c'è** conjugué au temps le plus adapté au sens de la phrase.

Bel tempo

a. Ho visto le previsioni del tempo : domani .... il sole.

b. Ieri mentre ero fuori .... il sole.

c. Quel giorno .... il sole al mattino poi erano arrivate le nuvole e il vento.

d. Che bello, oggi .... il sole !

e. Ieri per un'ora .... il sole.

10 Complétez par **ci sono** conjugué au temps le plus adapté au sens de la phrase.

Brutto tempo

a. Oggi .... molte nuvole in cielo.

b. Domani .... molte nuvole in cielo.

c. Quel giorno .... molte nuvole in cielo durante il picnic.

d. Ieri pomeriggio .... molte nuvole in cielo.

Bravo, vous êtes venu(e) à bout du chapitre 18 ! Il est maintenant temps de compter les icônes et de reporter le résultat en page 128 pour l'évaluation finale.

19 Prépositions, conjonctions, adverbes

vocabulaire : santé

Les prépositions

Dans les leçons précédentes, nous avons vu quelques prépositions. Voici un tableau récapitulatif des plus importantes d'entre elles :

a	di	da	in
Direction d'un mouvement : **Vado a Roma,** *Je vais à Rome.* **Vado a lavorare,** *Je vais travailler.*	Propriété : **la macchina di Giulia,** *la voiture de Giulia*	Provenance et distance : **Vengo da Milano,** *Je viens de Milan.* **Abito a tre chilometri da Milano,** *J'habite à 3 km de Milan.* **Siamo lontani da Torino?** *Sommes-nous loin de Turin ?*	*dans* et *en* dans les expressions locatives : **Abito in Italia,** *J'habite en Italie.*
État dans un lieu : **Abito a Roma,** *J'habite à Rome.*	L'argument : **un libro di storia,** *un livre d'histoire*	Complément d'agent dans une phrase passive : **È stato visto da tutti,** *Il a été vu par tout le monde.*	*en* dans les expressions temporelles : **L'ho fatto in due ore,** *Je l'ai fait en deux heures.*
Dans les expressions locatives : **vicino a,** *près de* **davanti a,** *devant* **di fronte a,** *en face de* **in mezzo a,** *au milieu de* **intorno a,** *autour de* **di fianco a,** *sur le côté de*	Le contenu : **una tazza di caffè,** *une tasse de café*	Le contenant : **una tazza da caffè,** *une tasse à café*	Expressions de quantités : **Veniamo in due,** *Nous venons à deux.*
	Avec les adverbes : **prima di,** *avant* **invece di,** *au lieu de*	*depuis* **Ti aspetto da due ore,** *Je t'attends depuis deux heures.*	
Pour dire l'heure : **Vengo alle tre,** *Je viens à trois heures.*	Dans les expressions : **Credo di no,** *Je crois que non.* **Dico di sì,** *Je dis oui.*	*chez* **Vieni a mangiare da noi?** *Viens-tu manger chez nous ?*	Complément de moyen : **Sono venuta in treno,** *Je suis venue en train.*
	Dans les expressions temporelles : **di giorno, di sera, di domenica,** *le jour, le soir, le dimanche*	Destination d'une action : **È una cosa da fare.** *C'est une chose à faire.*	Pour situer une action dans une année, un mois, une saison : **nel millenovecentosessanta,** *en 1960* **in ottobre,** *en octobre* **in inverno,** *l'hiver*

Suite du tableau en page suivante →

CHAPITRE 19 : PRÉPOSITIONS, CONJONCTIONS, ADVERBES

Suite du tableau de la page 107

con	su	per	tra, fra
avec **Abito con Paolo,** *J'habite avec Paolo.* **Lavora con cura** = *Il travaille avec soin.*	*sur* **L'ho dimenticato sul tavolo,** *Je l'ai oublié sur la table.*	*pour* dans les expressions de cause et de but : **Sono tornato a casa per il gran freddo,** *Je suis rentré à cause du grand froid.* **Sono venuto per questo,** *Je suis venu pour cela.*	*entre* deux éléments : **fra me e te,** *entre toi et moi*
Complément de moyen : **Sono arrivata con il treno delle due e mezzo,** *Je suis arrivée par le train de deux heures et demie.*	Approximation : **un giovane sui vent'anni,** *un jeune homme qui pouvait avoir vingt ans*	Destination : **Ho preso il treno per Roma,** *J'ai pris le train pour Rome.*	*parmi* plusieurs : **fra noi tutti,** *parmi nous tous*
		Mouvement circonscrit : **Passeggiamo per la città,** *Nous nous promenons dans la ville.*	*dans* au sens temporel de délai : **Vengo tra due ore,** *Je viens dans deux heures.*

Les prépositions **a, di, da, in** et **su** forment des articles contractés avec les articles définis qui les suivent (voir les formes aux chapitres 5, 6 et 11). Avec **con,** la formation de l'article contracté est facultative (on peut dire **con il martello** ou **col martello,** *avec le marteau*). Les prépositions **per, tra** et **fra** restent séparées des articles qui les suivent : **Verremo tra le due e le tre** → *Nous viendrons entre deux et trois heures.*

1 Complétez les phrases par une préposition.

a. Sono stata ad una lezione ……… lingua italiana.

b. Ho messo le chiavi ……… quel cassetto.

c. Durante le vacanze eravamo ……… Venezia.

d. Quando piove va al lavoro ……… macchina.

e. Metterò un bel vaso ……… questo tavolo.

f. Il suo amico è arrivato adesso ……… Siracusa.

g. Per favore, fallo ……… me!

h. La farmacia è ……… il bar e il negozio ……… abbigliamento.

i. Metti il comodino ……… il letto e l'armadio.

j. Andremo al mare ……… i nostri amici.

k. Fa freddo, bevetevi una tazza ……… cioccolata calda!

l. Venite a cena ……… me stasera?

CHAPITRE 19 : PRÉPOSITIONS, CONJONCTIONS, ADVERBES

Banque de mots
- **allegro,** *gai*
- **ammalato,** *malade*
- **antibiotico,** *antibiotique*
- **affacciarsi,** *se pencher (à une fenêtre)*
- **congelare,** *geler*
- **costante,** *constant*
- **delicato,** *délicat, fragile*
- **dimagrire,** *maigrir*
- **durata,** *durée*
- **febbre,** *fièvre*
- **ferita,** *blessure*
- **gola,** *gorge*
- **guarire,** *guérir*
- **iniezione,** *injection*
- **male/mal di…, mal de…**
- **massaggio,** *massage*
- **medico,** *médecin*
- **oliva,** *olive*
- **pancia** (f.), *ventre*
- **pomata,** *pommade*
- **pigiama,** *pijama*
- **raffreddore,** *rhume*
- **recente,** *récent*
- **sapore** (m.), *saveur*
- **schiena** (f.), *dos*
- **sciroppo,** *sirop*
- **sforzo,** *effort*
- **soffitta** (f.), *grenier*
- **stomaco,** *estomac*
- **testa,** *tête*
- **tosse,** *toux*
- **triennale,** *triennal (qui dure trois ans)*

2. Complétez le dialogue suivant par les prépositions ou les articles contractés de la liste ci-dessous.

a   al   alle   tra   in   con   in   da   sulla   di   sul   per

– Ciao, sono venuta 1. .... prenderti 2. .... andare 3. .... cinema. Il film inizia 4. .... otto e mezza, cosa fai 5. .... poltrona 6. .... pigiama?

– Mi sento male! Ieri sono andato 7. .... bicicletta 8. .... Diego e ci siamo congelati.

– Bravi! Adesso ti preparo una tazza 9. .... tè e te la metto 10. .... tavolino. Tu stai 11. .... caldo 12. .... i cuscini e io vado 13. .... cinema 14. .... sola!

3. Transformez la préposition simple en article contracté, comme dans l'exemple.

Exemple : Queste scarpe le ho comprate in un negozio (di) **del** centro.

a. Mi piace passeggiare (in) .... parco (di) .... mia città.

b. Siamo saliti (su) .... torre di Pisa.

c. Quest'olio d'oliva viene (da) .... lago di Garda.

d. Non mi piace il sapore (di) .... sciroppo che mi ha dato il medico.

e. L'ho vista (da) .... strada perché si era affacciata (a) .... finestra.

Quelques conjonctions
- **e** (parfois **ed** devant voyelle), *et*
- **o** (parfois **od** devant voyelle), *ou*
- **ma,** *mais*
- **cioè,** *c'est-à-dire*
- **infatti,** *en effet*
- **allora,** *alors*
- **poi,** *ensuite*
- **perciò,** *donc*
- **quindi,** *donc*
- **né… né,** *ni… ni*
- **sia… che,** *et… et*
- **quando,** *quand*
- **perché,** *pourquoi, parce que, puisque*
- **che,** *que*

CHAPITRE 19 : PRÉPOSITIONS, CONJONCTIONS, ADVERBES

4 Complétez par la conjonction adaptée en choisissant parmi les suivantes.

a. **ma** b. **quindi** c. **poi** d. **o** e. **perché** f. **cioè**

1. Non è uscito .... non stava bene.
2. Il suo ragazzo stava male, ... Marta è andata al cinema da sola.
3. Faceva freddo e non sapevo se andare in bicicletta .... restare in casa.
4. Dovevo uscire con la mia fidanzata, ... mi sono ammalato e sono andato a letto.
5. Sono andata al cinema, ... sono andata a trovare un'amica.
6. Mi sono iscritto a un corso di laurea triennale, ... della durata di tre anni.

5 Complétez par la conjonction adaptée en choisissant parmi les suivantes.

a. **sia... che** b. **perciò** c. **quando** d. **perché** e. **che** f. **né... né**

1. Non avevo .... la tosse .... il raffreddore, solo febbre e mal di gola.
2. Il dottore mi ha dato .... lo sciroppo .... l'antibiotico.
3. .... ho mal di testa non riesco a fare niente.
4. Sono stato dal medico .... avevo sempre mal di pancia.
5. Anna mi ha detto .... ha mal di schiena e non viene in palestra.
6. La mia amica ha mal di stomaco .... non verrà a cena da noi.

6 Complétez par la conjonction adaptée en choisissant parmi les suivantes.

a. **perché** b. **allora** c. **né... né** d. **ma** e. **sia... che** f. **infatti** g. **quando** h. **o**

– Ciao Marco, **1.** .... non c'eri ieri in palestra? Avevi impegni di lavoro **2.** .... non stavi bene?

– Avevo mal di schiena, non potevo **3.** .... camminare .... fare sforzi. Ho messo anche una pomata **4.** .... mi fa ancora male.

– È capitato anche a me. Non mi passava, **5.** .... sono andato dal dottore e ho dovuto fare **6.** .... iniezioni .... massaggi e stare a riposo per una settimana.

– **7.** .... anch'io sto andando dal dottore!

– Arrivederci, ci vedremo in palestra **8.** .... sarai guarito!

CHAPITRE 19 : PRÉPOSITIONS, CONJONCTIONS, ADVERBES

Les adverbes de manière

Ils se forment par le suffixe **-mente** ajouté à un adjectif :

adjectif	adverbe
intelligente, *intelligent*	**intelligentemente**, *intelligemment*
gentile, *gentil*	**gentilmente**, *gentiment*
leggero, *léger*	**leggermente**, *légèrement*
antico, *ancien*	(la voyelle **e** disparaît après les consonnes **l** et **r**)
	anticamente, *anciennement*
	(l'adverbe se forme avec l'adjectif féminin)

7 Transformez l'adjectif en adverbe, comme dans l'exemple.

chiaro	→	**chiaramente**
lento	→	....
veloce	→	....
attento	→	....
recente	→	....
delicato	→	....
dolce	→	....
vero	→	....
allegro	→	....
triste	→	....

Quelques adverbes

abbastanza, *assez*
molto, *beaucoup*
tanto, *tant*
poco, *peu*
troppo, *trop*
solo, *seulement*
mai, *jamais*
sempre, *toujours*
spesso, *souvent*
presto, *tôt*
tardi, *tard*
piano, *doucement*
forte, *fort*
lontano, *loin*
vicino, *près*
qui, *ici*
là, *là-bas*
su, *en haut*
giù, *en bas*
bene, *bien*
male, *mal*

8 Complétez par l'adverbe opportun en choisissant parmi les suivants.

a. spesso b. poco c. piano d. tardi e. bene f. molto g. su

1. Bevi questo tè, ti farà ....
2. Non è suonata la sveglia e sono arrivato .... alla stazione.
3. Fai .... altrimenti svegli i bambini.
4. Il suo ultimo libro mi è piaciuto ...., infatti l'ho letto due volte.
5. Dormi .... perciò sei stanco.
6. Andiamo .... in soffitta a cercare gli attrezzi.
7. Andrea si allena .... in palestra per essere in forma.

CHAPITRE 19 : PRÉPOSITIONS, CONJONCTIONS, ADVERBES

Comparatifs et superlatifs des adverbes

Comme pour les adjectifs (voir chapitre 4), les adverbes aussi peuvent former des comparatifs :

Abito più lontano di te ➜ *J'habite plus loin que toi* ;
Parli meno forte, per favore! ➜ *Parlez moins fort, s'il vous plaît !*

Ils peuvent également former des superlatifs :

Avevamo mangiato pochissimo ➜ *Nous avions mangé très peu* ;
Gli ha parlato molto male ➜ *Il lui a parlé très mal.*

Comparatifs et superlatifs irréguliers

Voici le tableau des formes particulières des comparatifs et des superlatifs de quelques adjectifs et adverbes très utilisés :

adjectif	comparatif de supériorité	superlatif absolu	adverbe	comparatif de supériorité
buono *bon*	migliore *meilleur*	ottimo *très bon*	bene *bien*	meglio *mieux*
cattivo *mauvais*	peggiore *pire*	pessimo *très mauvais*	male *mal*	peggio *pis*
grande *grand*	maggiore *majeur*	massimo *très grand*	molto *beaucoup*	più *plus*
piccolo *petit*	minore *moindre*	minimo *très petit*	poco *peu*	meno *moins*
alto *haut*	superiore *supérieur*	-	-	-
basso *bas*	inferiore *inférieur*	-	-	-

Ces formes particulières restent d'usage facultatif, et on peut dire aussi bien **più buono** que **migliore,** et **molto buono** ou **buonissimo** que **ottimo.**

Locutions adverbiales

Elles sont formées d'une préposition + un nom ou un adjectif, et elles sont équivalentes à un adverbe. En voici quelques-unes parmi les plus fréquentes :

adjectif	adverbe
all'improvviso	*soudain*
a lungo	*longtemps*
di più	*davantage*
di meno	*moins*

adjectif	adverbe
di sicuro	*sûrement*
di solito	*d'habitude*
in fretta	*en hâte, vite*
per caso	*par hasard*

CHAPITRE 19 : PRÉPOSITIONS, CONJONCTIONS, ADVERBES

9 Complétez par les adverbes de la liste ci-dessous en formant le comparatif ou le superlatif.

a. **minimo** b. **più** c. **più piano** d. **meglio** e. **meno** f. **peggio** g. **pessimo**

1. Mangia .... se vuoi dimagrire.
2. Oggi ho lavorato .... di ieri, infatti ho finito tardi.
3. In quel ristorante abbiamo mangiato .... che nell'altro, quindi ci torneremo.
4. Ieri mi sentivo .... di oggi, infatti non ho più la febbre.
5. Il libro che sto leggendo è .... e penso che non lo finirò.
6. Parla .... altrimenti svegli la bambina.
7. Con uno sforzo .... ma costante potrai essere presto in forma.

10 Entourez la locution adverbiale correcte, comme dans l'exemple.

Exemple : Ho lavorato ...... per finire il lavoro.
a. all'improvviso b. a lungo c. di sicuro

1. L'ho incontrato ...... davanti a casa.
a. di più b. di solito c. per caso

2. La macchina si è fermata ...... in mezzo alla strada.
a. a lungo b. all'improvviso c. per caso

3. Mi ha parlato ...... e non ho capito bene cosa mi ha detto.
a. di meno b. in fretta c. di sicuro

4. Ti telefona ......, non preoccuparti.
a. di sicuro b. di solito c. di più

5. Mangiavi ...... perché volevi dimagrire.
a. di più b. in fretta c. di meno

6. Questo è il bar in cui venivamo ...... dopo le lezioni.
a. all'improvviso b. di solito c. di meno

7. Nei prossimi giorni studierò ...... per superare l'esame.
a. a lungo b. per caso c. in fretta

Bravo, vous êtes venu(e) à bout du chapitre 19 ! Il est maintenant temps de compter les icônes et de reporter le résultat en page 128 pour l'évaluation finale.

20. Adjectifs et pronoms indéfinis – Exercices de révision

Adjectifs et pronoms indéfinis

Souvent, ils sont identiques aux adverbes. Adjectifs, ils sont suivis d'un nom ; pronoms, ils le remplacent. Voici les plus fréquents :

poco	peu (de)
molto	beaucoup (de)
tanto	tant (de)
troppo	trop (de)
tutto	tout
nessuno	aucun (adj.), personne (pron.)
alcuni/alcune	quelques
altro	autre

Les formes ci-contre peuvent être tantôt des adjectifs, tantôt des pronoms. Elles se comportent comme les noms et les adjectifs en **-o** (féminin singulier en **-a**, masculin pluriel en **-i**, féminin pluriel en **-e**).

Exemple : **In dicembre ci sono poche giornate di sole, in giugno ce ne sono tante** ➜ *En décembre il y a peu de journées ensoleillées, en juin il y en a beaucoup.*

Les formes du tableau suivant peuvent être des adjectifs seulement, elles sont invariables et s'accordent toujours au singulier :

qualche	quelques
ogni	chaque

Qualche et **alcuni** ont la même signification, mais le premier est invariable et singulier (bien qu'ayant un sens pluriel) alors que le second s'accorde : **qualche giorno** et **alcuni giorni** signifient tous les deux *quelques jours*.

s'accordent en genre	
qualcuno	quelqu'un
ognuno	chacun
invariables	
qualcosa	quelque chose
niente	rien

CHAPITRE 20 : ADJECTIFS ET PRONOMS INDÉFINIS – EXERCICES DE RÉVISION

1 Complétez par l'un des indéfinis (adjectifs et pronoms) de la liste ci-dessous comme dans l'exemple.

a. niente b. tutti c. tutto d. nessuno e. qualcosa f. alcuni
g. ognuno h. ogni i. altro j. qualcuno

Exemple : Prendi pure **tanto** gelato, io ne voglio **poco** perché non mi piace.

1. Ieri sera a teatro non è venuto .... dei miei colleghi, invece i suoi c'erano ....
2. Ho poco spazio e quindi ho invitato a cena solo .... dei miei amici.
3. Prendi lo sciroppo per la tosse e bevilo ....!
4. .... mi ha detto che Sara si è sposata.
5. Vuoi .... da mangiare? – No, grazie non prendo ....
6. .... di noi farà una parte del lavoro così lo finiremo velocemente.
7. Per .... parente ho preparato un regalino.
8. Che buoni questi gelati! – Ne vuoi un ....?

Mi piace, non mi piace

Dans l'expression **mi piace il mare**, *j'aime la mer*, **il mare** est le sujet du verbe **piacere** et la personne à laquelle la mer plaît est rendue par le pronom personnel complément indirect **mi**.
Le verbe s'accorde donc avec le sujet réel au singulier ou au pluriel :
Non gli piacciono i film americani ➜ *Il n'aime pas les films américains.*
Non le piace il cinema americano ➜ *Elle n'aime pas le cinéma américain.*

2 Écrivez les phrases exprimant les goûts (mi piace/non mi piace) en utilisant les pronoms indirects corrects, comme dans les exemples.

Exemples : Lara/le patatine ➜ Le piacciono le patatine.
Io/la lingua inglese. ➜ Non mi piace la lingua inglese.

1. Io e Lucia/il mare ➜ ....
2. Sandro/la cioccolata ➜ ....
3. Io/la lingua italiana ➜ ....
4. Tu/la musica jazz ➜ ....
5. Elena/lo sciroppo per la tosse ....
6. Tu e Patrizia/la pasta ....
7. Io e Matteo/le città grandi ....
8. Io/la montagna ....

CHAPITRE 20 : ADJECTIFS ET PRONOMS INDÉFINIS – EXERCICES DE RÉVISION

3 Placez les mots dans le bon ordre pour former des phrases comme dans l'exemple.

Exemple : sono / Dove / documenti / miei / i / ? / cassetto / nel / Sono.
→ **Dove sono i miei documenti? Sono nel cassetto.**

a. Dove / messo / chiavi / hai / le / ? / sul / Sono / tavolino ....
....

b. la / Dov' / macchina / è / mia? dietro / È / sua / la ....
....

c. bicicletta / è / Dov' / la? Il / dentro / garage / È ....
....

d. scarpe / Dove / le / sono / mie / ? / Sono / letto / sotto / il ....
....

e. Dov' / la / è / farmacia / ? / tra / È / il / la / bar / banca / e ....
....

4 Écrivez les horaires en toutes lettres comme dans l'exemple.

Exemple : La lezione di italiano inizia / 9.30
→ **La lezione di italiano inizia alle nove e trenta (o e mezza).**

a. Vai a lavorare / **7.45** ....
....

b. C'è il primo autobus / **6.05** ....
....

c. Partirai per Torino / **20.15** ....
....

d. Andavamo a correre / **18.00** ....
....

e. Lo spettacolo finirà / **22.40** ....
....

f. Si svegliano / **6.15** ....
....

5 Regroupez les mots suivants en trois familles selon le vocabulaire.

lago bus pantaloni bicicletta macchina aereo montagna
maglietta campagna vestito mare giacca

a. ....
b. ....
c. ....

CHAPITRE 20 : ADJECTIFS ET PRONOMS INDÉFINIS – EXERCICES DE RÉVISION

6 Entourez l'intrus.

piatto tazza coltello martello forchetta bicchiere cucchiaio tovagliolo

7 Placez les syllabes dans le bon ordre pour former des mots.

a. ROALBE ....
b. LIPELCA ....
c. SETCASTO ....
d. NONIPA ....

e. FOSEROMA ....
f. NOVI ....
g. COAMI ....
h. LOTELFRA ....

8 Complétez le tableau des verbes ci-dessous comme dans l'exemple.

Infinitif	Présent	Passé Composé	Imparfait	Plus-que-parfait	Futur	Futur antérieur
Exemple : camminare	cammino	ho camminato	camminavo	avevo camminato	camminerò	avrò camminato
ascoltare	ascolto	....	....	avevo ascoltato	....	....
leggere	....	ho letto	....	....	....	avrò letto
scrivere	scrivo	....	scrivevo	....	....	....
capire	capisco	....	....	....	....	avrò capito
finire	....	....	....	avevo finito	finirò	....

CHAPITRE 20 : ADJECTIFS ET PRONOMS INDÉFINIS – EXERCICES DE RÉVISION

9 Associez à chaque forme verbale le singulier ou le pluriel correspondant, comme dans les exemples.

Exemples : parlerà (singulier) → **parleranno** (pluriel)
ho nuotato (singulier) → abbiamo nuotato (pluriel)

singulier	pluriel
....	viaggerete
ha guidato	....
....	leggevate
aveva costruito	....
....	avrete aspettato
penso	....
....	avete capito
passeggiava	....

10 Teo a écrit un e-mail à une amie pour lui dire qu'il ira la voir dans sa ville, à Matera, mais quelques mots ont été perdus ! Complétez par les mots de la liste ci-dessous.

a. *in cui* b. *prima* c. *a* d. *quindi* e. *con* f. *ho*
g. *di* h. *ti* i. *fa'* j. *nella* k. *per* l. *più*

Carissima amica,

Come stai?

Ho molta voglia **1.** .... vederti e ti scrivo **2.** .... metterci d'accordo per il mio arrivo **3.** .... Matera.

Dovrò prendere due treni **4.** .... arriverò alla stazione **5.** .... di te, alle sei e mezza, quindi **6.** .... aspetto lì. **7.** .... prenotato in un bed and breakfast molto carino **8.** .... città antica. Stasera andremo a cena in un ristorante **9.** .... si mangiano piatti tipici e domani visiteremo i luoghi **10.** .... interessanti della città **11.** .... una guida. **12.** .... buon viaggio! A domani.

Baci, Teo

Bravo, vous êtes venu(e) à bout du chapitre 20 ! Il est maintenant temps de compter les icônes et de reporter le résultat en page 128 pour l'évaluation finale.

SOLUTIONS

1. Articles, noms et adjectifs

1 a. l' b. il c. lo d. la e. gli f. le g. i h. l'

2 1. d. 2. a. 3. b. 4. c. 5. g. 6. e. 7. f.

3 a. telefono b. matita c. zaino d. anello e. libri f. occhiali g. monete

4 1. c. 2. b. 3. a. 4. b. 5. a. 6. b.

5 a. il b. dei c. una d. delle e. lo f. degli g. un'

6 1. I ragazzi 2. Gli anelli 3. Gli scaffali 4. Le automobili 5. Le chiavi 6. Delle donne 7. Degli stranieri 8. Delle amiche 9. Delle olandesi 10. Degli inglesi

7 1. La bambina 2. La spagnola 3. L'americana 4. Un'amica 5. Una psicologa 6. Delle danesi 7. Delle irlandesi 8. Una donna 9. Una collega

8 Parola nascosta (mot caché) : computer (*ordinateur*)

		1.	O	C	C	H	I	A	L	I	
			B	O	R	S	A	2.			
			3.	M	O	U	S	E			
			4.	P	E	N	N	A			
			5.	Q	U	A	D	E	R	N	O
				T	A	B	L	E	T	6.	
C	H	I	A	V	E	7.					
		8.	O	M	B	R	E	L	L	O	

9 1. una donna ricca 2. una studentessa straniera 3. un amico portoghese 4. un bambino tranquillo 5. una ragazza simpatica

10 1. delle donne gentili 2. un colore vivace 3. delle belle mostre 4. gli zaini nuovi 5. l'amico greco 6. le borse pesanti 7. gli uomini alti

11 1. c. 2. b. 3. c. 4. b. 5. c.

12 Féminin : 3, 4, 8, 11 ; Masculin : 5, 7, 12 ; Masculin/Féminin : 1, 2, 6, 9, 10

13 1. basso 2. alto 3. stretto 4. largo 5. grasso 6. magro 7. piccolo 8. grande 9. bello 10. brutto 11. simpatico 12. antipatico 13. vecchio 14. nuovo 15. divertente 16. noioso 17. lungo 18. corto

14 1. c. D 2. a. B 3. e. E 4. d. A 5. b. C

2. Les verbes essere et avere au présent de l'indicatif – Les pronoms personnels sujets

1 a. Voi b. Io c. Noi d. Lui/Lei e. Tu f. Loro

2 a. I bambini sono vivaci. b. Le studentesse sono emozionate. c. I ragazzi sono arrabbiati. d. Loro sono delle care amiche. e. Gli/Le insegnanti sono gentili.

3 1. c 2. b. 3. e. 4. a. 5. f. 6. d.

4 1. e. 2. a. 3. c. 4. f. 5. d. 6. b.

5 1. b. 2. a. 3. c. 4. e. 5. d.

6 a. abbiamo ; avete b. ha ; ho ; ha c. hai ; hanno d. hanno e. avete f. hanno g. ho h. abbiamo i. ha

7 a. siamo b. sei c. sono d. sono e. è f. siete

8 1. c. 2. g. 3. d. 4. i. 5. e. 6. h. 7. f. 8. b. 9. a.

9 1. Io 2. Voi 3. Loro 4. Lei 5. Noi 6. Voi ; loro

10 [k] : b, c, e, g ; [tch] : a, d, f, h

11 1. [tch] 2. [k] 3. [k] 4. [tch] 5. [k] 6. [k] 7. [k] 8. [tch]

3. Formes négatives et interrogatives – Nombres de 0 à 10

1 1. Sei ; non sono ; sono 2. È ; non è ; è 3. È ; non è ; è 4. Sono ; non sono ; sono 5. Sei ; non sono ; sono 6. Siete ; non siamo ; siamo

2

					7.	
			1.		N	
		2.	B	O	C	C	A
			R		A	
			E		S	
G	U	A	N	C	E	3.
			C			
4.	O	C	C	H	I	8.
			I			C
		5.	M	E	N	T	O
						L
		6.	C	A	P	E	L	L	I
						O

3 a. non abbiamo b. non avete c. non hanno d. non hai e. non ha f. non ho g. non ha h. non abbiamo i. non hanno j. non hanno

4 ABCAI**GONNA**OSEPPIOD**CALZE**LEMICONIUREES**PANTALONI**ONIE**GUANTI**PPI**CRAVATTA**TIGASELIAD DA**SANDALI**OCCOTURAPELI**SCIARPA**IE**GIACCA**TIVOL **CAPPOTTO**PARI**GIUBBOTTO**AECASO**VESTITO**PARCO **JEANS**LAVITESOSAROPA**SCARPE**RETA**CINTURA**CARA **CAMICIA**CONSUETA**BERRETTO**SIBAR**CAPPELLO**PAVOBI **FELPA**CITU**MAGLIONE**PARORIBARBA**MAGLIETTA**BLIA

5 a. dieci b. uno c. nove d. tre e. sei f. otto g. quattro

6 a. hanno ; non hanno b. ha ; non ha c. sono ; non sono d. hai ; non ho e. siete ; non siamo f. avete ; non abbiamo g. sono ; non sei h. è ; non è

7 1. c. 2. f. 3. a. 4. e. 5. g. 6. b. 7. d.

SOLUTIONS

8 a. rosa b. azzurro c. verde d. bianco e. nero f. giallo g. rosso h. blu i. viola j. arancione k. grigio l. marrone

9 stivale ; braccialetto ; camicia ; berretto ; guanti ; cravatta

10 1. [dj] 2. [g] 3. [g] 4. [dj] 5. [dj] 6. [dj] 7. [g] 8. [dj] 9. [g] 10. [dj]

4. Noms altérés – Comparatifs et superlatifs

1 1. tavolino ; tavolone ; tavolaccio 2. piattino ; piattone ; piattaccio 3. forchettina ; forchettona ; forchettaccia 4. coltellino ; coltellone ; coltellaccio

2 ODO**MINESTRA**COTO**PASTA**LUSOPI**CARNE**POLA**POLLO**SER**PESCE**ATR**INSALATA**MARA**VERDURA**VOLMARA**PATATE**COL**FRUTTA**MEPAOCICOSI**TORTA**LECI**ACETO**LPORSADO**PEPE**LICOR**OLIO**PR**SALE**RDODU**ZUCCHERO**ESRKFINAPALI

3 a. 1, 7, 12 b. 3, 6, 9 c. 2, 4, 11 d. 5, 8, 10

4 a. più ; del b. più ; della c. più ; che

5 a. meno ; dell' b. meno ; della c. meno ; dei

6 a. calda come b. salato come c. buono come

7 a. il più famoso b. la (carne) più tenera c. il meno leggero

8 a. tenerissima b. buonissimi c. caldissima

9 1. c. B. 2. d. A. 3. b. D. 4. a. C.

10 1, 2, 4, 6, 7, 8, 11, 15, 16

5. Prépositions – Présent de l'indicatif des verbes réguliers – Forme de politesse

1 1. d. 2. a. 3. f. 4. b. 5. c. 6. e.

2 1. -o -i -a -iamo -ate -ano 2. -o -i -e -iamo -ete -ono 3. -o -i -e -iamo -ite -ono

3 a. 2. b. 6. c. 1. d. 4. e. 3. f. 5.

4 a. canto b. disegnate c. gioca d. parti e. suonano

5 a. balli b. sciano c. corro d. dipingete e. dorme f. scolpiamo g. capisco h. pratica

6 1. c. 2. e. 3. f. 4. a. 5. d. 6. g. 7. b.

7 1. camminiamo 2. finisco 3. leggete 4. colleziona 5. dipingi 6. ballano 7. passeggiate 8. dormiamo 9. scolpisce

8 2. passeggiamo 3. Beviamo 4. chiacchieriamo 6. scrivo 7. prendo

9 a. Hai b. Tu non porti c. Tu non leggi d. Nuoti e. Pratichi

10 a. Lei balla b. Ha c. Conosce d. Lei non ascolta e. Sbaglia f. gioca

11 a, c, d, f, g, i, j, l, n, p

6. Prépositions (suite) – Nombres de 11 à 60

1 1. da 2. ~~con il~~ 3. ~~con~~ 4. ~~con~~ 5. ~~con la~~ 6. ~~dagli~~ 7. ~~con~~

2 a. 3 b. 8 c. 2 d. 4 e. 6 f. 1 g. 7 h. ~~5~~

3 a. cinque (in punto) b. undici e trenta/undici e mezza c. otto e quindici/otto e un quarto d. dieci e quarantacinque/dieci e tre quarti/undici meno un quarto e. l'una e quaranta/ due meno venti f. dodici (in punto)/ mezzogiorno g. nove/ventuno

4 1. otto ; nove e un quarto/nove e quindici 2. tredici/una 3. diciotto/sei ; diciotto e quarantacinque/ sei e tre quarti 4. venti/otto

5 a. sera b. pomeriggio c. mattina d. notte

6 1. giovedì 2. martedì 3. domenica 4. lunedì 5. sabato 6. mercoledì 7. venerdì

7 a. venti e quarantacinque/otto e tre quarti b. martedì ; giovedì ; sabato c. lunedì ; venerdì ; diciassette e trenta/ cinque e mezza d. mattina e. sera f. domenica

8 a. Buonasera b. Buongiorno c. Buonanotte d. Buongiorno e. Ciao f. Arrivederci g. Buonanotte h. Ciao

9 a. Dopo b. presto ; tardi c. mai d. spesso e. prima ; A volte f. sempre

10 a. Primavera b. Inverno c. Autunno d. Estate

11 a. Aprile, Giugno, Settembre, Novembre. b. Gennaio, Marzo, Maggio, Luglio, Agosto, Ottobre, Dicembre c. Febbraio

12 1. c 2. a 3. d 4. b 5. e

13 1. aglio 2. bottiglia 3. maglione 4. foglia

7. Adjectifs et pronoms possessifs – Pronoms personnels compléments directs

1 a. 3 b. 1 c. 2 d. 5 e. 6 f. 4 g. 7

2 C U G I N O T R A L E O I **N I P O T E** O S A I A **P A D R E** M I F U N E **F R A T E L L O** P A C H I R I **S O R E L L A** A M A F A L L A I **M A D R E** G I G H I S I R O **Z I O** A C E L U O F A **F I G L I O** Q U A L O P O S O T I P A L G A R O L L I **N O N N O** C E P U T O B O N A V I **S U O C E R O** E P O **C O G N A T O** L I

3 a. 5 ; 6 b. 3 c. 2 d. 8 e. 7 f. 1 g. 4

121

SOLUTIONS

4 1. Suo cugino 2. I loro cani 3. La nostra casa 4. I vostri nipoti 5. La mia bicicletta 6. I tuoi zii 7. La mia nonna 8. I suoi cognati

5 1. i vostri 2. le loro ; loro 3. sua 4. il mio 5. i nostri 6. il tuo

6 1. Un vostro studente 2. Delle sue colleghe 3. Un nostro insegnante 4. Dei tuoi parenti

7 a. No, non è sua, è mia. b. Sì, sono miei. c. No, non sono nostre, sono loro. d. Sì, è suo. e. No, non sono miei, sono suoi. f. Sì, è la nostra.

8 a. 6 b. 7 c. 2 d. 8 e. 1 f. 4 g. 3 Intrus : 5

9 a. la b. ci c. ti d. mi e. vi f. li g. le

10 a. ombrello b. sorella e. collana f. braccialetto g. gatto h. quattro k. collega m. maglietta n. giacca p. bocca

8. Présent des principaux verbes irréguliers

1 a. Vai b. Diamo c. Fanno d. Dai e. Faccio f. Restiamo

2 a. Vanno b. Dai c. Facciamo d. Sta e. Andate f. Faccio

3 a. Possiamo b. Non sanno c. Devi d. Non voglio e. Beve f. Volete

4 a. bevo b. puoi c. dovete d. vogliamo e. sa

5 a. Non vengo b. Escono c. Diciamo d. Salgono e. Esci

6 1. Vengo 2. so 3. esce 4. sale 5. esco 6. salgo 7. dice 8. viene

7 1. b. 2. j. 3. f. 4. a. 5. g. 6. e. 7. i. 8. h. 9. c. 10. d.

8 a. dite ; diciamo b. fanno c. dà d. usciamo e. fanno f. fa

9 a. Vado dal fornaio. b. Non escono mai. c. Beviamo un bicchiere di vino. d. Vuole uscire con noi. e. Non dite niente.

10 1. state 2. Stiamo 3. sta 4. Sto 5. volete 6. usciamo 7. facciamo 8. bevete 9. beviamo 10. prendete 11. faccio

9. Passé composé – Accord du participe passé – Pronoms personnels compléments indirects

1 1. c. professoressa 2. b. vigilessa 3. f. direttrice 4. e. barista 5. h. dottoressa 6. a. infermiera 7. d. meccanica 8. i. cuoca 9. g. impiegata

2 a. ha preparato b. ha controllato c. avete finito d. hanno curato e. hanno capito f. hai portato g. Sono andato h. siete arrivati

3 a. abbiamo dovuto b. avete dato c. ho saputo d. hai voluto e. hanno scelto f. ha detto g. sono venuti

4 1. sono venuto 2. sono uscito 3. ho preso 4. sono stato 5. ho avuto 6. ha preso 7. Sono andato 8. Ho bevuto 9. ho guardato 10. ho fatto

5 Busta a : 2, 5 Busta b : 1, 3, 4, 6

6 1. b. 2. d. 3. f. 4. g. 5. c. 6. a. 7. e.

7 a. -e b. -a c. -o d. -i e. -o f. -e g. -i

8 a. li ha mangiati b. l'ho spedita c. l'ho riparato d. l'abbiamo portata e. le ho pagate f. l'hai preparato

9 1. f. 2. a. 3. d. 4. c. 5. b. 6. e

10 a. Gli b. le c. Gli d. Ti e. Mi f. Ci g. vi

11 a. qu b. qu c. cu d. qu e. cu f. qu g. qu h. cu i. cu j. cu

10. Formes passive, réfléchie, impersonnelle

1 a. è studiato b. sono pettinati c. è amato d. sono preparati

2 a. è stato finito b. è stato visto c. è stata riparata d. è stato pagato

3 a. Le vacanze al mare sono scelte da molte persone. b. Il gatto è accarezzato dai bambini. c. La cena è stata preparata dagli zii. d. I parenti sono stati accompagnati alla stazione da Mara.

4 a. I professori aiutano gli studenti. b. Gli italiani amano la pizza. c. Il medico ha visitato Laura. d. Il direttore ha pagato la cena.

5 1. b, d, e, g, j 2. f, i 3. a, c, h

6 a. mi b. ti c. vi d. si e. ci f. si g. si

7 1. d. 2. e. 3. a. 4. b. 5. c.

8 a. -a b. -o c. -e d. -i e. -e f. -o g. -a h. -i

9 a. ti lavi ; ti pettini b. si veste c. si impegna d. si allenano e. si lava f. ci rilassiamo g. Vi addormentate h. si mette

10 a. ti sei lavato (ou lavata) ; ti sei pettinato (ou pettinata) b. si è vestita c. si è impegnato d. si sono allenate e. si è lavato f. ci siamo rilassati (ou rilassate) g. vi siete addormentati (ou addormentate) h. si è messa

11 a. si passeggia b. si mangia c. ci si levano d. si va e. si fa f. si bevono g. si preparano h. si prende

12 1. b. 2. a. 3. e. 4. i. 5. d. 6. c. 7. f. 8. h. 9. g.

SOLUTIONS

11. Démonstratifs – Indicateurs de position dans l'espace

1 a. Questa b. questi c. questo d. Questa e. queste

2 a. Quell' b. Quel c. quella ; quei d. quello ; quelle e. Quegli

3 a. Quella b. questo c. questa d. Quei e. quegli f. Quell' g. queste h. quello

4 a. in mezzo b. davanti c. sopra d. a sinistra e. sotto

5 a. qua/là b. vicino/lontano c. qui vicino/accanto d. dentro/di fianco

6 a. là vicino ; in fondo b. dietro c. sotto d. fuori e. a destra f. al centro

7 a. sulla b. sulle c. sullo d. sul e. sull' f. sulla g. sui h. su i. su

8 a. quella b. questi ; quelli c. queste d. questa e. queste ; quelle f. quello g. questo

9 a. rimango b. rimane c. rimaniamo d. rimane e. rimangono

10 a. valgono b. valgo c. vali d. vale e. valgono

11 ci sono ; c'è ; c'è ; ci sono ; c'è ; ci sono ; ci sono

12 ci sono state ; c'è stata ; c'è stato ; ci sono stati

12. L'impératif – Les expressions de politesse

1 a. Guardate b. attravesare c. Gira d. guidate e. partiamo f. Passa g. Chiediamo h. Rallenta

2 a. Non venire! b. Parlate! c. Andiamo! d. Gira a destra! e. Non parcheggiare la tua macchina qui! f. Rallentate! g. Non parliamo! h. Guarda l'incrocio!

3 a. Fa' b. Va' ; sta' c. Da' d. Di' e. Sta'

4 a. Accompagnami b. Portiamole c. Ditegli d. chiediamole e. ascoltarli/non li ascoltare f. portalo g. perdetele/le perdete

5 1. d. 2. f. 3. i. 4. h. 5. b. 6. e. 7. c. 8. g. 9. j. 10. a.

6 1. lavati 2. pettinati 3. mettiti 4. allacciati 5. mettetevi 6. toglietevi 7. sedetevi

7 a. allacciarti b. darvi c. portarla d. accompagnarlo e. mostrarvi f. prepararmi g. parlarti h. fargli i. darmi

8 1. c. 2. i. 3. e. 4. a. 5. b. 6. f. 7. j. 8. g. 9. h. 10. d.

9 1. Mi dica 2. Ci vada 3. la parcheggi 4. La metta 5. lo dia

10 1. si accomodi 2. si levi 3. lo dia 4. si sieda 5. Mi porti 6. La prenda

11 2. Buongiorno, come si chiama? 3. Di dov'è? 4. La ringrazio 5. Si accomodi 6. Ci scusi

13. Imparfait et plus-que-parfait – Pronoms personnels compléments

1 a. 2. visitavo 3. passeggiavo 8. facevo b. 1. nuotava 4. prendeva 7. guardava c. 5. mangiavamo 6. camminavamo 9. raccoglievamo

2 a. guardavi b. viaggiavano c. partivamo d. guidavo e. vendeva f. camminava g. credevate h. capivo

3 a. facevamo b. andavamo c. venivate d. uscivo e. dicevi ; preferivi f. leggeva g. diceva h. seguivamo

4 a. eravamo b. eri c. eravate d. erano e. era f. ero g. era h. era i. erano

5 a. eravamo ; avevamo b. aveva ; era c. eravate ; avevate d. aveva ; era

6 a. avevo preparato b. aveva detto c. avevano deciso d. avevate finito e. ero uscito f. avevi mangiato g. aveva accompagnato h. eravate arrivati i. avevo capito

7 a. c'era b. c'era stato c. c'erano stati d. c'era e. c'erano

8 a. parlo a te b. vede lei c. accompagna voi d. guardate lui e. da' a me f. ascolta me g. capisco te ; capisci me

9 a. È successo a me, non a te! b. Lo faccio per voi, non per me! c. Parla con noi, non con loro! d. Non dirlo a me, dillo a lei!

10 a. Pettinati ; pettinati b. leggere ; leggere c. ancora ; ancora d. capitano ; capitano e. abituati ; abituati f. seguito ; seguito g. capito ; capito

14. Les pronoms personnels groupés

1 a. te lo b. glielo c. ce lo d. ve lo e. glielo

2 a. te ne b. gliene c. ce ne d. ve ne e. gliene

3 a. ce ne ha proposte b. ve l'ho prenotata c. gliene ho preparati d. gliele ha vendute e. te ne ha parlato

4 a. ci b. ce c. ci d. ce e. ce

5 a. portaglielo b. dateglieli c. prepariamogliele d. passateglielo e. fagliela f. diglielo

6 a. metticela b. raccontacelo c. ce li metta d. ce la dia e. daccelo

7 1. metticeli 2. dammela 3. Fammela 4. facciamocela montare

8 1. parlarvene 2. raccontarcela 3. darglielo 4. offrirvelo

SOLUTIONS

9 1. cambiarmeli 2. Cambiateli 3. lavarmeli 4. Lavateli 5. asciugarmeli 6. Asciugateli 7. farmela

10 1. a. 2. b. 3. a. 4. c. 5. b. 6. a.

11 a. Portatemelo b. fategliela c. accompagnacelo d. Parlamene e. diteglielo f. datecele

15. Nombres (suite)

1 a. sessantatré b. novantuno c. quarantacinque d. ottantasette e. ventotto f. trentatré g. novantanove h. cinquantanove i. settantasei j. novantatré

2 a. trecentoottantasette b. settecentoventuno c. quattrocentocinquantatré d. novecentoquarantasei e. centosessantanove f. ottocentosettantatré g. duecentocinquantotto h. trecentonovantacinque i. cinquecentoquarantatré j. seicentotrentaquattro

3 a. novemilatrecentosedici b. duemila c. quattordicimilaottocentosettantaquattro d. quattromilasettecentoventi e. ventunomiladuecentonovantatré f. centocinquantamila g. tremilaottocentoventicinque h. duecentocinquantanovemila i. ottocentocinquantaquattromiladuecentotrentuno j. millecinquecentoquarantaquattro

4 a. 09/07/1962 b. 12/1991 c. 325 d. 2 343

5 a. otto maggio millenovecentoottantasei b. duemilatrecentocinquanta c. ventisette gennaio millesettecentocinquantasei d. duemilacinque

6 1. millenovecentoottantatré 2. millenovecentonovantasette 3. duemilasedici 4. cinquecentotrentacinque 5. duecentoventinove

7 a. settimo b. nono c. dodicesimo d. sedicesimo e. ventesimo f. ventitreesimo g. trentaquattresimo h. quarantunesimo i. cinquantaseiesimo j. sessantasettesimo

8 a. undicesimo b. trentacinquesimi c. centocinquantaquattresima d. primo e. quinto f. quarti g. terza h. ottavo i. decima j. centesimo k. penultima l. terzultimo

9 a. sei dodicesimi b. quattro sesti c. sette noni d. due decimi e. quattro settimi

10 a. deducevamo b. aveva prodotto c. conducono d. riduco e. traducevate f. hai tradotto

16. Exprimer le futur

1 a. prepareremo b. partirai c. correrà d. visiterò e. finiranno f. prenderete

2 a. giocheranno b. navigheremo c. piegherai d. sporcherò e. negherete

3 a. verranno b. sarai c. andrà d. vedrete e. dovrò f. faremo g. rimarrò

4

				E	P	I	F	A	N	I	A	
			C	A	R	N	E	V	A	L	E	
				S								
P	A	S	Q	U	A							
				U								
			F	E	R	R	A	G	O	S	T	O
				T								
	N	A	T	A	L	E						
	C	A	P	O	D	A	N	N	O			

5 1. farai 2. starò 3. andrò 4. Resterò 5. cercheranno 6. sarà

6 OGGI : b, c, e, h, j DOMANI : a, d, f, g, i

7 a. avrò finito b. sarete andati c. saremo arrivati d. avrai mangiato e. sarà tornata f. avranno comprato g. sarà stata

8 a. parlerai b. vedranno c. verranno d. sta per arrivare e. avrai fatto f. avrò dovuto g. sarete h. dovremo

9 a. stiamo per aprire b. sto per salire c. sta per arrivare d. stava per telefonarti e. stavo per venire f. stanno per partire g. sta per preparare

10 1. c. 2. h. 3. e. 4. a. 5. g. 6. f. 7. b. 8. d.

17. Pronoms relatifs, interrogatifs et exclamatifs – Noms de villes

1 a. Metti la gonna lunga che ti sta bene. b. Prendi il libro che è sul letto. c. Dipingo i muri di verde che è il mio colore preferito. d. Mangio la mela che è sul tavolo. e. Rispondi al telefono che squilla. f. Scrivilo sull'agenda che è nella borsa.

2 1. b. 2. c. 3. d. 4. g. 5. a. 6. h. ; e. 7. f.

3 a. con cui b. in cui c. che d. per cui e. su cui f. che g. di cui h. che

4 a. Quelli che sanno l'inglese trovano lavoro. b. Quelle che si sono presentate sono state assunte. c. Quelli che hanno visitato Verona sono stati contenti. d. Quelli che sono stati al mare sono abbronzati. e. Quelli che andranno in palestra saranno in forma.

5 1. a. ou b. 2. c. 3. a. ou b. 4. d. ou e. 5. f. ou g. 6. f. ou g. 7. d. ou e.

SOLUTIONS

6 a. Chi b. quale c. Cos' d. Quanto e. Cosa f. Quanto g. chi h. chi i. Cosa j. Quanti

7 1. b. 2. f. 3. a. 4. h. 5. c. 6. e. ou g. ou b. ou i. – 7. f. 8. d. 9. e. ou g. ou b.

8 a. Studio l'italiano, ma non capisco chi parla in fretta. b. Chi parla troppo non ascolta molto. c. Con chi andrai a Roma? d. Non sapevamo a chi chiedere l'indirizzo. e. Aiutiamo chi ha bisogno di noi. f. Chi ha scritto quella lettera è un caro amico di Cagliari. g. Chi voleva vedere la mostra a Bologna doveva prenotare. h. Chi dorme non piglia pesci.

9 a. quello che b. quale persona c. quale persona d. quale persona e. quello che f. quale persona g. quello che h. Quello che i. Quello che

10 1. a. 2. a. 3. a. ou b. 4. a. 5. c. 6. f. 7. f. 8. d. 9. e.

18. Verbes impersonnels – Gérondif

1 1. d. 2. f. 3. b. 4. e. 5. a. 6. c.

2 a. conviene b. succedeva c. conviene d. bisognerà e. conviene f. succedeva g. bisognava h. succede

3 1. c. 2. d. 3. g. 4. e. 5. f. 6. a. 7. b.

4 a. Camminando b. facendo c. ascoltando d. guardando e. piangendo f. Studiando g. Parlando h. ascoltando

5 1. f. 2. c. 3. d. 4. e. 5. b. 6. a.

6 a. sta scrivendo b. stanno giocando c. sta piovendo d. sta studiando e. sta arredando f. stanno preparando g. stiamo partendo h. state ascoltando i. stavo correndo j. stavamo passeggiando

7 a. stavate uscendo b. stava tornando c. stavo dormendo d. stavate prendendo e. stava nevicando

8 a. Scrivendogli b. Guardandola negli occhi c. Leggendogli la storia d. Salutandola e. Parlandogli f. Vedrò dov'è andandoci. g. Passandoci

9 a. ci sarà b. c'era c. c'era stato d. c'è e. c'è stato

10 a. ci sono b. ci saranno c. c'erano state d. c'erano

19. Prépositions, conjonctions, adverbes

1 a. di b. in c. a d. in e. su f. da (ou a) g. per h. tra (ou fra) ; di i. tra (ou fra) j. con k. di l. da

2 1. a 2. per 3. al 4. alle 5. sulla 6. in 7. in 8. con 9. di 10. sul 11. al 12. tra 13. al 14. da

3 a. nel ; della b. sulla c. dal d. dello e. dalla ; alla

4 1. e. 2. b. 3. d. 4. a. 5. c. 6. f.

5 1. f. 2. a. 3. c. 4. d. 5. e. 6. b.

6 1. a. 2. h. 3. c. 4. d. 5. b. 6. e. 7. f. 8. g.

7 lentamente – velocemente – attentamente – recentemente – delicatamente – dolcemente – veramente – allegramente – tristemente

8 1. e. 2. d. 3. c. 4. f. 5. b. 6. g. 7. a.

9 1. e. 2. b. 3. d. 4. f. 5. g. 6. c. 7. a.

10 1. c. 2. b. 3. b. 4. a. 5. c. 6. b. 7. a.

20. Adjectifs et pronoms indéfinis – Exercices de révision

1 1. d. ; b. 2. f. 3. c. 4. j. 5. e. ; a. 6. g. 7. h. 8. i.

2 1. Ci piace il mare. 2. Gli piace la cioccolata. 3. Mi piace la lingua italiana. 4. Ti piace la musica jazz. 5. Non le piace lo sciroppo per la tosse. 6. Non vi piace la pasta. 7. Non ci piacciono le città grandi. 8. Non mi piace la montagna.

3 a. Dove hai messo le chiavi? Sono sul tavolino. b. Dov'è la mia macchina? È dietro la sua. c. Dov'è la bicicletta? È dentro il garage. d. Dove sono le mie scarpe? Sono sotto il letto. e. Dov'è la farmacia? È tra il bar e la banca.

4 a. alle sette e quarantacinque/alle sette e tre quarti b. alle sei e cinque c. alle venti e quindici/alle otto e un quarto d. alle diciotto/alle sei e. alle ventidue e quaranta/alle dieci e quaranta/alle undici meno venti f. alle sei e quindici/alle sei e un quarto

5 a. lago, montagna, campagna, mare b. bus, bicicletta, macchina, aereo c. pantaloni, maglietta, vestito, giacca

6 martello

7 a. albero b. capelli c. cassetto d. panino e. semaforo f. vino g. amico h. fratello

8 ascoltare : ho ascoltato ; ascoltavo ; ascolterò ; avrò ascoltato
leggere : leggo ; leggevo ; avevo letto ; leggerò
scrivere : ho scritto ; avevo scritto ; scriverò ; avrò scritto
capire : ho capito ; capivo ; avevo capito ; capirò
finire : finisco ; ho finito ; finivo ; avrò finito

9 viaggerai ; hanno guidato ; leggevi ; avevano costruito ; avrai aspettato ; pensiamo ; hai capito ; passeggiavamo

10 1. g. 2. k. 3. c. 4. d. 5. b. 6. h. 7. f. 8. j. 9. a. 10. l. 11. e. 12. i

TABLEAU D'AUTOÉVALUATION

Bravo, vous êtes venu à bout de ce cahier ! Il est temps à présent de faire le point sur vos compétences et de comptabiliser les icônes afin de procéder à l'évaluation finale. Reportez le sous-total de chaque chapitre dans les cases ci-dessous puis additionnez-les afin d'obtenir le nombre final d'icônes dans chaque couleur. Puis découvrez vos résultats !

1. Articles, noms et adjectifs
2. Les verbes *essere* et *avere* au présent de l'indicatif — Les pronoms personnels sujets
3. Formes négative et interrogative — Nombres de 0 à 10
4. Noms altérés — Comparatifs et superlatifs
5. Prépositions — Présent de l'indicatif des verbes réguliers — Forme de politesse
6. Prépositions (suite) — Nombres de 11 à 60
7. Adjectifs et pronoms possessifs — Pronoms personnels compléments directs
8. Présent des principaux verbes irréguliers
9. Passé composé — Accord du participe passé — Pronoms personnels compléments indirects
10. Formes passive, réfléchie, impersonnelle
11. Démonstratifs — Indicateurs de position dans l'espace
12. L'impératif — Les expressions de politesse
13. Imparfait et plus-que-parfait — Pronoms personnels compléments
14. Les pronoms personnels groupés
15. Nombres (suite)
16. Exprimer le futur
17. Pronoms relatifs, interrogatifs et exclamatifs — Noms de villes
18. Verbes impersonnels — Gérondif
19. Prépositions, conjonctions, adverbes
20. Adjectifs et pronoms indéfinis — Exercices de révision

Total, tous chapitres confondus

Vous avez obtenu une majorité de…

 Bravissimo! Vous maîtrisez maintenant les bases de l'italien. Vous êtes maintenant prêt à aller encore plus loin !

 Non c'è male… Mais vous pouvez encore progresser ! Refaites les exercices qui vous ont donné du fil à retordre en jetant un coup d'œil aux leçons !

 Coraggio! Vous êtes un peu rouillé… Reprenez l'ensemble de l'ouvrage en relisant bien les leçons avant de refaire les exercices.

CRÉDITS ICONOGRAPHIQUES

Fotolia : eyewave : 102 ; Nevena Radonja : 38 ; Sentavio : 7, 17, 35 (pull) – **Shutterstock** : 32 pixels : 35h ; ADE2013 : 64 ; Aleutie : 113 ; Anastasia Golubovich : 44b ; Anastasia_B : 80 ; angkrit : 72hg ; Anna Frajtova : 43 (pain) ; Annasunny24 : 93hg ; AriSys : 53 ; Artisticco : 21, 35 (ail) ; AVS-Images : 52 ; Azaze11o : 47hd ; Banana vector : 100 ; Barmaleeva : 50, 117, 117, 117 ; Beresnev : 39 ; beta757 : 90 ; Blablo101 : 111 ; Bloomicon : 99b ; Bplanet : 71, 91bg, 105hd ; Bukhavets Mikhail : 69bg ; Dacian G : 49b ; davorana : 17 ; Delices : 63, 80bg ; djdarkflower : 43 ; Dooder : 54b ; Doremi : 5g ; eatcute : 31m ; edel : 103 ; Ellegant : 60 ; Evellean : 110b ; Fotinia : 16, 17, 18, 57, getfile : 45 ; GoodVector : 33, 40m, 98hd, Grimgram : 28 ; grmarc : 78hg ; Gurza : 65 ; HieroGraphic : 53b ; honglouwawa : 77 ; Incomible : 5bd, 17, 61m, 99, 110, inithings : 7bd, 7bg, Irina Kostyuk : 18m, 101bd, 106mg ; Iurii Augulis : 94b ; jabkitticha : 115b ; Jemastock : 69bd, jesadaphorn : 50, 96 ; Julia Tim : 55, 73, 91bd ; KannaA : 62g ; Ksanawo : 26, 97b ; Kseniia Voropaeva : 74 ; kuzzie : 83 ; La1n : 12, 29h ; LineTale : 32, 62 ; Lorelyn Medina : 57m ; Iyeyee : 4 ; Lyudmyla Kharlamova : 56 ; Macrovector : 11, 24, 35 (huile), 46, 48, 76m, 79, 86, 97, 104, 107, 110m ; manop : 31b ; manukandesign : 70hd ; Margarita Levina : 70bm, 93, Marish : 5m, 7bg (stylo), 7m, 27 ; mart : 20, 21, 44hg ; Mascha Tace : 50b, 65b, 82, 88g, 93b ; melissa held : 70 ; Millena : 49 ; milo827 : 112hd ; Minur : 67 ; mirrra3 : 108 ; Mix3r : 118 ; MSSA : 5m ; MuchMania : 29b ; MyClipArtStore.com : 40g, 101, 106 ; narak0rn : 89 ; nasrin waesalaeh : 14 ; Neti.OneLove : 5bm, 40hg, 116 ; newcorner : 107bg ; nikiteev_konstantin : 7bd ; NotionPic : 22h ; Oceans : 7d, 102 ; Olga1818 : 8, 9, 13, 34, 36, 37, 68, 72, 75, 79bg, 81, 94, 98, 117gm ; olillia : 95 ; Orion-v : 69 ; Oxy_gen : 59, 66 ; Padma Sanjaya : 42 ; Paola Canzonetta : 59m, 85 ; Parinya Hirunthitima : 84hg ; Pretty Vectors : 30, 84 ; rassco : 74hg ; Reamolko : 5hd ; Reljic Aleksandra : 19 ; Rudie Strummer : 10 ; sayhmog : 61 ; SlyBrowney : 22b ; Smart Design : 47 ; SThom : 51, 115 ; Stocklifemax : 88 ; Tajuan : 35 (bouteille) ; tandaleah6 : 76 ; tn-prints : 91, 92 ; Tomacco : 85g ; Trikona : 5m, 5md, 5mg ; tumasia : 116b ; VAZZEN : 25 ; Vector Bakery : 104hg, 116bg ; Vector pro : 7bg (parapluie) ; venimo : 105 ; Vetreno : 54 ; Victor Metelskiy : 87 ; whanwhan.ai : 106b ; yoshi-5 : 112 ; zzveillust : 35 (feuille)

Conception graphique : MediaSarbacane

Mise en pages : Grégoire Chauvière
pour Céladon éditions

Réalisation : Céladon éditions,
www.celadoneditions.com

© 2017, Assimil
Imprimé en Roumanie par Master Print - juin 2023